Ulrich Brunzel · Hitlers Geheimobjekte in Thüringen

Ein Buch zur Aufdeckung weißer Flecken
in der Geschichte des Freistaates Thüringen

Ulrich Brunzel

Hitlers Geheimobjekte in Thüringen

Heinrich-Jung-Verlagsgesellschaft mbH
Zella-Mehlis/Meiningen

Heinrich-Jung-Verlagsgesellschaft mbH
Am Einsiedel 7
D-98544 Zella-Mehlis/Thüringen
Tel./Fax: 03682/41884
www.heinrich-jung-verlag.de
verlag@heinrich-jung-verlag.de

Autor und Verlag danken allen Bürgern, die zum Erscheinen dieses Buches beitrugen. Besonderer Dank gilt Frau Dr. Helga Raschke/Gotha, den Herren Torsten Heß/Nordhausen, Markus Jaeger/Bad Sachsa, Herrn Dr. Willy Schilling Jena, Herrn Dr. Gerd Kaiser/Berlin und Herrn Dr. Jens-Christian Wagner/Weimar.

Bildnachweis:

Öffentliche Sammlungen
Bundesarchiv Koblenz (2)
Gedenkstätte Buchenwald (7)
Gedenkstätte Mittelbau-Dora (3)
Museum für Deutsche Geschichte München, Raumfahrtarchiv des DM (1)
Museen der Stadt Gotha, Museum für Regionalgeschichte und Volkskunde (2)

Private Sammlungen
Jürgen Henneberg (1)
Klaus Kaden (1)
Hans Seeber (1)
Heinrich Jung (1)
Reinhard Halusa (3)
Hartmut Ruck (1)
Ulrich Brunzel (25)
Günter Nagel (4)
Volker Wahl (1)

Reproduktionen
C. Rabington-Smith (1)
Ch. Links Verlag (2)
Claus Reuter (1)
Joan David (1)
Ulrich Brunzel (4)

Zeichnungen, Karikaturen und Karten
Archiv Schilling (1)
Carlo Slama (1)
kartografix Hengelhaupt (2)
Gedenkstätte Mittelbau-Dora (2)
Ulrich Brunzel (1)

Faksimiles
Archiv Freies Wort (1)
Archiv Thüringer Allgemeine (1)
Ulrich Brunzel (5)
Hans Seeber (1)

Heinrich-Jung-Verlagsgesellschaft mbH
Zella-Mehlis/Meiningen
13. Auflage, Zella-Mehlis 2005

Druck: Druck- und Medienhaus Naumburg

ISBN 3-930588-31-5

Inhaltsverzeichnis

Einleitung 7
Thüringen im Dritten Reich 11
Sauckels Trutzgau 21
Geheime Kommandosachen 29
Geheimnisvolles Jonastal 42
S III - Lager des Schreckens 56
Thüringen - Schatztresor Hitlers 94
Das Bernsteinzimmer in Thüringen? 107
Atomreaktorlabor Stadtilm 124
Das Mittelwerk 137
Unternehmen LACHS 161
Der verbotene Wald 200
Großraum Jonastal - geheimes Hightechzentrum? 210
Fischzüge der Sieger 215
Anmerkungen 235
Ortsregister 255
Namensregister 258
Bild- und Dokumentenanhang 260
Verlagsverzeichnis (Auszug) 264

Autoren folgender Kapitel sind:

S III - Lager des Schreckens	Dr. Helga Raschke
Das Mittelwerk	Torsten Heß Markus Jaeger
Unternehmen Lachs	Dr. Willy Schilling
Fischzüge der Sieger	Dr. Gerd Kaiser

Die Lage des Freistaates Thüringen in der Bundesrepublik Deutschland

Einleitung

Unter Federführung staatlicher Stellen begann 1965 eine großangelegte Aktion zur Erforschung der unterirdischen Anlagen im Jonastal bei Arnstadt/Thüringen. Die Höhlenforscher Südthüringens wurden in diese Aufgaben mit eingebunden. Ihre Aufgabe bestand darin, die Erkundung der Hohlraumobjekte fachlich zu unterstützen.
Die eingesetzten Höhlenforscher aus Suhl hatten sich in der Vergangenheit bereits dadurch einen guten Namen gemacht, daß sie im Auftrage von Katastrophenkommissionen unterirdische Objekte und Erdfälle erfolgreich erkundeten.
Erstaunlich war jedoch, daß, entgegen allen bisherigen Gepflogenheiten, die Presse regen Anteil am Ablauf der Handlungen nehmen durfte. Als Erklärung für das aufwendige Vorhaben wurde die Suche nach geheimnisvollen SS-Objekten und Dokumenten im Jonastal angegeben.
Erstmals wurde die Öffentlichkeit 1965 mit der Tatsache vertraut gemacht, daß das Gebiet zwischen Ohrdruf, Crawinkel und Arnstadt 1944 den Decknamen „Olga“ erhielt.
Zum Bau der unterirdischen Anlagen war das Sonderlager S III, ein Außenlager des Konzentrationslagers Buchenwald, eingerichtet worden. Es bestand aus mehreren Lagerbereichen, in denen Tausende von KZ-Häftlinge als billiges „Arbeitsmaterial“ zum Bau zur Verfügung standen. Die unterirdischen Anlagen des Jonastales gehörten zu den geheimsten Objekten des Dritten Reiches.
Kommt man aus Richtung Arnstadt, befindet sich unmittelbar am Kilometerstein 7 rechtsseitig ein Felsmassiv, das große Sprengeingriffe erkennen läßt. Bei diesen unterirdischen Objekten soll es sich um das Führerhauptquartier mit der Geheimbezeichnung „Siegfried“ gehandelt haben. Nach diesen Anlagen folgten in einem Taleinschnitt ein ausgemauerter Zugang mit einem kleinen Stollen sowie hinter einem Sprengtrichter versteckt ein ziemlich intaktes Stollensystem. Dieses sollte offensichtlich das Objekt

„Siegfried", bestehend aus zwei Teilen, erreichen sowie eine ebenfalls rechtsseitig im Kalkhang in Richtung Crawinkel hineingebaute große Stollenanlage mit der Bezeichnung „Jasmin" zwischen den beiden großen unterirdischen Anlagen verbinden.
Die über Monate andauernden Erkundungsarbeiten hatte die Staatsführung der DDR letztlich dazu benutzt, um den damaligen Bundespräsidenten Heinrich Lübke wegen seiner Tätigkeit als Bauleiter und der damit unterstellten Zuständigkeit für die Geheimobjekte im Jonastal anzuklagen, so geschehen auf einer internationalen Pressekonferenz im Januar 1966 in Berlin. Im Zusammenhang damit bestand die Zielstellung offensichtlich darin, den Amerikanern politische Verantwortung für die Entwicklung in der Bundesrepublik anzulasten. Die Inbesitznahme der deutschen Goldreserven und anderer Wertobjekte in einer Kalischachtanlage bei Kaiseroda – unweit von Bad Salzungen – durch die amerikanische Armee wurde erstmals einer breiten Öffentlichkeit zur Kenntnis gegeben.
Mit dem „Eichmann-Schatz" (Sprachgebrauch der DDR), der bei Bad Salzungen durch die Führung des Dritten Reiches versteckt wurde, so argumentiert man, sei es den USA leichtgefallen, die Bundesrepublik Deutschland finanziell zu unterstützen.
Die Arbeiten im Jonastal hatten den positiven Effekt, Hintergründe, bezogen auf die letzte Phase des Dritten Reiches, aufzudecken und bestimmte Tabus abzubauen.
Erst nach der Wende 1989 war es möglich, die gesamte Problematik der letzen Tage des Dritten Reiches im Bereich des Thüringer Waldes und letztlich in Thüringen, verbunden mit der Suche nach Geheimverstecken der Führung des Dritten Reiches, wieder aufzugreifen, ohne das Risiko einer Unterbindung durch staatliche Stellen und die Überwachung befürchten zu müssen.
Die Suche nach dem Bernsteinzimmer und weitergehende Erkundungsarbeiten u. a. im Jonastal zwischen Arnstadt und Crawinkel haben mich bewogen, mein Wissen der Öffentlichkeit mitzuteilen.

Das Interesse an den bisherigen Veröffentlichungen im In- und Ausland beweist eine Vielzahl von Briefen mit Ermutigungen, die beschriebene Problematik zu erweitern. Viele Hinweise auf bisher unbekannte unterirdische Anlagen und Objekte haben mich bewogen, diesem Anliegen Rechnung zu tragen. Der Titel „Hitlers Geheimobjekte in Thüringen" macht das deutlich.

Daß auch im Ausland eigenständig diese Geschichte aufgearbeitet wird und größtes Interesse an neuen Erkenntnissen besteht, beweist u. a. eine von vielen Zuschriften. So hat mir Herr Claus Reuter aus Scarborough/Canada seine bisher unveröffentlichte Arbeit zur Geschichte der Reichsmarschall-Hermann-Göring-Werke (REIMAHG) Kahla zur Auswertung zur Verfügung gestellt.

Es ist inzwischen bewiesen, daß in Thüringen wichtige Waffensysteme des Zweiten Weltkrieges gebaut und Schätze astronomisch hoher Wertkategorien versteckt wurden. Der Tod zehntausender Menschen vieler Nationen ist der hohe Blutzoll und der Fluch, der auf diesen Waffen und Objekten lastet. Die Geschichte beweist jedoch auch, daß die Großmächte zu Nutznießern der gegen sie gebauten und zum Teil noch eingesetzten Geheimwaffen wurden.

Die Neuauflage dieses Buches konnte in sachbezogener Thematik erweitert werden, weil mir viele Menschen Unterstützung zuteil werden ließen.

Aufrichtigen Dank schulde ich für die selbständige Bearbeitung einzelner Kapitel den Herren Torsten Heß und Markus Jaeger (Das Mittelwerk), Frau Dr. Helga Raschke (S III – Lager des Schreckens), Herrn Dr. Willy Schilling (Unternehmen Lachs), Herrn Dr. Gerd Kaiser (Fischzüge der Sieger) sowie den Gedenkstätten Buchenwald und Mittelbau-Dora für die Bereitstellung des Bildmaterials.

Als Zeitzeugen haben mir Herr Hans Seeber/Gehren und Herr Dipl.-Architekt Friedrich Schmidt/Schleusingen geduldig Auskunft gegeben.

Direkte Unterstützung in Vorbereitung auf diese Veröffentlichung erhielt ich ganz besonders durch Herrn Heinrich Jung/ Zella-Mehlis, Herrn Hartmut Ruck/Bad Salzungen, Herrn

Forstrat von Waldhausen/Bad Salzungen und meinem Sohn Andreas Brunzel/Suhl.
Zuarbeit und Hinweise in Vorbereitung auf diese Auflage erhielt ich von Herrn Klaus Kaden/Schwenningen, der die persönliche Chronik seines Vaters, Helmut Kaden, Chefpilot der Messerschmitt AG bis 1945, zur Verfügung stellte; Herrn Reinhard Halusa/Suhl, der freundlicherweise den durch die Amerikaner in Friedrichroda erbeuteten Nurflügler im Modell nachbaute und Fotos von diesem zur Verfügung stellte, Frau Hannelore Wilberg/Friedrichroda, die mir Archivmaterialien zum geheimen Flugzeugbau in Gotha und Friedrichroda überließ sowie Herrn Dr. med. Wilfried Stodtmeister aus Hamburg für sachkundige Hinweise zur Neuauflage.
Es ist mir jedoch unmöglich, aus der Vielzahl der Zuschriften mit den vielen wertvollen Hinweisen und dargelegten Einzelheiten zu geschichtlich bedeutsamen Vorgängen am Ende des Dritten Reiches in Thüringen einzelne Beispiele herauszugreifen. Ich bedanke mich deshalb bei allen, die mich auch auf diese Art und Weise unterstützt haben.
Bereits jetzt ist abzusehen, daß die Fülle des vorliegenden Materials eine weitergehende Bearbeitung der behandelten Thematik zuläßt.

Ulrich Brunzel

Thüringen im Dritten Reich

Bei der Machtübernahme der Nationalsozialisten im Frühjahr 1933 steckte Thüringen in einer tiefen wirtschaftlichen Krise. Mit enormen Aufwand nationalsozialistischer Propaganda wurde in Thüringen zur Arbeitsschlacht aufgerufen. Trotz dieser Maßnahme und entsprechender Anstrengungen zur Wiederbelebung der am Boden liegenden Industrie hatte Thüringen durch die allerorts herrschende Arbeitslosigkeit zum Jahresschluß 1934 18 500 Hauptunterstützungsempfänger. Die Wiedereinführung der allgemeinen Wehrpflicht (16. März 1935) war ein Faktor, der in Thüringen zu einer wirksamen Entlastung des Arbeitsmarktes führte. Dadurch wurde die Masse junger Männer auf die Dauer von drei Jahren (1 Jahr Arbeits-. dienst und 2 Jahre Waffendienst) der produktiven Arbeit entzogen.
Der Bedarf an Führungskräften in der Armee und im Reichsarbeitsdienst (RAD) stieg sprunghaft an. Am 26. September 1936 wurde die Arbeitsdienstpflicht auch auf die weibliche Jugend ausgedehnt. Kasernen wurden gebaut. In vielen Thüringer Gebieten entstanden größere Barackenlager des Reichsarbeitsdienstes. Die Bauaufträge der Wehrmacht und des RAD belebten die gesamte Baustoffindustrie sowie die Holzwirtschaft.
Der Bau der Autobahn sowie die zur Jahresmitte 1936 auf vollen Touren laufende Hochrüstung sorgten auch in Thüringen für Vollbeschäftigung. In einigen Industriebereichen trat bereits ein Mangel an Arbeitskräften und Rohstoffknappheit ein.
1936 lautete Hitlers Planvorgabe, die deutsche Armee müsse in vier Jahren einsatzbereit und die deutsche Wirtschaft im gleichen Zeitraum kriegsbereit sein. Mit dem „Vierjahresplan“ hatten die Nationalsozialisten auch ihre politischen Ziele klar abgesteckt. Sein treuer Vasalle Sauckel begann im Hinblick auf den vorzubereitenden Krieg Thüringen zu einem Trutzgau auszubauen.

Bereits 1935/36 wurde im Rahmen umfangreicher Studien der Wehrmacht, in Verbindung mit der Wirtschaftlichen Forschungsgesellschaft Berlin, die künftige kriegswirtschaftliche Bedeutung des Raumes Ohrdruf-Crawinkel für das Industriezentrum Erfurt sowie für eine Reihe von Sondermaßnahmen in Thüringen untersucht.

Der Krieg, auf den sich Hitlerdeutschland vorbereitete, würde, das lehrte die letzte Phase des Ersten Weltkrieges, vor allem ein Kampf aus der Luft werden, für den es im Rahmen zahlreicher strategischer Varianten und bestimmter Voraussetzungen nur eine Alternative gab: Bau unterirdischer und verdeckter Produktionsräume für kriegswichtige Industriezweige, Depots und Nachrichtenzentralen. Diese Pläne basierten darauf, daß ein Millionenheer von Arbeitssklaven zur Verfügung stand.

In Thüringen entstanden große Kasernenkomplexe für Infanterie, Artillerie, Panzertruppen, für Flak und andere Bodentruppen. Das Netz der Luftwaffe wurde ausgebaut. Große landwirtschaftliche Flächen gingen durch den Neubau und die Erweiterung der Truppenübungsplätze verloren. Militärische Neubauten und Anlagen entstanden in den Randbereichen folgender Städte: Eisenach, Gotha, Weimar, Ohrdruf, Erfurt, Jena, Saalfeld, Gera und Altenburg. Luftwaffenstützpunkte wurden in Gotha, Jena, Altenburg und Nordhausen angelegt.

Als Rüstungszentren wurden stark erweitert: Zella-Mehlis, Suhl und Sömmerda für die Produktion von Gewehren, Maschinengewehren, Pistolen und dazugehöriger Munition; Ruhla und Immelborn von Zündern; Eisenach von Heeresfahrzeugen und Feldküchen; Jena von optischem Gerät für alle drei Wehrmachtsteile; Gotha von Flugzeugteilen und Panzergetrieben und Rositz von Diesel im Schwelverfahren. Neue Fabriken für Handfeuerwaffen entstanden in Gotha und Weimar, für feinmechanisches und elektronisches Gerät in Ilmenau, für synthetischen Treibstoff in Zeitz und Lützkendorf (Kreis Querfurt). Über ganz Thüringen verstreut lagen vergrößerte oder neue Spezialwerke für die Fertigung und Zulieferung von Rüstungszubehör aller Art.

Die Rüstungsfabriken der Berlin-Suhler Waffen- und Fahrzeugwerke Simson & Co. KG, Sitz Berlin, gelangten 1935 in das Eigentum der nationalsozialistischen Wilhelm-Gustloff-Stiftung. Zu dieser von Sauckel gegründeten und geförderten Stiftung wurden bald weitere Werke erworben oder neu gebaut, wie in Erfurt und Weimar, so daß sie den größten Rüstungskonzern Thüringens bildeten.
Mit der Zellwolle AG Schwarza an der Saale entstand einer der größten Kunstfaser produzierenden Betriebe in Deutschland. Auch die thüringische Glas- und Spielzeugindustrie wurde dem industriellen Bedarf der Rüstung unterworfen.
Mit Hochdruck arbeitete man an der Fertigstellung der verschiedenen Streckenabschnitte der Autobahn. Als erster Teil wurde am 17. August 1936 die Strecke Weißenfels–Eisenberg und im Dezember 1936 die Strecke Eisenberg–Schleiz eröffnet. Danach folgte in Ost-West-Richtung die Strecke Meerane–Jena und 1939 Jena–Weimar. Bis etwa Mitte 1942 konnte wegen des begonnenen Zweiten Weltkrieges lediglich noch der Streckenabschnitt Weimar–Eisenach, bis auf ein Teilstück, vollendet werden.
Im Hermsdorfer Kreuz trafen sich zwei der wichtigsten Strekken, die Nord-Süd-Achse Berlin–München und die Ost-West-Strecke Breslau–Frankfurt am Main.
Die Großmannssucht Sauckels führte auch zur Errichtung von Prunkbauten, wozu das nicht fertiggestellte Gauforum in Weimar gehörte, ohne auf städtebauliche und architektonische Traditionen Rücksicht zu nehmen.
Ab 1. September 1939 trat in Thüringen eine Rationierung der Nahrungs- und Genußmittel sowie aller sonstigen lebensnotwendigen Güter ein. Die Einberufung zum Wehrdienst führte zu Arbeitskräftemangel in allen Bereichen der Wirtschaft und der Verwaltungen. Immer mehr prägten Fremdarbeiter nichtdeutscher Abstammung, die insbesondere in der Rüstungsindustrie beschäftigt wurden, das Straßenbild der Städte und Gemeinden. Hinzu kamen zwangsevakuierte Familien, sogenannte Volksdeutsche, aus den im Verlaufe des Krieges besetzten Ländern des Ostens sowie Menschen, die durch die zunehmende Bombardierung der Städte und In-

dustriegebiete ihr Zuhause verloren hatten. Im Winter 1944/45 waren es viele Deutsche, die auf der Flucht vor der Sowjetarmee in Thüringen untergebracht wurden.
Anfang 1940 erfolgte in der Thüringer Wirtschaft zielgerichtet die Umstellung auf die Produktion kriegswichtiger und militärischer Güter. Besonders erweitert wurden die Gustloff-Werke in Suhl und Weimar sowie die HASAG-Werke in Altenburg. Hier stellte man vorrangig Handfeuerwaffen und Munition her. Die sich ständig verschlechternde Situation an den Fronten und der im Zusammenhang damit stehende wachsende Bedarf an Soldaten sowie die zunehmenden Luftangriffe amerikanischer und englischer Bombengeschwader zwangen die Führung des Dritten Reiches zu immer extremeren Rüstungsanstrengungen.
Während der Gauleiter von Thüringen, Fritz Sauckel, am 21. März 1942 als Generalbevollmächtigter für den Arbeitseinsatz im gesamten Reichsgebiet eingesetzt wurde, sicherte Hitlers Architekt und Generalbauinspekteur Albert Speer, ab 2. September 1943 Reichsminister für Rüstung und Kriegsproduktion, gemeinsam mit Sauckel die totale Einbringung Thüringens in die Rüstung. Zur Sicherung der militärischen Fertigungsprogramme, die zunehmend durch die Luftangriffe gestört und unterbrochen wurden, begann man u. a. mit dem Aufbau neuer und unter die Erde gelegter Fertigungsstätten. Hier wurden nicht nur die herkömmlichen Waffensysteme gebaut, sondern auch geheime Waffensysteme hergestellt, die durchaus in der Lage waren, den für die Deutschen verlorenen Krieg zu verlängern und dem Gegner empfindliche Verluste zuzufügen.
Produktionsstätten mit höchster Geheimhaltungsstufe entstanden so u. a. bei Kahla. Hier wurde Ende April 1944 mit dem Aufbau eines Werkes begonnen, in dem durch Führererlaß Hochleistungsflugzeuge hergestellt werden sollten. Es erhielt die Bezeichnung „Werke Reichsmarschall Hermann Göring“ und gehörte zur Gustloff-Stiftung. Seine Kurzbezeichnung lautete „REIMAHG“. In unterirdischen Anlagen und absolut bombensicher wurde hier der erste einsatzfähige Düsenjäger der Welt, die Me 262, gebaut.

Die Gothaer Waggonfabrik wurde zur Produktionsstätte für moderne zweimotorige Kampfflugzeuge umfunktioniert. Hier entstand auch der Prototyp eines bereits weiterentwikkelten einstrahligen Nurflügel-Jagdeinsitzers mit der Typenbezeichnung Go 229 V-3. Dieses strahlgetriebene Jagdflugzeug hatte erhebliche Ähnlichkeit mit dem später in den USA unter strengster Geheimhaltung gebauten Tarnkappenbomber. Obwohl die Konstruktionsunterlagen für das Flugzeug ohne Rumpf noch vor Einmarsch der Amerikaner vernichtet wurden, fielen diesen zumindest ein komplettes Flugzeug und viele vorgefertigte Teile des streng geheim gehaltenen Prototyps in die Hände.
Im Kohnstein, einem Bergmassiv westlich von Niedersachswerfen, vor den Toren der Stadt Nordhausen, wurde in unterirdisch vorbereiteten Produktionsräumen riesigen Ausmaßes (etwa 120 000 m^2 Fläche) eines der größten Rüstungsprojekte der der Dritten Reiches in die Tat umgesetzt. Daß dabei Menschenleben keine Rolle spielten, ist eines der dunklen Kapitel dieses Rüstungsbetriebes, in dem die von den Faschisten als Vergeltungswaffe V2 deklarierten Raketen vom Typ A4 und die Flügelbombe Fi 103 (Propagandaname V1) entstanden.
Ebenso wie die REIMAHG soll auch dieses Rüstungsprojekt einem besonderen Kapitel in diesem Buche vorbehalten bleiben.
Nach schweren Bombenangriffen auf die Bayrischen Motorenwerke GmbH wurde die Fertigung von Turbinen, insbesondere für die Jagdflugzeuge, in die vorbereiteten unterirdischen Anlagen in Staßfurt, Heiligenroda, Eisenach und ins Mittelwerk bei Niedersachswerfen verlegt. In einem Salzbergwerk bei Eisenach war eine 38 000 m^2 große Fläche für die Produktionsaufnahme vorbereitet worden.
In der unmittelbaren Nähe des Konzentrationslagers Buchenwald hatte seit März 1943 eine groß dimensionierte Rüstungsfabrik, unter der Bezeichnung Werk II Buchenwald, den Gustloff-Werken in Weimar zugehörig, die Produktion aufgenommen. Es umfaßte 13 Werkhallen. In diesem Betrieb, in dem fast alle Arbeitskräfte aus dem KZ Buchenwald unter men-

schenunwürdigen Bedingungen zur Arbeit gezwungen wurden, fertigte man vorwiegend Karabiner und Maschinenpistolen an.
In Gera, Jena, Weimar, Erfurt, Saalfeld, Gotha, Suhl, Zella-Mehlis, Eisenach, Hildburghausen und anderen Thüringer Städten befanden sich Werke, die wichtige Rüstungsgüter herstellten, zum Teil in unterirdisch ausgebauten Anlagen. Jeder größere Betrieb war verpflichtet, Luftschutzmaßnahmen für seine Beschäftigten zu ergreifen. Im Regelfall wurden betonverschalte Bunkersysteme gebaut oder, wo sich Möglichkeiten ergaben, Stollen in den Berg getrieben, die man dann entsprechend ausbaute. In Suhl z. B. war es die Firma Heinrich Krieghoff, die nach Beginn des Krieges die Produktion militärischer Waffensysteme, so auch den Bau von Bordmaschinengewehren für Jagdflugzeuge, aufnahm. In den nahegelegenen Hang eines Berges wurden, beginnend ab Dezember 1939, Stollen vorgetrieben. Die Arbeiten dazu wurden erst im Februar 1945 eingestellt, ohne daß der unterirdische Betriebsbereich fertiggestellt war. Die in zwei Stockwerken angelegten und mit einem Fahrstuhl verbundenen Stollen dienten dem Luftschutz und in einem Teilbereich als unterirdische Beschußanlage. In einem Weiterungsbau der Anlage betrieb man Schleifmaschinen. Durch die sowjetische Besatzungsmacht wurden Stollen und Produktionsgebäude des Krieghoffwerkes, wie in hunderten ähnlich gelagerten Fällen in Thüringen, oft ohne Rücksicht auf das Umfeld zu nehmen, gesprengt. Damit fiel der nachträglichen Zerstörung eine Vielzahl von Betrieben und unterirdischen Produktionsstätten, aber auch Luftschutzanlagen zum Opfer, die den Krieg unbeschadet überstanden hatten. Obwohl Thüringen bis August 1944 wegen seiner zentralen Lage im Innern Deutschlands von Luftangriffen selbst verschont blieb, ging an ihm dieser Kelch nicht vorüber.
Ab diesem Zeitpunkt verging kaum ein Tag ohne das warnende Sirenengeheul. Ein Tagesangriff amerikanischer Bomber auf das Gustloff-Werk II in Buchenwald, das zu dieser Zeit voll in Betrieb war, führte zu dessen vollständiger Vernichtung. Getroffen wurden jedoch auch SS-Truppenunter-

künfte und Unterkünfte der KZ-Häftlinge. Allein im Werk kamen 320 Häftlinge ums Leben.
Ein Luftangriff anglo-amerikanischer Bomber am 23. November 1944 auf Eisenach traf nicht nur die Rüstungswerke, sondern auch Wohnviertel der Altstadt und international bekannte Kulturstätten (z. B.: Georgskirche, Luther- und Bachhaus.).
Der Vormarsch alliierter Armeen gegen Deutschland führte ab Februar 1945 zu verstärkten Luftangriffen auf Städte und Gemeinden, die zu sinnlosen Zerstörungen führten. So sanken die Stadtzentren von Ohrdruf, Weimar und Jena im Februar 1945 in Trümmer. Im März fielen erneut Bomben auf Jena und Weimar.
Es kam jedoch noch schlimmer. Wenige Tage vor Einmarsch der Amerikaner wurden Nordhausen, Sondershausen, Gotha, Weimar, Jena, Gera, Saalfeld und Schleiz bombardiert. Zerstört wurde am 8./9. April 1945 auch das Gustloff-Werk I in Weimar und das Hydrierwerk Lützkendorf. Wichtige und einmalige Kunst- und Kulturstätten gingen verloren oder wurden stark beschädigt. Zu ihnen gehörten die Barfüßerkirche und die Alte Universität in Erfurt ebenso wie in Weimar u.a. das Goethe- und Schillerhaus, das Deutsche Nationaltheater und die Stadtkirche.
Die militärische Situation war dadurch gekennzeichnet, daß Ende März 1945 die Führung des Dritten Reiches den vorstoßenden amerikanischen Truppen eine zusammenhängende deutsche Kampflinie nicht mehr entgegenstellen konnten. Standorteinheiten, Reste von Ersatzeinheiten, Volkssturm und die erst am 5. März 1945 überstürzt einberufenen Rekruten des Jahrgangs 1929 sowie Kampfeinheiten der SS vermochten zwar ab und an das Vordringen der amerikanischen Verbände zu erschweren oder hinauszuzögern, ernsthaft unterbinden konnten sie den Vormarsch unterdessen nicht.
Am 1. April 1945 standen die Panzerspitzen der Armee Pattons nur noch 10 km von Eisenach entfernt. Am gleichen Tage schlossen die 1. und 9. US-Armee den Ring um zwei deutsche Armeen zwischen Rhein, Sieg und Ruhr. Kampfhandlungen im „Ruhr-Kessel“ banden jedoch wesentliche

Kräfte der Amerikaner, deren Vorstoß nach Thüringen deshalb nicht wie geplant zügig verlief. Hinzu kam ein teilweise härterer Widerstand als erwartet. Der vorgesehene „Blitzvorstoß“ der Panzerdivision Pattons in den Raum Gotha–Erfurt –Weimar mußte abgeblasen werden. Die Gegenwehr der deutschen Truppen im Raum Eisenach unter Einsatz vom Kampfflugzeugen machte den Amerikanern zu schaffen. Nachdem am 3. April Kassel gefallen war, wurde Eisenach umgangen. Die Amerikaner rückten auf Gotha und Ohrdruf vor, während südlich die Linie Wasungen–Meiningen und Suhl erreicht wurde. Die Städte Mühlhausen, Eisenach, Gotha und Meiningen blieben vorerst in deutscher Hand.
Nördlich des Thüringer Waldes wurde am 4. April Mühlhausen, am 5. April Gotha, Ohrdruf und Mühlberg, am 7. April Eisenach sowie Langensalza eingenommen und am 8. April Arnstadt besetzt. Die vordringenden amerikanischen Truppen wurden in dieser Situation außerhalb der besetzten Städte mehrfach von deutschen Kampfflugzeugen, so auch durch das bei Kahla gebaute Jagdflugzeug Me 262, angegriffen. Zwischen dem 8. und 10. April war die militärische Situation südlich des Thüringer Waldes zeitweise verworren. Deutsche Truppen eroberten in Gegenstößen Ortschaften zum Teil zurück. Dazu gehörte auch Schleusingen, das unter dem wechselnden Beschuß der Bodentruppen zu leiden hatte.
Am 10. April rückten Pattons Kampfverbände beiderseits des Thüringer Waldes vor. Eisfeld und Hildburghausen fielen. Kampfhandlungen im Rennsteigbereich waren für beide Seiten verlustreich. Deutsche Soldaten und Hitlerjugend im Alter zwischen 15 und 18 Jahren gaben angesichts des verlorenen Krieges und für eine sinnlose Sache ihr junges Leben. Nach derzeitigen Erkenntnissen betraf das auf der Linie der „Rennsteigfront“ allein 183 junge Leute im Alter unter 18 Jahren.
Während Weimar am 12. April kampflos übergeben wurde, zögerten SS-Truppen in Erfurt die Übergabe hinaus. Erst der einsetzende Artilleriebeschuß und sinnlose Opfer unter der Zivilbevölkerung ließen den örtlichen Kampfkommandanten die Zwecklosigkeit des Widerstandes einsehen.

Das letzte Aufgebot

Die Eidesformel des Deutschen Volkssturms

»Ich schwöre bei Gott diesen heiligen Eid, daß ich dem Führer des Großdeutschen Reiches, Adolf Hitler, bedingungslos treu und gehorsam sein werde.

Ich gelobe, daß ich für meine Heimat tapfer kämpfen und lieber sterben werde, als die Freiheit und damit die soziale Zukunft meines Volkes preiszugeben.«

Tags zuvor war es bei Annäherung amerikanischer Truppen an das Konzentrationslager Buchenwald dort zu einer erfolgreichen Befreiungsaktion bewaffneter Häftlinge gekommen.
Pattons Truppen überschritten am 14. April die Saale zwischen Jena und Saalfeld. Es fielen Zeitz, Gera, Altenburg und andere Ostthüringer Städte.
Die US-Armee hatte schließlich am 16. April 1945 ganz Thüringen besetzt. Ihr fielen nicht nur wichtige geheimgehaltene Produktionsstätten in die Hände, sondern auch versteckte Schätze, Kulturgut und Material der nach Thüringen verlagerten Dienststellen und Führungsstäbe des Dritten Reiches, hatten die Nationalsozialisten doch Thüringen in der letzten Phase ihrer Macht eine Schlüsselrolle zugedacht. In einem Restreich als Pufferzone zwischen den Sowjets und den westlichen Alliierten gedachten sie, vorerst politisch zu überleben.

12. April 1945: Besetzung Weimars durch die Dritte Armee

Sauckels Trutzgau

Fritz Sauckel (1894–1946), Generalbevollmächtigter für den Arbeitseinsatz in Großdeutschland von 1942 bis 1945, wurde 1925 Gaugeschäftsführer der NSDAP in Thüringen und ab 1927 Gauleiter Thüringens. Am 26. August 1932 wurde er thüringischer Ministerpräsident und zugleich Innenminister. Schließlich erfolgte am 5. Mai 1933 seine Ernennung zum Reichsstatthalter in Thüringen.
Mit dieser Machtfülle ausgestattet, war Sauckel, wie kaum ein anderer Gauleiter, in die Lage versetzt worden, selbstherrlich einschneidende politische und wirtschaftliche Entscheidungen mit nachhaltigen Auswirkungen für ganz Thüringen treffen zu können.
In einer Denkschrift vom 30. Januar 1943 an Adolf Hitler unter der Überschrift: „Dank des Trutzgaues Thüringen an den Führer“ führt Sauckel u. a. aus:
„In grenzenloser Dankbarkeit gedenkt Ihr Gau Thüringen des Tages, an dem Sie vor zehn Jahren in Deutschland die Macht ergriffen haben. Es war die Krönung eines unendlich schweren Kampfes gegen den furchtbarsten und scheinbar unüberwindlichen inneren Feind der Ehre, der Freiheit und des Glückes unseres Volkes, nämlich gegen das internationale Judentum und seine Trabanten...
...Im Frühjahr 1924 werden die ersten nationalsozialistischen Kampfzeitungen in Thüringen gegründet, der ‚Deutsche Aar‘ in Ilmenau und ‚Der Völkische‘ in Weimar. Allein, der Versailler Vertrag, Dawes- und Youngplan, die Herrschaft des Judentums, die Erbärmlichkeit der Parteien, der Hader der Politiker, stürzten trotzdem das Land in immer größeres wirtschaftliches Elend. Über die gesamte arbeitende Bevölkerung in Stadt und Land, über Handwerker und Bauern, brechen Not, Arbeitslosigkeit, Hunger in steigendem Maße herein. Im Gau Thüringen sind im Jahre 1932 500 000 Menschen arbeitslos. In Stadt und Land brechen Tausende und Abertausende von Existenzen zusammen. Die überwiegende Mehrzahl alter industrieller Betriebe liegt still; die einstmals

Fritz Sauckel (1894–1946), Reichsstatthalter in Thüringen und Generalbevollmächtigter für den Arbeitseinsatz, 1946 vom Internationalen Militärgerichtshof in Nürnberg zum Tode verurteilt.

blühenden Exportindustrien des Gaues, z. B. Waffen-, Spielzeug-, Glas- und Porzellanbetriebe, schienen für immer vernichtet.
Nirgends ist ein Hoffnungsschimmer zu entdecken. Zäh und verbissen kämpft in Thüringen unsere Partei. Der Gau blieb Ihnen, mein Führer, in allen Phasen des Kampfes auf Gedeih und Verderb verschworen. Die Streitereien und Spaltungen im völkischen Lager sind überwunden. Die NSDAP ist unbestritten im Gaugebiet zur alleinigen und fanatischen Trägerin des Kampfes für ‚Ehre, Freiheit, Brot' unseres Volkes und für die völkische Schicksalsgemeinschaft geworden In des Wortes vollster Bedeutung hatten die thüringischen Nationalsozialisten im Endkampf alles auf eine Karte gesetzt und auf diese Weise sich den Namen des ‚Trutzgaues' errungen …
Die ausschließliche Voraussetzung hierfür, mein Führer, war Ihre Machtergreifung im Reich!
Zweifelsohne hatte unter allen deutschen Gauen gerade das Land Thüringen und seine fleißige, brave Bevölkerung, die in vielen Gebieten seit altersher an harte Arbeit und eine karge Lebenshaltung gewohnt war, mit am schwersten unter der Not jener Zeit zu leiden. Seit Ihrer Machtergreifung wurde sie schnell und umfassend beseitigt, ja, seit das Hoheitszeichen unserer Partei zum Inbegriff des neuen Deutschlands geworden ist, wurden alle positiven und schöpferischen Kräfte auch bei uns frei und konnten sich auf das segensreichste auswirken. Darum war bis zum Kriegsausbruch auch unser Gau auf allen Lebensgebieten der Arbeit, der Wirtschaft, vor allem aber auch der Kultur und schönen Künste, zu herrlicher und neuer Blüte wie niemals zuvor gelangt. Niemals kann und wird vergessen werden, wie furchtbar und hoffnungslos die Lebensverhältnisse in der Novemberrepublik sich gestaltet hatten und wie schnell und gewaltig der Umschwung und der Aufbau des neuen deutschen Lebens sich vollzog, seit Sie am 30. Januar 1933 unser Reich und Volk unter Ihren Schutz genommen und das Schicksal gewendet hatten. Alle Männer und Frauen des Gaues Thüringen, darauf können Sie sich verlassen, werden nun heute in

dieser unerhörten Kriegszeit, in welcher derselbe Feind von einst, nämlich der Jude, durch den Kampf von außen unser herrliches nationalsozialistisches Reich vernichten will, alles daransetzen, um sich zu bewahren und sich Ihrer Führung würdig zu erweisen. Gut und Blut, alles, was diese Zeit an Opfern erfordert, wird hingegeben werden, um den Sieg des nationalsozialistischen Großdeutschen Reiches, Ihres Werkes, und damit das Leben und die Zukunft Ihres Volkes sichern zu helfen."

Die Wirklichkeit sah jedoch anders aus, als diese offene Propagandaschrift glauben machen wollte. Sofort nach der Machtübernahme durch die Nationalsozialisten setzte auch in Thüringen eine in der deutschen Geschichte beispiellose Verfolgung Andersdenkender ein. Der geringste Versuch der Opposition wurde mit brutaler Gewalt im Keime erstickt. Die kommunistischen Funktionäre Thüringens wurden sofort ausgeschaltet, wodurch die bestehenden kommunistischen Gruppierungen gelähmt wurden. Die Organisationen der SPD und der Gewerkschaftern wurden zerschlagen.

Die Einrichtung sogenannter „Schutzhaftlager" gehörte zum Instrumentarium der braunen Machthaber. Im Gegensatz zu anderen Gauen hielt sich in Thüringen die Zahl der sogenannten Schutzhäftlinge jedoch in Grenzen.

Mit der Machtübernahme wurde in Thüringen das Konzentrationslager Nohra eingerichtet, das jedoch bereits im Juli 1933 aufgegeben wurde. Als Ersatz entstand in Bad Sulza am Ortsrand in einem ehemaligen Hotel ein Konzentrationslager, in dem zwischen 100 und 150 Häftlinge untergebracht wurden. Als Heinrich Himmler Ende 1933 den Befehl über die thüringische Landespolizei übernahm, wurde das KZ der SS unmittelbar unterstellt. Es existierte bis zum 9. Juli 1937, dem Tage der Eröffnung des Konzentrationslagers Buchenwald. Das in einem Waldgebiet nordwestlich von Weimar, im Bereich des großen Ettersberges, entstandene Lager entsprach dem Ehrgeiz des Reichsstatthalters Sauckel. Seine Gauhauptstadt sollte nicht nur größter Heeresstandort in Thüringen sein, er wollte auch starke SS-Einheiten bei Weimar gruppiert wissen.

Heinrich Himmler kam der Wunsch Sauckels sehr entgegen, da seine Zielstellung die Einrichtung von drei großen Konzentrationslagern zum Inhalt hatte. Neben Sachsenhausen (bei Oranienburg) und Dachau (bei München) sollte der Standort bei Weimar den gesamten mitteldeutschen Raum erfassen.

Unter Mißachtung von Humanität, Recht und Gesetz wurden politische Häftlinge mit Kriminellen zusammengepfercht.

Ein Großteil der bis zu 8000 Gefangenen (Stand August 1938) wurde beim Ausbau der SS-Kasernen und des dazugehörigen Straßennetzes eingesetzt.

Nach der Reichskristallnacht am 8./9. November 1938 wurden Juden im ganzen Reich verfolgt. Die antijüdischen Ausschreitungen führten im November 1938 zur Einlieferung von etwa 10000 Juden, worunter sich etwa 1200 Juden aus Thüringen, viele davon aus den Landkreisen Meiningen und Eisenach, waren.

Am 13. November 1938 befanden sich im völlig überfüllten KZ Buchenwald bereits 19676 Häftlinge.

Über das KZ Buchenwald soll an anderer Stelle im Zusammenhang mit seinen Außenlagern, insbesondere Mittelbau-Dora und S III, noch berichtet werden.

Als Generalbevollmächtigter für den Arbeitseinsatz war der thüringische Gauleiter Sauckel verantwortlich für die Deportation von Millionen Menschen aus den besetzten osteuropäischen Ländern zur Zwangsarbeit ins Deutsche Reich. Er verfügte die totale Ausbeutung dieser Menschen durch den rücksichtslosen Einsatz in der deutschen Rüstungsindustrie. Die Zwangsarbeiter wurden wie Sklaven gehalten und behandelt. Sauckel sorgte dafür, daß der thüringischen Rüstungsindustrie genügend Zwangsarbeiter zur Verfügung standen. Bei Kriegsausbruch 1939 war die Thüringische Wirtschaft mit ihren Produktionsstätten und Kapazitäten bereits auf den Krieg vorbereitet. Mit dessen Ausweitung mußten weitere Kapazitäten freigesetzt werden. So erfolgte zielgerichtet die Vergrößerung der Gustloff-Werke in Suhl und Weimar sowie der HASAG-Werke in Altenburg. Eine Vielzahl von

Betrieben wurde für die Rüstung umfunktioniert und erweitert. Da die Arbeitskräftesituation immer prekärer wurde, scheute Sauckel nicht davor zurück, Kriegsgefangene und Häftlinge der Konzentrationslager zu härtester Ausbeutung in der Rüstungsindustrie einsetzen zu lassen.
Im Zusammenhang mit dem Kapitel „Thüringen im Dritten Reich" wurde bereits auf unter Tage verlegte Rüstungsbetriebe verwiesen. Durch den rücksichtslosen Einsatz von KZ-Häftlingen und die menschenunwürdige Beschäftigung von Fremdarbeitern wurden Geheimobjekte in Thüringen errichtet, in denen vorrangig neue geheimgehaltene Waffensysteme gebaut und erprobt wurden. Hinzu kam die Herrichtung unterirdischer Räume in den letzten Kriegsmonaten zur Aufnahme von Wertsachen, Gold und Kulturgütern, die die Führung des Dritten Reiches zum Überleben nutzen wollte. Daß dabei unbequeme Mitwisser rigoros beseitigt wurden, ist eine allgemein bekannte Tatsache. Auf einen riesigen Werkkomplex in Nähe des Konzentrationslagers Buchenwald bei Weimar wurde bereits verwiesen.
Zum größten Außenlager des KZ Buchenwald entwickelte sich das Lager Dora mit mehreren Nebenkommandos bei Niedersachswerfen/Kreis Nordhausen. Unter dem Namen „Mittelbau-Dora" wurde dieses eigenständige KZ zum Alptraum und Schrecken Tausender dort eingekerkerter Menschen. Ein gesonderter Beitrag wird sich mit dieser Problematik ebenso befassen, wie mit dem Lager S III bei Ohrdruf. Hier waren über 10 000 Häftlinge unter unmenschlichsten Bedingungen zum Bau unterirdischer Anlagen in den Kalkfelsen des Jonastales zwischen Arnstadt und Crawinkel eingesetzt. Mit diesem Vorhaben wurde Ende 1944 begonnen. Schlimmste Zustände herrschten auch in einem KZ Außenlager, unweit von Bad Salzungen. Die über 1100 Häftlinge wurden 1944/45 in Schachtanlagen bei Dorndorf und Kaiseroda zur Arbeit getrieben. Sie mußten hier unterirdische Werkhallen für den Bau leistungsstarker Flugzeugmotoren und einem riesigen unterirdischen Tresorraum herrichten.
In einem Außenkommando unter der Bezeichnung „Laura" in Oertelsbruch bei Saalfeld mußten Häftlinge Raketenteile

herstellen, während andere Häftlinge in Oberndorf bei Gera beim Hantieren mit brisanten Sprengstoffen ums Leben kamen.

Ab 1943 wurden Häftlinge des KZ Buchenwald auch in mehr als hundert Kommandos und Rüstungsfabriken außerhalb von Thüringen eingesetzt.

Daß auch die Bevölkerung Thüringens, wie im gesamten Deutschen Reich, zum Kriegseinsatz in der Heimat herangezogen wurde und unter den Bedingungen des totalen Krieges zu leiden hatte, ergibt sich aus einem Beitrag des „Völkischen Beobachter“ vom 6. Februar 1943. Hier wird u. a. wörtlich ausgeführt:

„Am 29. Januar erließ der Generalbevollmächtigte für den Arbeitseinsatz, Gauleiter und Reichstatthalter Sauckel, seine Verordnung, die die Arbeitsmeldepflicht für alle einsatzfähigen Männer und Frauen mit sich brachte. Durch das an anderer Stelle unserer Zeitung veröffentlichte Kommuniqué wird jetzt die Verstärkung des Arbeitseinsatzes des deutschen Volkes weiter geführt durch Sparmaßnahmen auf dem Gebiete des Handels, Handwerks und Gaststätten- und Beherbergungsgewerbes sowie der Banken und Versicherungen.

Wir Nationalsozialisten haben vor dem Kriege schon die Notwendigkeit als bitter empfunden, daß deutsche Frauen und sogar Mütter in den Fabriken arbeiten mußten. Der Krieg hat uns gezwungen, die in den deutschen Frauen liegenden Arbeitskräftereserven im vollen Umfange einzusetzen. Moralisch vertretbar ist diese Frauenarbeit nur dann, wenn auch gleichzeitig sämtliche anderen noch verfügbaren nationalen Leistungsreserven in den Dienst des Krieges gestellt werden. Das geschieht durch die vom erwähnten Kommuniqué mitgeteilten Verordnungen des Reichswirtschaftsministers.

Es darf im nationalsozialistischen Reich, das einen totalen Krieg führt, keine Reste der Friedenswirtschaft mehr geben. Es fragt sich nicht nur, wieviele Menschen hier durch die Schließung der Betriebe für andere Einsatzzwecke frei werden, sondern es handelt sich auch darum, daß die Ausrichtung der gesamten Heimat auf den totalen Krieg restlos vollzogen wird.“ Weiter heißt es dann: „Gewiß ist die Ausrich-

tung der Heimat auf den totalen Krieg hart. Aber das liegt im Wesen des Krieges, denn der Krieg ist nun einmal hart. Vor der Geschichte zählt nicht, wie bequem das deutsche Volk trotz des Krieges leben konnte, sondern einzig und allein, daß wir siegen.
Zudem wird die Last des Krieges nicht auf die Schultern einiger Schichten gewälzt, sondern diese Verordnungen zeigen doch deutlich, daß sie gerecht verteilt wird. Wenn der einzelne betroffen wird, so mag er nur um sich schauen; die anderen sind es in gleicher Weise und waren es häufig sogar schon früher als er. Diese Verordnung, die die totale Kriegswirtschaft bedingt, ist gleichzeitig ein Ausdruck des totalen Willens zum Siege. Wenn unsere nationalen Leistungskräfte in dieser Weise eingespannt werden, müssen wir siegen. Wir werten diese Verordnungen als Ausdruck unseres Willens zum Sieg."
Nach Beendigung der Kampfhandlungen in Thüringen entschieden und veranlaßten der Oberbefehlshaber der 3. Armee, General George Patton und der Oberkommandierende der Alliierten Streitkräfte in Europa, Dwight D. Eisenhower, daß die Männer und Frauen aus den in der Nähe der Konzentrationslager liegenden Orten Nordhausen (Mittelbau-Dora), Ohrdruf (Lager S III) und am 16. April 1945 Weimar (Buchenwald) sich mit eigenen Augen von den letzten verhungerten, erschlagenen, erschossenen und auf andere Weise zu Tode gebrachten Häftlingen der Konzentrationslager überzeugen sollten. Sie wurden an Tausenden von Toten vorbeigeführt. Ähnlich waren die Briten nach der Befreiung des KZ Bergen-Belsen verfahren.
Auch Eisenhower und Patton besichtigten mit ihren Stäben die Stätten des Massenmordes in Thüringen. Fotoberichterstatter der US-Army dokumentierten ebenso wie Filmberichterstatter die Situation nach der Befreiung der Konzentrationslager. Sie gingen um die Welt, wie die Dokumentationen über die befreiten Lager Maidanek und Auschwitz oder Neuengamme und Mauthausen. Niemand sollte sagen können, er habe davon nichts gewußt.

Geheime Kommandosachen

Mit einem geplanten „Blitzvorstoß“ versuchte die 3. US-Armee, unter ihrem Oberbefehlshaber General Patton, zügig mit starken Panzerverbänden in das Herz Thüringens, die Linie Ohrdruf, Arnstadt, Erfurt und Weimar, vorzustoßen. Das Ziel bestand u. a. darin, geheime Kommandostellen des Dritten Reiches auszuheben und Hitler, den man auf der Wachsenburg bei Arnstadt vermutete, gefangenzusetzen. Der amerikanische Geheimdienst war darüber informiert, daß sich im zentralen Thüringer Raum, unter Einschluß des Thüringer Waldes, in 25 Orten hohe Dienststellen und Führungsstäbe des Dritten Reiches befanden. Die Amerikaner hatten auch über geheime Rüstungs- und Forschungsstätten, die 1944/45 nach Thüringen verlegt wurden, Kenntnis. Den Standort eines unterirdischen Nachrichtenzentrums bei Ohrdruf hatten die Amerikaner ebenfalls ausfindig gemacht. Es befand sich unter dem Truppenübungsplatz bei Ohrdruf, absolut bombensicher unter meterdicken Stahlbetonplatten verborgen. Die Ausstattung der Anlage soll vom Feinsten gewesen sein. Ein überdimensionaler Raum beherbergte Generatoren, die nach Aussagen dort Beschäftigter in der Lage waren, eine Stadt von der Größe Berlins mit Strom zu versorgen. Mit dem Bau hatte man bereits 1937 begonnen. Die Eingänge wurden durch Wochenendhäuser getarnt. Die Nachrichtenanlage erhielt die Bezeichnung „Amt 10“. Die Verbindung nach außen erfolgte über Kabelstränge und durch die Betreibung von Lang-, Mittel- und Kurzwellensendern, deren nächster Sendeturm sich auf dem Inselsberg befand. Im Reich verteilt gab es dann weitere solcher Nachrichtenzentralen sowie Knoten- und Verteilerämter.
Erst in den letzten Kriegswochen wurde die unterirdische Nachrichtenzentrale voll genutzt. Sie war mit modernster Technik ausgestattet. Selbst Wechselstromtelegrafie und Lorenzsender waren vorhanden. Es konnten erste Fernsehbilder übermittelt werden. In Arnstadt, Erfurt und Benshausen

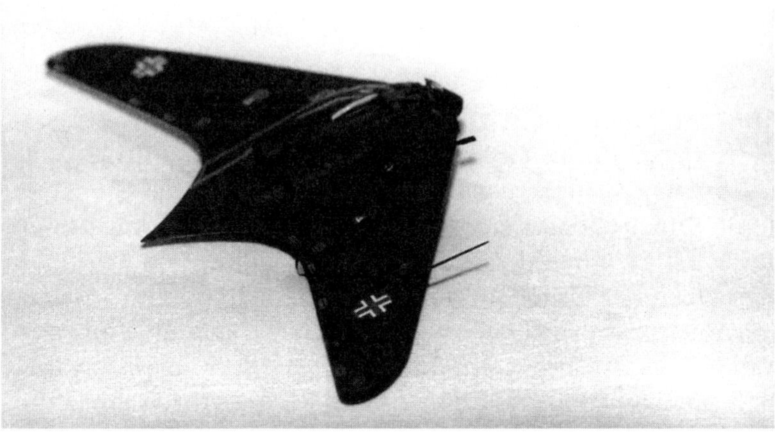

Ansichten eines der geheimsten Kampfflugzeuge des Dritten Reiches, der Horten Ho IX (Go 229 V-3), deren Prototyp fast fertiggestellt, im April 1945 den Amerikanern in Friedrichroda in die Hände fiel. Der mit 2 Jumo 004 B-Strahlturbinen versehene Nurflügler war in mehreren Typen im Bau. Er erreichte Geschwindigkeiten von über 800 km/h.

bei Zella-Mehlis befanden sich ebenfalls Ämter bzw. Knotenstellen, mit Verbindung zur Nachrichtenzentrale in Ohrdruf. Das Amt in Benshausen vermittelte die Strecke Meiningen –Berlin–Hamburg. Es wurde, wie alle anderen Ämter ebenfalls, streng von der SS bewacht und später gesprengt. Es ist nicht von der Hand zu weisen, wenn der ausgefeilten Nachrichtentechnik der militärischen Führung des Dritten Reiches der Stellenwert einer kriegsentscheidenden Waffe zukommt.

Rathäuser, Schulen, Schlösser, Hotels, Berggasthöfe, Krankenhäuser und Burgen wurden in Thüringen mit Führungsstäben belegt. In langfristig vorbereiteten Depots, aber auch in schnell hergerichteten größeren Räumlichkeiten (Tanzsäle, Kegelbahnen, Gewölbekeller u. a.) wurden waggonweise angelieferte Waren, bestehend aus Bekleidung, Nahrungs- und Genußmitteln, Teppichen, Mobilar aller Art, aber auch Treibstoffen, Waffen und Munition, eingelagert.

Bereits in den ersten Kriegsjahren hatten die Berliner Museen damit begonnen, Teile ihrer Sammlungsbestände, mit Ausnahme der Spitzenstücke, in abgelegene Pfarrhäuser und Schlösser, auch des Thüringer Raumes, zu verlagern. Ein vernichtender Bombenangriff auf die Innenstadt Berlin, am 3. Februar 1945, zerstörte auch wertvollste Kulturgüter. In einem Führerbefehl vom 6. März 1945, der vom Chef der Reichskanzlei Lammers unterzeichnet war, wurden die Museen zur beschleunigten Bergung und den Abtransport von Kunstgütern der Spitzenkategorie in den mitteldeutschen Raum und besonders nach Thüringen verpflichtet. Die Auslagerung betrafen u. a. Bibliotheksgüter, wichtige Archive, wissenschaftliche Unterlagen, Devisen und die Goldreserven des Dritten Reiches, die vorrangig in Kali- und Steinsalzgruben, Höhlen und Kellergewölben deponiert wurden. Die Führung des Dritten Reiches glaubte offensichtlich daran, ein Faustpfand zu haben, das man für Verhandlungen, insbesondere mit der amerikanischen Führung, zu nutzen gedachte.

Der strengsten Geheimhaltung unterlagen jedoch auch die noch im Aufbau befindlichen unterirdischen Objekte zur Auf-

nahme des Hauptquartiers Hitlers und seiner Führungsstäbe sowie die unter die Erde verlegten Rüstungsbetriebe zur Fabrikation schlagkräftiger und gefährlicher Waffensysteme. In Kellergewölben einer alten Mälzerei in Stadtilm wurde bereits seit 1943 ein geheimes Atomreaktorlabor betrieben. Auf diese wissenschaftliche Einrichtung mit ihren Geräten, Unterlagen und die betreibenden Wissenschaftler hatte es die US-Führung ganz besonders abgesehen. Immerhin experimentierte hier eine zehnköpfige Wissenschaftlergruppe unter Leitung von Dr. Kurt Diebner. Ein gesondertes Kapitel wird sich dieser Problematik annehmen.
Ab Januar 1945 wurde damit begonnen, wichtige Führungsstellen und Gremien des Dritten Reiches, oder Teile davon, nach Thüringen zu verlegen. Der Umzug Hitlers von Berlin nach Thüringen, einschließlich seines gesamten Verwaltungs- und Dienstbereiches, wurde ab Januar 1945 verstärkt betrieben. Diese Aktivitäten blieben auch den Geheimdiensten der Alliierten nicht verborgen. Im Golfhotel in Oberhof mietete sich ein Teil der Reichskanzlei ein, während die Parteikanzlei Bormanns nach Stadtroda verlegt wurde. Der Reichsführer der SS, Heinrich Himmler, ließ für sich und seine zentralen Führungsstellen im Februar 1945 bei Nordhausen, in der Nähe des gigantischen Rüstungsunternehmens Mittelbau-Dora, ein größeres Gebiet herrichten. Das Außenministerium unter Ribbentrop befand sich auf der Höhe des Rennsteigs. Man hielt das Gasthaus und Hotel „Schmücke“ bei Gehlberg für sehr geeignet, hier ein entsprechendes Domizil aufzuschlagen.
Am 12. Februar 1945 wurde in einem weiteren Befehl die Verlegung des Generalstabs sowie des größten Teiles des Oberkommandos des Heeres in den Raum „Olga“ bei Ohrdruf geregelt. Für die Verlegung des gesamten Hauptquartiers nach Thüringen wurden Festlegungen getroffen, Eisenbahntransporte zusammenzustellen und die Sonderzüge und Salonwagen der militärischen Führungsspitzen hier mit einzubeziehen. Diese Maßnahme war erforderlich, da die vorbereiteten Unterkünfte und Befehlsstellen noch nicht fertiggestellt waren. So erhielten die Eisenbahntunnel strategische

Golfhotel in Oberhof – Sitz der Reichskanzlei 1945

Hitlers Ausweichquartier – Brandleitetunnel bei Oberhof

Bedeutung, da in ihnen die Sonderzüge bombensicher abgestellt werden sollten. Der Brandleitetunnel bei Oberhof mit 3039 Meter Länge und der Eisenbahntunnel im Reinhardsberg bei Friedrichroda waren in der Planung besonders berücksichtigt worden.

Der Kommandant des Führerhauptquartiers, Oberst Streve, begab sich, mit seinem Stab und Sondervollmachten ausgestattet, in den Thüringer Wald. Er richtete seine Kommandostelle im Kurhaus auf dem Reinhardsberg bei Friedrichroda ein. Dem Raum Friedrichroda, unter der Geheimbezeichnung „Wolfsturm", kam damit eine besondere Bedeutung zu. Der Stab des Reichsfinanzministeriums unter Staatssekretär Fritz Reinhardt machte im Gabelbach bei Ilmenau Quartier, während sich der Reichsbauernführer W. Darré in Stadtilm aufhielt und offensichtlich bei der dort stationierten Nachrichteneinheit der SS „500" sicher wähnte. Für Göring war ein Quartier in Sitzendorf und für Goebbels in Schwarzburg vorbereitet worden.

Der ab März 1945 zum Oberbefehlshaber „West" ernannte Generalfeldmarschall Kesselring befand sich mit seinem Sonderzug in Crawinkel. Dieser war am 6. Februar 1945 das Ziel amerikanischer Kampfflugzeuge. Danach verlegte Kesselring seinen Befehlsstand in das Schloß Reinhardsbrunn bei Friedrichsroda. Als Standort für die Diplomatensonderzüge der Militärattachés war Elgersburg ausersehen worden.

Der Großdeutsche Rundfunk erhielt seinen neuen Standort in Luisenthal, zwischen Oberhof und Ohrdruf. Er wurde im Gasthaus „Zur Brauerei" untergebracht. Die installierte Technik ermöglichte qualitativ gute Sendungen in das Restreich. Mit seinen Parolen versuchte der zur Nazizeit bekannte Rundfunksprecher Hans Fritzsche die Menschen zum Durchhalten zu bewegen. Er versprach die große Wende durch den Einsatz von „Wunderwaffen". Das OKH mit wichtigen Abteilungen wurde in Rudolstadt stationiert, ebenso wie die Stäbe der 6. Armee und der Heeresgruppe Afrika, der Stab des OKL und der Seestreitkräfte Nordsee. Der Stab der Heeresplankammer, des Kriegskartenamtes, die OKW-Wehrmachtsauskunftsstelle und andere Stäbe befanden sich in Saalfeld.

Weitere wichtige Behörden nahmen ihre Tätigkeit in Schwarzburg, Neuhaus, Arnstadt, Gotha, Mühlhausen, Sonneberg, Hildburghausen und Meiningen auf.
Der Eisenbahnwagen von Compiégne fand seinen neuen Standort auf einem Nebengleis vor Crawinkel, in Richtung Ohrdruf. Mit diesem Salonwagen der französischen Staatsbahn, der wie ein Augapfel von den Franzosen gehütet wurde, hatte es seine besondere Bewandtnis. Am 11. November 1918 fand in diesem Eisenbahnwagen die Unterzeichnung des Waffenstillstandsabkommens zwischen Frankreich und Deutschland statt. In der Propaganda des Dritten Reiches spielte dieses Abkommen als Schandvertrag von Versailles eine besondere Rolle.
Am 5. Juni 1940 begann Hitler die „Schlacht um Frankreich". Der schnelle Vorstoß der deutschen Truppen veranlaßte Marschall Pétain, die Reichsregierung um einen Waffenstillstand zu bitten. Am 22. Juni 1940 kam es im Walde von Compiégne im gleichen Salonwagen, in dem der Waffenstillstand zwischen Frankreich und Deutschland 1918 geschlossen wurde, im Beisein von Hitler zur Unterzeichnung des Vertrages. In einer Präambel zum Waffenstillstand erklärte der Chef des Oberkommandos der Wehrmacht, Generaloberst Keitel, die Wahl des historischen Standortes im Wald von Compiégne als einen Akt einer wiedergutmachenden Gerechtigkeit. Er erkannte jedoch auch an, daß Frankreich heroischen Widerstand geleistet habe. Nach Verlesen der Präambel verließ Hitler den Verhandlungsort. Er ordnete an, daß der Salonwagen des Marschalls Foch, in dem die Verhandlungen stattgefunden hatten, neben dem Gedenkstein nach Berlin zu verbringen ist. Hier stand er dann im Lustgarten als Denkmal für die getilgte Schmach.
Mehrere Zeitzeugen können sich an den von der SS bewachten Salonwagen noch erinnern. Dazu gehört auch der damalige Oberfeuerwerker der Luftwaffe, Hans Seeber aus Gehren, der für die Außenstelle Gehren der Luftmunitionsanstalt Crawinkel zuständig war.
Zeitzeugen, so Ernst Kümmerling und August Töpfer, betätigten in dem Film „Olga – Das letzte Führerhauptquartier"

des ZDF, daß kurz vor dem Einmarsch der Amerikaner SS-Männer den Salonwagen in Brand gesteckt hatten. Letzte Zweifel darüber, daß sich der Eisenbahnwagen tatsächlich in Crawinkel befand, wurden durch das Auffinden des aus Kupfer bestehenden französischen Emblems des Wagens beseitigt.

Der Schlüssel für viele noch heute ungeklärte Geheimnisse dürfte jedoch der seit der Kaiserzeit auf der Linie zwischen Crawinkel, Wölfis, Ohrdruf, Schwabhausen, Mühlberg, Röhrensee und Bittstädt, südöstlich begrenzt durch eine Teilstrecke des Jonastales, gelegene Truppenübungsplatz sein. Bis Oktober 1944 von der Wehrmacht belegt, erhielt sein Kommandant, General von Göckel, von höchster Stelle den Befehl, den Platz innerhalb weniger Stunden zu räumen. Unter dem Siegel strengster Geheimhaltung wurden SS-Einheiten die neuen Herren des Truppenübungsplatzes. Diese Maßnahme stand ganz offensichtlich im Zusammenhang mit Ausbaumaßnahmen im Raume „Olga“ sowie der Errichtung des Sonderlagers S III.

Seine Führungs- und Leitstelle wurde in der ehemaligen Kreisparteischule sowie im Gasthof „Deutsches Haus“ in Luisental untergebracht. Heinrich Himmler, Albert Speer und Fritz Sauckel sind hier neben anderer Naziprominenz gesehen worden. Fieberhaft wurde zwischenzeitlich im Jonastal, aber auch auf dem Truppenübungsplatz gebaut. Noch heute stehen die runden Betontürme mit den in die Tiefe gehenden Wendeltreppen, die durch eine Stahltür gesichert und mit Schießscharten versehen sind, auf dem Platz. Ob sie zur Nachrichtenanlage „Amt 10“ gehörten, ist unklar. Sie sind jedenfalls der Hinweis auf ein vorhandenes Bunkersystem, zu dem nähere Angaben bisher fehlen.

Ich hatte nach dem Abzug der Sowjetarmee die Möglichkeit, das Gelände des Truppenübungsplatzes zu besichtigen. Ein von mir in Augenschein genommener Betonturm war leider mit Schutt und Unrat aufgefüllt. Der aus der Tiefe kommende Luftzug bestätigte jedoch das Vorhandensein eines Hohlraumsystems, das offensichtlich von den sowjetischen Truppen weder freigelegt noch genutzt wurde.

Salonwagen von Compiégne, der 1945 bei Crawinkel zerstört wurde

Reste einer aus gewaltigen Stahlbetonplatten bestehenden Bunkeranlage waren hingegen im Bereich eines großflächig angelegten Schrottplatzes sichtbar. Die Sprengexperten, die diese Anlage zu zerstören hatten, mußten wahrscheinlich enorme Sprengstoffmengen aufwenden, um die meterdikken Betonwände zu deformieren. Unter einer Betonplatte befand sich eine Öffnung, durch die der Einstieg in darunterliegende Hohlräume möglich war. Trotz starker Beleuchtung konnte man die Größe eines Raumes nicht erkennen. Verbogene Moniereisen, die wie Stacheln überall herausragten, mahnten zur äußersten Vorsicht. Bei dieser Anlage soll es sich um die ehemalige und bereits beschriebene Nachrichtenzentrale „Amt 10“ gehandelt haben. In tagelangem Einsatz sollen Experten der SS bemüht gewesen sein, die aus mehreren Stockwerken bestehende Anlage zu sprengen. Ob die Militärs der Sowjetarmee tatsächlich die Bedeutung dieser Anlage kannten, sei dahingestellt. Sie haben jedoch als Hausherren des Truppenübungsplatzes über Jahrzehnte hin offensichtlich keinen Versuch unternommen, das geheimnisvolle Bunkersystem zu erkunden und für ihre Zwecke zu nutzen. Andererseits waren ihnen unter der Erdoberfläche verborgene Hohlräume willkommen, um hier militärische Altlasten verschwinden zu lassen. So fand man nach dem Abzug der sowjetischen Truppen in einem Erdfall über einhundert Fässer mit einer napalmähnlichen Flüssigkeit, die nicht entsorgt wurden.
Es gab jedoch auch Bunkeranlagen aus der Zeit des Dritten Reiches, die von der Roten Armee weiter genutzt wurden. So ein Objekt, das nur einige hundert Meter vom Jonastal entfernt in einem bewaldeten Gebiet liegt und Reste elektrischer Leitungen und Notstromaggregate aufweist. Über ein wahrscheinlich bereits zur Nazizeit benutztes Gebäude sind die unterirdischen Anlagen ebenfalls zu erreichen. Die tatsächliche Größe der Anlage ist nicht zu erkennen, da weitere Zugänge im Gebäude mit Schutt überdeckt wurden. Diese fertiggestellte Anlage trägt, im Gegensatz zum Objekt „Siegfried“ im Jonastal, eher den Charakter eines Führerhauptquartiers, zumal hier über der Erde be-

Truppenübungsplatz Ohrdruf mit Blick zur Mühlberger und Wanderslebener Gleiche

Blick auf das Offiziers-Casino des TÜP Ohrdruf

findliche Gebäude mit unterirdischen Anlagen verbunden wurden.
Mit einem geländegängigen Fahrzeug benötigt man zur Umfahrung des gesamten Truppenübungsplatzes von Ohrdruf bei trockenem Wetter bereits mehrere Stunden. Feldherrenhügel und Musketierberg sind zentrale Punkte, die einen guten Geländerundblick ermöglichen. Auf einer angelegten Hochfläche, die sich kilometerweit ausdehnt und mit Gras und niedrigem Buschwerk bewachsen ist, sind in den letzten Wochen des Krieges Flugzeuge gestartet und gelandet. Es gibt auf dem Truppenübungsplatz Geländeabschnitte, die mit Splittern und Blindgängern nahezu gespickt sind. Jeder Schritt wäre hier mit Lebensgefahr verbunden.
Zeitzeugen wissen zu berichten, daß in der Zeit ab 1943 bis zum Kriegsende neue Waffensysteme auf dem weiträumigen Übungsgelände erprobt wurden. Dazu gehörten Panzerwaffen, Geschütze und Lenkwaffensysteme. Noch heute wird von Versuchen gesprochen, die durch elektromagnetische Wellen Flugzeuge zum Absturz gebracht und den Stillstand von Kraftfahrzeug- und Panzermotoren herbeigeführt haben. Sollte es hier einen Zusammenhang mit der gewaltigen Generatorenanlage des „Amtes 10“ auf dem Truppenübungsplatz gegeben haben? Wurde der Truppenübungsplatz deshalb aus der Luft nicht angegriffen?
Fragen über Fragen, die noch einer Klärung bedürfen. Jahrzehnte war der durch die Sowjetarmee genutzte Truppenübungsplatz ein Tabuthema. Seit der Kaiserzeit ist das Truppenübungsgelände ein wohl einmaliges Areal geschichtlicher Vorgänge. Eine anderweitige Nutzung dürfte auch deshalb und wegen der gewaltigen militärischen Altlasten, wohl kaum in Frage kommen.

Generalleutnant Wolff auf dem Behelfsflugplatz im Nordostteil des TÜP Ohrdruf. Im Hintergrund eine Ju 52.

Feuerleit- und Beobachtungsstelle im Bereich TÜP Ohrdruf.

Geheimnisvolles Jonastal

Bereits 1965 begannen staatliche Stellen der DDR damit, die geheimnisvolle Geschichte des Jonastales aufzuarbeiten und Untersuchungen vor Ort vorzunehmen. Im März 1965 begannen erste Untersuchungen des Objektes „Siegfried" (gesprengter Streckenabschnitt der ersten unterirdischen Anlage von Richtung Arnstadt kommend nach Crawinkel). Nach damaligen Informationen sollte es sich hier um ein unterirdisches Hauptquartier Hitlers handeln, in dem Dokumente oder anderes geheimzuhaltendes Material versteckt waren. Der erste Erkundungseinsatz in der unterirdischen Anlage sollte Aufschluß über deren Bau- und Erhaltungszustand geben. Aus den persönlichen Aufzeichnungen des Autors ergibt sich folgendes:

Etwa 20 Personen stehen an einem Märztage hoch über der Chaussee zwischen Arnstadt und Crawinkel im Felsmassiv des beschriebenen Objektes. Es ist kalt, aber sonnig, mit an sich günstigen Voraussetzungen für derartige Forschungsarbeiten. Würde es regnen, wären die in dem Felsmassiv absteigenden Personen durch Wasserrinnsale schnell durchnäßt. Wir blicken auf die Straße hinunter, die aus dieser Höhe recht klein aussieht. Vorbeifahrende Autos könnten aus der Spielzeugkiste stammen. Es wird nach einer günstigen Abstiegsmöglichkeit gesucht. Eine größere Spalte scheint geeignet, um am schwankenden Seil etwa das Höhenniveau der Straße zu erreichen. Aus der Tiefe der vor uns liegenden Felskluft steigt ein kalter Luftzug nach oben, der uns frösteln läßt. Immerhin läßt er den Schluß zu, daß in der Tiefe des Berges eine gute Luftzirkulation für den notwendigen Sauerstoff vorhanden ist.

Das Sicherungsmaterial wird bereitgelegt. Mit einem Höhlenforscher – die Wahl fällt auf mich – sollen zwei weitere Personen, ein Baufachmann sowie ein Munitionsbergungsexperte, meiner Erinnerung nach ein Hauptmann des Munitionsbergungsbetriebes Erfurt, absteigen. Nachdem der Helm aufgesetzt, die Beleuchtung überprüft und das Sicherungs-

Einsatzgruppe zur Erforschung der unterirdischen Objekte im Jonastal

Abstieg in die unbekannte Tiefe

seil am Oberkörper befestigt wurde, lasse ich mich in die unbekannte Tiefe hinabgleiten. Ganz wohl ist mir dabei nicht. Ein eigenartiges Gefühl läßt mich nicht mehr los. Ich muß an die getöteten Menschen denken und bin darauf vorbereitet, auf menschliche Überreste zu stoßen. Zum damaligen Zeitpunkt war uns nicht bekannt, in welchem Umfang das unterirdische Geheimobjekt nach Kriegsende noch zugänglich war. Auf einem Felsvorsprung verharre ich einen Moment. Das Stimmengewirr von oben ist nicht mehr zu hören. Es herrscht eine eigenartige Dämmerstimmung. Lichtbündel dringen bis in die Tiefe vor. Sehr ruhig ist es. Steine poltern in den unbekannten Schlund hinunter. Sie schlagen irgendwo auf, verkündend, daß sie die Sohle des Einbruches noch nicht erreicht haben. Ich leuchte in die Tiefe und schätze, daß mich noch etwa 15 Meter vom Stollengrund trennen. Sehr schnell habe ich den Grund dann erreicht. Dunkelheit umfängt mich. Bevor ich am Sicherungsseil ziehe und es löse, um den Nächsten absteigen zu lassen, schaue ich mich um. Ein großer Raum mit erkennbaren Wirkungen der Sprengung, übersät mit Blockschutt, führt weiter in das Felsmassiv. Ein Schauer durchläuft meinen Körper, als ich nach oben blicke. Lose hängen mächtige Steinpackungen von der Decke herab, jederzeit bereit, sich zu lösen. Ich versuche krampfhaft, an etwas anderes zu denken.
Das gelöste Sicherungsseil verschwindet nach oben. Ich gehe in Deckung, um nicht von herab polternden Gesteinsbrokken, die der Absteigende löst, getroffen zu werden. Die mir folgenden Personen erreichen problemlos den Grund des Objektes. Gemeinsam erfolgt der Vorstoß in die geheimnisvolle Tiefe. Eigentlich bin ich etwas enttäuscht, da ich Räume in großer Ausdehnung erwartet habe. Es ist stellenweise eng. Eine Mauerung ist nicht erkennbar. Überall stoßen wir im verzweigten System auf Fels, der noch nicht mit Beton ausgegossen war. Unmöglich konnte hier das Führerhauptquartier sein, von dem wir durch Gespräche wußten, daß es bereits ausgebaut und eingerichtet war. Würde man noch eine Verschalung annehmen, wäre es hier unten noch enger. Allerdings gibt es auch Weiterungen. Der begehbare

Der Verfasser im Felsmassiv des Jonastales 1965

mittlere Teil des Objektes scheint relativ intakt zu sein. Jedoch müssen wir bei der Durchforschung über Blockschuttberge steigen, entstanden durch heruntergebrochenes Gestein. Erneut stoßen wir auf eingesprengte Abschnitte, die jedoch ganz offensichtlich mit den gesprengten Eingängen nichts zu tun haben. Ein Weiterkommen ist hier nicht möglich. Wir vermuten, daß sich die Räumlichkeiten des Führerhauptquartiers in noch größerer Tiefe befinden. Die Zugänge wurden durch Sprengungen unpassierbar gemacht. Wir finden Reste von Handgranaten und einer Panzerfaust. Es scheint auch unmöglich, die gesprengten Abschnitte zu öffnen. Der Berg würde uns also seine Geheimnisse nicht preisgeben. Es galt umzukehren. Wir teilten uns, um individuelle Eindrücke festzuhalten. Mir ging es um einige Fotos, die ich anfertigen wollte. Die Ausleuchtung der Räumlichkeiten gelang mir mit Magnesium. Das hatte allerdings die unangenehme Eigenschaft, das fotografierte Objekt in den Rauch kleinster Partikel zu hüllen. Weitere Aufnahmen waren dann erst nach Ablauf einer größeren Zeitspanne möglich.

Wie vorher vereinbart, trafen wir uns dann an der Kluft. War der Abstieg fast ein Kinderspiel, gestaltete sich der Aufstieg wesentlich schwieriger, erforderte er doch erhebliche Kraftanstrengungen, um wieder nach oben zu kommen. Doch die Mannschaft über Tage zog kräftig am Sicherungsseil und erleichterte den Aufstieg. Alle waren froh, dem Dunkel entronnen zu sein. Es wurde an diesem Tage noch lange diskutiert und das Ergebnis der ersten Befahrung ausgewertet. Weitere Einsätze sollten folgen. Auch der Munitionsbergungsbetrieb und andere Personen waren unserer Kenntnis nach ohne Mitwirkung der Suhler Höhlenforscher in der Tiefe. Wie erst später bekannt wurde, sollen dabei auch Sprengmittel gefunden worden sein. Ich kann persönlich auf eine solche Erfahrung nicht verweisen.

Wir Suhler Höhlenforscher haben dann in größeren Zeitabständen noch mehrfach Befahrungen der Objekte durchgeführt, ohne daß etwas gefunden wurde. Allerdings gibt es Hinweise dafür, daß im Untergrund des Kalkmassivs bis zu-

Blick zum Felsmassiv im Jonastal mit Postenlöchern

letzt gearbeitet wurde. Man war also, aus welchen Gründen auch immer, bis zuletzt am Ausbau der Anlagen interessiert. Tage nach dem ersten Komplexeinsatz folgten weitere Erkundungsvorstöße in das größte Objekt, das Crawinkel am nächsten liegt und bekannt wurde unter der Geheimbezeichnung „Jasmin", an denen ein größerer Personenkreis teilnahm. Diese Abstiege waren nicht so gefahrvoll wie im ersten Objekt. An weiteren Befahrungen nahmen auch Mitarbeiter der Nationalen Mahn- und Gedenkstätte Buchenwald teil. Die zwischen den beiden großen Objekten „Siegfried" und „Jasmin" liegenden kleineren Stollenbereiche wurden ebenfalls untersucht. Soweit ich mich erinnere, waren sie relativ gut intakt. Die kleinere Anlage war zum Teil ausgemauert. Wahrscheinlich wurde hier Munition und Sprengstoff gelagert. Der Sinn und Zweck der in Richtung des Objektes „Jasmin" in die Tiefe laufenden Stollen, deren Kennzeichnung der Sprengtrichter am Stollenmundloch ist, war für uns unklar.

Das Objekt „Jasmin" hingegen ist großräumig angelegt. Parallel verlaufende sehr geräumige und hohe Stollen sind durch einen ausbetonierten Gang miteinander verbunden. Es gab die Vermutung unter Deutung der Geheimbezeichnung „Jasmin", daß hier die in etwa 30 km entfernt in einem riesigen Depot eingelagerten Kampfstoffgeschosse (Gelb-, Grün- und Blaukreuz) gefüllt und bearbeitet werden sollten. Andererseits erscheint es unwahrscheinlich, daß in der unmittelbaren Nähe des Führerhauptquartiers eine derartige und äußerst gefährliche Fabrikation erfolgen sollte. Diese Angaben waren u. a. einem Artikel der „Neuen Ilmenauer Zeitung", 6. Jahrgang, Oktober 1965, zu entnehmen, in dem u. a. wörtlich nachzulesen ist:

„Kaum einer weiß indessen, was im Esbach wirklich geschieht. Bedingt durch den Bau des Führerhauptquartiers im Jonastal bei Arnstadt, werden die Bestände der Muna Crawinkel nach Gehren ausgelagert." An anderer Textstelle heißt es weiter: „Hier befanden sich unzählige Geschoßhülsen für Gelb-, Grün- und Blaukreuzkampfgase".

Blick ins geheimnisumwitterte Jonastal mit verwachsenen Anlagen.

Jonastalobjekt „Jasmin" – größerer Stollenbereich mit abgesprengtem Blockwerk

Tatsächlich haben sich die damals gegebenen Hinweise nicht bestätigt. Unter dem Kapitel" Der verbotene Wald" werden exakte Angaben zu den Lagerbeständen der Luftmunitionsanstalt Gehren im Esbacher Forst gemacht. Sie stützen sich u. a. auf die Aussagen des Zeitzeugen Hans Seeber aus Gehren, der als verantwortlicher Feuerwerker während des Krieges dort tätig war und nach dem Zweiten Weltkrieg die noch vorhandenen Bomben und Granaten auf Weisung der Sowjetischen Militäradministration zu sprengen hatte.
Immerhin wurde in der Tiefe des Geheimobjektes bis zuletzt gearbeitet. Vorbereitete Sprenglöcher, zum Teil waren sie noch mit Sprengmittel gefüllt, und ein im Loch steckendes Bohrgestänge sprechen hier eine eindeutige Sprache.
Es liegen Zeugenaussagen vor, wonach die Räume des Führerhauptquartiers bereits eine Holztäfelung trugen und die einzelnen Zimmer selbst eingerichtet waren. In der Tat gibt es Hinweise dafür, daß in den letzten Kriegstagen Waggons und LKW's voller Einrichtungsgegenstände, Kisten u. a. im Jonastal abgeladen wurden. Es dürfte unwahrscheinlich sein, daß bei Vormarsch der Amerikaner wieder ein Abtransport erfolgte. Andererseits wollen Einwohner, die in der Umgebung und im Baubereich tätig gewesen waren, die herrlich ausgestatteten Räume gesehen haben. Das würde bedeuten, daß entweder die SS selbst Räumlichkeiten der Objekte der Öffentlichkeit zugänglich gemacht hätte, oder daß nach Einmarsch von Teilen der 3. US-Armee die Objekte in ihrer Gesamtheit noch zugänglich waren. Beides trifft jedoch nachweisbar so nicht zu. Ältere Einwohner der umliegenden Ortschaften können sich daran erinnern, daß wertvolle Einrichtungsgegenstände aus den Objekten in die Orte selbst gelangt sind.
Frau Cläre Werner aus Arnstadt, die sich um die Rettung Arnstadts und der Sicherung der Kunstschätze auf der Wachsenburg verdient gemacht hat und die aus meiner Sicht wohl eine der wichtigsten Zeitzeugen ist, weiß über das Jonastal viel zu berichten. Sie hat Anfang Juli 1945, also etwa drei Monate nach Einmarsch der Amerikaner, Teile der Stollenanlagen besichtigt. Ein Ukrainer brachte sie dorthin. Aber

Blick zur Wachsenburg

Blick zur Wanderslebener und Mühlberger Gleiche

welchen Zugang sie ins Innere des Berges gelangte, konnte sich Frau Werner nicht mehr erinnern. Sie stand jedoch vor schweren Doppeltüren mit Eisenbeschlag, sah getäfelte Wände und mit Parkett belegte Fußböden. Auch war eine gute Ausstattung noch vorhanden. Ihr Begleiter machte auf verschiebbare Wände aufmerksam. Andere Zeitzeugen berichten von kilometerlanger Ausdehnung der Anlagen. Tatsächlich habe ich nicht den kleinsten Anhaltspunkt für das Vorhandensein einer solchen Ausstattung bzw. der Fertigstellung der unterirdischen Räume im Objekt „Siegfried“ und „Jasmin“ gesehen. Folgt man den Angaben der Zeitzeugin Werner, drängen sich folgende Möglichkeiten auf: Die Amerikaner haben alles abgebaut und fortgeschafft oder Sowjetsoldaten haben es getan, bevor sie die Zugänge zu den Anlagen sprengten. Auch die Einwohner der umliegenden Orte könnten sich bedient haben. Die verstellbaren Wände verschließen den Zugang ins Innere der Anlage.

Es kann jedoch auch sein, daß es Zugänge und Streckenabschnitte gibt, die mit den bisher bekannten und begehbaren Objekten nichts zu tun haben.

Sicher trifft vor allem etwas zu, wobei das Vorhandenseins weiterer unterirdischer Räumlichkeiten in einem Seitental des Jonastales nachweisbar ist.

Das Gebiet des Jonastales wurde von Wehrmachtseinheiten und SS-Kampfgruppen zwischen dem 5. und 11. April 1945 gegen die vorrückenden Amerikaner mit schweren Verlusten für beide Seiten verteidigt. Weshalb, ist nicht nachvollziehbar. Sollte sich Hitler, den die Amerikaner auf der Wachsenburg vermuteten, vielleicht zeitweise im Gebiet „Olga“, also im Bereich Ohrdruf/Crawinkel, aufgehalten haben, um sich danach wieder in seinen Führerbunker in der Reichskanzlei nach Berlin zu begeben?

Adolf Hitler hatte seinen eigenen Sonderzug, den nur er und die beauftragten Personen seines engsten Machtkreises benutzen durften. Dieser Sonderzug, auch „Führerzug“ genannt, wurde auf dem Bahnhof Crawinkel gesehen. Wer traf mit ihm ein?

Viele Fragen werfen sich so auf, die noch einer Klärung bedürfen. Daß die Besichtigung des Konzentrationslagers S III in Ohrdruf durch den Oberbefehlshaber der US-Streitkräfte, General Eisenhower, und den Chef der 3. US-Armee, General Patton, erst am 12. April 1945 erfolgte, ist sicher den sich hinziehenden Kämpfen im Bereich des Jonastales zuzuschreiben.

In seinen veröffentlichten Kriegserinnerungen unter dem Titel „Crusade in Europe" (Kreuzzug in Europa) schildert Eisenhower seine Eindrücke, die das Lager S III auf ihn machten. Er kommt zu der Feststellung: „Ich kann jedoch mit Sicherheit sagen, daß ich in meinem Leben niemals zuvor oder später einen solchen Schock erlitten habe." Eisenhower und Patton haben nachweisbar auch die Baustelle im Jonastal besichtigt. Darüber und über die Kämpfe sowie ihre Kenntnisse über die „Geheime Kommandosache" der NS-Führung im Raum Ohrdruf/Crawinkel findet sich nichts, während nebensächlich erscheinende Vorgänge ziemlich genau beschrieben werden. Auch in den amerikanischen Militärarchiven sind kaum Angaben über die Vorgänge im Raum „Olga" und über das S III zu finden .

Sollte es sich hier um einen Zufall handeln oder werden, aus welchen Gründen auch immer, Unterlagen dieses Gebietes immer noch als „top secret" (streng geheim) behandelt? Wenn ja, warum dann noch immer, etwa fünf Jahrzehnte nach Beendigung des Zweiten Weltkrieges?

Es wurde in den vergangenen Monaten viel über das Jonastal geschrieben. Mutmaßungen, Tatsachen, Legenden und Widersprüche vermischen sich miteinander und erzeugen eine Aura des Geheimnisvollen. Die Vermutung, daß das Bernsteinzimmer in der Tiefe des Jonastales versteckt sein könnte, Sprengungen und andere Unternehmen wurden von amtlichen Stellen finanziert, um in den Eingangsbereich des Objektes „Siegfried" im Jonastal zu gelangen, hat inzwischen Schatzsucher aus aller Welt neugierig gemacht. Es dürfte unbestritten sein, daß die vorliegenden Ergebnisse ernsthafter Nachforschungen zur Aufarbeitung der Geschichte Thüringens und seiner Bedeutung in der letzten Phase des Dritten Reiches noch kein vollkommenes Bild abgeben, vieles ist noch unklar. Andererseits steht jedoch fest, daß in diesem Gebiet, im grünen Herzen Deutschlands, ein nationalsozialistischer Reststaat entstehen sollte, mit allem, was zum Überleben eines solchen Gebildes erforderlich war. Im Zentrum dieser „Geheimen Kommandosache“ befanden sich der Truppenübungsplatz Ohrdruf und das Jonastal mit seinen unterirdischen Objekten.

Augen- und Ohrenzeugen zu den Vorgängen im und um das Jonastal, die nach Erscheinen dieser Publikation mit mir Verbindung aufnahmen, wußten Unterschiedliches zu berichten. So zum Beispiel die Tatsache, daß selbst SS-Posten damals ganz offen darüber gesprochen hätten, daß im Jonastal das Hauptquartier Hitlers entstehen sollte. Bei dem nachgewiesenen Grad der Geheimhaltung des Baues dieser Objekte muß diese Tatsache als recht ungewöhnlich gewertet werden. Sollte hier etwa eine falsche Fährte gelegt werden? Waren die unterirdischen Anlagen für andere geheime Vorhaben bestimmt? Wo befand sich aber dann das Führerhauptquartier tatsächlich? Dazu gibt es unterschiedliche Angaben und Hinweise! Genannt werden: das Jonastal, das Gebiet um Crawinkel und Ohrdruf sowie der Truppenübungsplatz, der oberhalb der unterirdischen Anlagen im Jonastal beginnt; mit weiteren vorhandenen unterirdischen Bauten.

Die Amerikaner hatten auch Informationen darüber, wonach sich Hitler auf der Wachsenburg aufhalten sollte. Insgesamt gesehen, handelt es sich jedoch um einen begrenzten Raum im Bereich „Olga“, der in die Betrachtung mit einzubeziehen ist.

Ohne nochmals näher auf die Objekte im Jonastal einzugehen, muß, unter Beachtung der Tatsachen, geschlußfolgert werden, daß in den bekannten Objekten im Jonastal das Führerhauptquartier kaum zu suchen ist. Oder doch?

Wenn man die Arbeitsergebnisse (Streckenvortrieb und Ausdehnung) des Baues im Jonastal mit anderen unterirdischen Anlagen (z. B. Mittelbau-Dora bei Nordhausen und REIMAHG bei Kahla) vergleicht, mußte man zu dem Schluß kommen, daß die Objekte im Jonastal im „Schneckentempo“ errichtet wurden. Das Arbeitstempo war jedoch auch hier mörderisch in einem Dreischichtsystem. Daraus resultiert die Feststellung, daß es zumindest noch ein anderes Objekt geben muß. Die Frage ist nur, wo? Es gibt Beispiele aus von Deutschen besetzten Gebieten, daß in nicht wenigen Fällen unter verschiebbaren alten Bäumen, Felsen, Erdhügeln oder unter Häusern getarnt, sich solche Anlagen befinden können. Die Staatssicherheit der DDR hat übrigens ihre Anlagen ähnlich getarnt und vielleicht sogar vorhandene unterirdische Objekte aus der Zeit des Dritten Reiches genutzt.

Bezogen auf die vorhandenen Anlagen im Jonastal ist anzumerken, daß Hitler selbst so enge Räumlichkeiten, wie sie im Objekt „Siegfried" im Jonastal vorgefunden wurden, gemieden hat. Als Frontsoldat im Ersten Weltkrieg wurde er verschüttet und hatte seit dieser Zeit Raumangst.

Es ist kaum vorstellbar, daß die Objekte im Jonastal als „Scheinanlagen" gebaut wurden. Daß die Anlagen bis zuletzt nicht fertiggestellt waren, beweisen die vorhandenen Bohrlöcher, die teilweise noch mit Bohrgestängen versehen waren sowie die 1966 entfernten Sprengladungen.

Warum aber wurde das Jonastal oder dieses Gebiet tagelang durch deutsche Einheiten verteidigt? Was wurde hier verborgen gehalten?

Nach der Erstauflage des Buches erhielt ich verschiedentliche Hinweise, nach denen sich u. a. Martin Bormann, Leiter der Parteikanzlei und Hitlers Sekretär, am Ende des Krieges im Raum Crawinkel aufgehalten hat, und daß auf dem Truppenübungsplatz Ohrdruf bis zuletzt streng geheimgehaltene Waffensysteme erprobt wurden.

Vieles liegt noch im Dunkel der Geschichte verborgen. Widersprüche, Legenden und Vermutungen tragen zur Zeit nicht dazu bei, davon ausgehen zu können, daß alle Rätsel um die Geheimobjekte Hitlers gelöst sind.

S III – Lager des Schreckens

Das Sondervorhaben III war eines der 81 Außenkommandos des Konzentrationslagers Buchenwald, die im Januar 1945 existierten. Insgesamt gehörten zu diesem KZ 136 Außenkommandos, die nicht alle zu gleicher Zeit bestanden. In ihrer Bedeutung rangierten die Sondervorhaben nach den geheimen Bauvorhaben für die V-Waffenproduktion an zweiter Stelle[1]. Sie hatten vor allen anderen Bauvorhaben der Rüstungsindustrie und solchen zur Verlagerung „kriegswichtiger" Betriebe Vorrang. Letztere standen unter Führung der Amtsgruppen C (Bauwesen) und W (Wirtschaftliche Unternehmungen), S III dagegen unter der Amtsgruppe D (Konzentrationslager) des SS-Wirtschafts-Verwaltungshauptamtes (WVHA).
Wie Albert Schwartz eidesstattlich im Buchenwaldprozeß 1947 vor dem amerikanischen Militärgerichtshof erklärte, wurde das Bauvorhaben S III „in größter Eile vorbereitet, obwohl alle zuständigen Stellen wußten, daß so ein Vorhaben längere Zeit in Anspruch nehmen würde. SS-Standartenführer Maurer[2] wollte jedoch beweisen, daß dieses Bauvorhaben in kürzerer Zeit mit Häftlingen durchzuführen wäre."[3] Den Zweck für dieses geheime Objekt gab Schwartz als Führerhauptquartier an. Während einer Besprechung wollte er auch erfahren haben, daß in Ohrdruf Startbahnen für V-Waffen errichtet werden sollten.
Nach der Kapitulation der Deutschen Wehrmacht und der Zerschlagung des nationalsozialistischen Regimes gab es viele Gerüchte über den Zweck des Sonderbauvorhabens III.
Die Vermutungen reichten vom Führerhauptquartier zur unterirdischen Fabrikanlage und bis zu V-Waffenabschußrampen. In den letzten Jahren kam noch der Spuk um das verborgene Bernsteinzimmer[4] hinzu.
Die Bestätigung, daß es Hitlers Hauptquartier werden sollte, liefert die Aussage des Chefs des Baustabes, des ehemaligen SS-Hauptsturmführers Gerrit Oldeboershuis, im Buchenwaldprozeß 1947. Oldeboershuis war neben dem

Lagerkommandanten Bräuning die wichtigste Person im S III. Auf die Frage, was der Zweck der Bauten sei, gab er die Antwort: „Das Hauptquartier des Führers“[5].

Die ersten Arbeiten für das künftige Vorhaben, das offiziell im November 1944 begonnen[6] wurde, verrichteten Kriegsgefangene des Truppenübungsplatzes Ohrdruf. Als solcher bestand er schon während des Ersten Weltkrieges und diente als Gefangenenlager. Die nach 1919 abgerissenen Baracken wurden wieder aufgebaut und Pfähle für eine zusätzliche Stacheldrahtumzäunung gesetzt. Außerdem begannen die Gleisbauarbeiten für die Strecke vom Bahnhof Ohrdruf zum Truppenübungsplatz, die später von den Häftlingen fortgesetzt wurden.[7]

Rolf Baumann gehörte zu einem der ersten Transporte, die vom KZ Buchenwald nach S III kamen. Er berichtete: „Wir kamen also im September[8] 1944 mit 1000 Mann am Freitag an. Bereits am Samstag morgen ging es gleich mit Karacho an die Arbeit. Es wurden Stollen in die Berge getrieben. Gearbeitet wurde in drei Schichten. Das Tempo bei der Arbeit war ungeheuer und von den Aufsichtspersonen, wie SS, Teno (Technische Nothilfe) sowie Zivilpersonen wurde viel geschlagen. Diese Arbeitszeit wurde auch im Winter durchgehalten, ohne Rücksicht auf die ungenügende Kleidung, den weiten Anmarschweg ...“[9] Am Bau des Barackenlagers war auch Mayer Klein beteiligt gewesen. Er berichtete: „Wir waren 3000 Menschen und 1000 Hitlerjungen zu unserer Aufsicht. Diese prügelten uns derart, daß ich immer umfiel, wenn sie begannen, mich zu schlagen.“[10]

Der polnische Kriegsgefangene Leon Kolenda war Mitte September nach Buchenwald eingeliefert worden. Die Soldaten in ihrer polnischen Uniform weckten bei den Buchenwald-Häftlingen das besondere Interesse. Aber schon bald mußten sie ihre Uniformen ablegen und die gestreifte Häftlingskleidung anziehen. Kolenda berichtete, daß er am 6. November 1944 mit etwa 300 Häftlingen nach Ohrdruf kam und an der Stacheldrahtumzäunung mit baute: „Hier begann für mich, für hunderte und später für tausende Häftlinge der schwerste und tragischste Abschnitt meines Lebens.“[11]

Die Leitung für das Sondervorhaben setzte sich zum Teil aus Führungspersonal der Amtsgruppe D sowie aus anderen KZ's zusammen. Jedoch es fehlte wohl an eingearbeiteten Kräften, die bei dem ungeheueren Zustrom an Arbeitssklaven die Übersicht behielten. So versagte schon nach kurzer Zeit der Verwaltungsapparat des unmittelbar der Amtsgruppe D im SS-WVHA unterstellten Lagers. Besonders problematisch war die Verpflegung und Unterbringung der nun massenhaft herangebrachten Häftlinge, denn die Lagerstärke wuchs vom November 1944 von etwa 2500 Mann[12] auf 10 555 am 24. Dezember 1944 an. Die SS hatte am Heiligabend, den einzigen Stunden seit Eröffnung des Lagers, in denen kein Hälftling zu arbeiten brauchte, eine Registrierung durchgeführt.[13] Von 10 555 Häftlingen befanden sich 4837 im Nordlager und 5718 im Südlager des Truppenübungsplatzes bei Ohrdruf.

Soweit die Zahlen über die Zugänge während der ersten Monate zu ermitteln waren, geht dies aus nachstehender Tabelle[14] hervor:

Datum	Anz.	Nationalität	vom KZ nach S III
Herbst 1944+	1000	Deutsche u. a.	Buchenwald
19. 11. 1944+	778	Ungarische Juden	Sachsenhausen
24. 11. 1944+	500	Ungarische Juden	Sachsenhausen
26. 11. 1944+	1000	Juden versch. Nat.	Stutthof
16./27.11.44*	2200	Russen, Polen	Buchenwald
27. 11. 1944+	500	Verschiedene	Sachsenhausen
29. 11. 1944+	500	Letten, Polen, Russen	Sachsenhausen
Nov. 1944+	400	jugosl. Kriegsgef.	Buchenwald

02. 12. 1944+	353	Polnische Juden	Plaszow
05. 12. 1944+	1997	Verschiedene	Dachau
07. 12. 1944+	500	Polen	Auschwitz
13. 12. 1944+	2496	Verschiedene	Dachau
18. 12. 1944+	425	meist Polen	Auschwitz
26. 12. 1944+	394	meist Polen	Natzweiler
Dez. 1944*	4527	Russen, Polen	Buchenwald
Jan. 1945*	2801	Russen, Polen	Buchenwald
20. 01. 1945*	299		Sachsenhausen
30. 01. 1945*	425		Dachau
Febr. 1945*	1000	Russen, Polen	Buchenwald
März 1945*	1000		Fester
März 1945*	1000		Aso
27. 03. 1945*	2000		Flossenbürg.

Die Zugänge bis 18. Dezember 1944 ergeben eine Gesamtzahl von 12 649 Häftlingen. Die Differenz zur Zählung am Heiligabend 1944 (10 555 Häftlinge) beträgt 2094[15]. Bei der schlechten Arbeit der Lagerverwaltung ist es sogar möglich, daß bis zum 18. Dezember mehr als 2094 Tote zu beklagen waren.
Die Arbeit am Sondervorhaben ging der SS offensichtlich noch zu langsam. Hinzu kamen skeptische Bemerkungen aus den eigenen Reihen, „daß die Kräfte keineswegs ausreichten, um ein derartiges Bauvorhaben in der befohlenen Zeit durchzuführen".[16] Als an den Fronten die militärischen Kräf-

te rapide nachließen und neben den militärischen auch wirtschaftliche Niederlagen folgten, veranlaßte die nationalsozialistische Führung, das Bautempo für S III weiter zu forcieren.
Immer mehr Arbeitssklaven kamen in Massentransporten zum Arbeitseinsatz nach S III. Aus Flossenbürg, Dachau, Natzweiler, Auschwitz, Sachsenhausen, Buchenwald und anderen KZ's wurden sie nach S III geleitet. Im Widerspruch zur Haager Landkriegsordnung befahl die Amtsgruppe D des SS-WVHA seit Ende 1944 sogar, sowjetische Kriegsgefangene in S III einzusetzen.[17] Bereits im November 1944 waren etwa 400 jugoslawische Kriegsgefangene nach Ohrdruf gekommen; denn es wurden „viele kräftige Leute" gebraucht, wie sich der Lagerkommandant von Buchenwald äußerte.[18] Am 14. November 1944 wies die SS-Führung an, bei der Statistik über die täglichen Arbeitseinsätze Kriegsgefangene nicht mehr gesondert zu registrieren.[19]
Mit der Zuführung Tausender Häftlinge spitzte sich die Lage der inneren Verwaltung immer mehr zu, so daß schließlich die Verantwortung über S III Anfang Januar 1945[20] der Führung des Konzentrationslagers Buchenwald übertragen wurde. Seitdem zählte S III als dessen Außenlager.[21]
Die meisten Häftlinge, die nach Ohrdruf kamen, hatten schon mehrere Konzentrationslager durchstehen müssen, aber das Sondervorhaben III galt für die Überlebenden als grausamste Stätte. Der jüdische Kaufmann Oskar Berger aus Kattowitz, der die Lager in Treblinka, Auschwitz, Birkenau und Oranienburg erlebt hatte, erinnerte sich: „Zu Fuß wurden wir sodann in das KL Sachsenhausen getrieben, von dort bereits nach zwei Tagen per Bahn in das berüchtigte Buchenwalder Außenkommando S III nach Ohrdruf verbracht. Bei der schweren Arbeit in den Stollen verstarben mehr als die Hälfte der Häftlinge binnen kurzer Zeit. Etwa alle acht Wochen wurden die ausgewählt, die schwach oder arbeitsunfähig waren und nach Bergen-Belsen bei Hannover abtransportiert."[22]
Seit dem Sommer 1944 verschleppte die SS viele ungarischen Juden nach Deutschland. Ein Teil kam aus Bor in Jugoslawi-

en, wo die Deportierten schon Monate zuvor zur Zwangsarbeit in den Kupferbergwerken eingesetzt waren. Im Sommer 1944 begannen die Deutschen das Lager zu räumen. Die gesündesten und kräftigsten Ungarn kamen meist über Flossenbürg nach Ohrdruf. Für einen anderen Teil der ungarischen Juden war das Lager Auschwitz die erste Station, hier selektierte die SS: Vernichtung oder Arbeit. Die Jüngsten und Stärksten schickte sie als „Transportjuden“[23] weiter. Dabei machten sich die Nazis noch nicht einmal die Mühe, die Personalien ihrer Opfer listenmäßig zu erfassen. Das sollte Aufgabe der Arbeitslager sein, für die sie bestimmt waren.
Von 57 ungarischen Juden und ehemaligen Hälftlingen[24] aus Ohrdruf, die nach Kriegsende ihre Erlebnisse zu Protokoll bringen konnten, waren nur zwei Häftlinge 45 und 55 Jahre alt. Zu den Jahrgängen 1901 bis 1914 zählten 17 Männer. 38 Häftlinge waren noch keine 30 Jahre alt, als sie nach S III kamen, und zwölf von ihnen gehörten sogar den Jahrgängen 1926 bis 1929 an. Sie waren also gerade oder noch nicht einmal 18 Jahre.
Unter welchen Umständen die meisten Juden ins Lager kamen, veranschaulicht das Beispiel des Kaufmanns Màrkus Eichmann[25], Jahrgang 1902, aus Budapest. Er wußte nichts von der Anordnung vom 20. April 1944, daß jüdische Geschäfte geschlossen wurden. Als er seinen Laden öffnete, verhaftete ihn ein Polizist. Er wurde nach Auschwitz deportiert. Später kam er über Wüstegiersdorf (Anfang Oktober) nach Flossenbürg und danach „in völlig geschwächtem Zustand ins Zeltlager“ von S III.
Es ist nicht bekannt, wie viele Menschen bereits auf dem Transport nach Ohrdruf starben. Wie Ján Zigmund Lesny[26] schrieb, bedeutete der Transport nach S III für vier von mehr als 80 Häftlingen, mit denen er in einem Viehwaggon eingepfercht war, eine Fahrt in den Tod. In seinem Waggon befanden sich Ärzte, Arbeiter, Universitätsprofessoren und Lehrer. Drei Tage waren sie ohne Essen und Trinken unterwegs. Als sie in Ohrdruf ankamen, ging es im Laufschritt zum Südlager, wobei die Bewachungsmänner mit „Knoten“ auf die Häftlinge schlugen. Lesny war überwiegend beim Gleisbau

beschäftigt, eine schwere Arbeit, wie er meinte, bei der die Bewacher sehr oft auf die Arbeitenden so einschlugen, daß sie bluteten.
Lipòt Friedmann, Jahrgang 1921, kam über Auschwitz, Monowitz nach Gleiwitz. Neun Tage fuhren sie in Waggons, in denen sie kaum Platz zum Stehen hatten, nach Buchenwald. Sie litten unter Hunger und Durst. Einige von ihnen starben unterwegs, aber die Toten durften nicht ausgesondert werden, sondern blieben tagelang im überfüllten Waggon. Wochen später mußten die Häftlinge von Buchenwald zu ihrem neuen Arbeitskommando, nach S III, laufen.[27]
Làszlò Grosz[28], Jahrgang 1923, kam Mitte Dezember 1944 direkt von Budapest nach Ohrdruf. Er war 12 Tage unterwegs und mußte, wie alle seine Kameraden, bis Ohrdruf hungern. Auch der Musiklehrer Pàl Molnàr, Jahrgang 1908, kam von Budapest über Sachsenhausen nach Ohrdruf. Während der 13tägigen Fahrt erhielten sie für die 96 Mann im Waggon nur ein Brot.
Der Schwerpunkt des Sondervorhabens lag im Jonastal zwischen Crawinkel und der östlich gelegenen Stadt Arnstadt. Nördlich der Talstraße, entlang des kleinen Bachs Wilde Weiße, erstreckt sich der Muschelkalkhang, wo sich die Baustelle Führerhauptquartier befand.
Um die immensen Zugänge an Arbeitskräften unterzubringen, wurde S III um die Jahreswende 1944/45 erweitert. So entstanden neue Teillager direkt im Jonastal beim Kilometerstein 7 und bei Crawinkel. Mit dem räumlichen Ausbau verkürzte sich zwar der Anmarschweg für die Häftlinge, aber die Lebensbedingungen verschlechterten sich noch mehr.
Das Nordlager oder Lager C auf dem Truppenübungsplatz entwickelte sich zum Krankenlager und das Südlager war für die Häftlinge bestimmt, die die Arbeiten auf dem Gelände des Truppenübungsplatzes verrichten mußten.
Die Arbeiten im Südlager sahen den Bau der Eisenbahnstrekke Ohrdruf/Truppenübungsplatz und einer Wasserleitung vor. Daß auch bei diesen Arbeiten unzählige Opfer zu beklagen waren, bestätigen sogar Einwohner der umliegenden Ortschaften: „Ich arbeitete im Februar 1945 in Ohrdruf bei der

Firma Knippenberg. Auf dem Weg vom Bahnhof zu unserer Arbeitsstelle sahen wir täglich die Häftlinge. Jeden Tag brachten die Häftlinge auf Brettern Tote mit, die sie mit Reisig zugedeckt hatten. An einem Tag waren es gegen 16 Tote."[29]
„Ich erinnere mich noch an den Bau der Eisenbahnstrecke zum Trupenübungsplatz. Bei strenger Kälte mußten die Häftlinge ausschachten. Nie werde ich den Anblick des langen, spindeldürren Juden vergessen. Das Arbeiten fiel ihm schwer. Mit höhnischem Grinsen nahm ein SS-Mann dem langen Menschen die Schaufel weg und gab ihm eine mit abgebrochenem Stiel... Einmal sah ich, wie hinter dieser Bude ein Mann starb. Keiner kümmerte sich um ihn."[30]
Ein deutscher Häftling, der beim Gleisbau beschäftigt war, berichtete: „...Januar 1945 kam ich vom Polizeigefängnis Dortmund nach Buchenwald. Nach drei Tagen ging es wieder auf Transport nach Ohrdruf, genannt S III.
Wir waren 500 Mann, meist Deutsche und Russen. ...Jeden Tag wurde 15–20 Mann zum Revier geschleift. Täglich zählten wir drei bis vier Tote..."[31] Auch Béla und Lajos Klein sowie Deszö Mayer aus Munkàcs klagten die SS an, weil sie die Hälftlinge während der Gleisbauarbeiten schlug. Von 2000 Mann, die von Auschwitz über Flossenbürg nach Ohrdruf kamen, wären nur noch 800 am Leben.[32] Die Menschen fielen beim Gleisbau „vor Schwäche und Hunger um wie die Fliegen", meinte Sàmuel Hoffmann, Jahrgang 1901.[33]
Das Teillager bei Crawinkel lag etwa 1000 Meter vom westlichen Ausgang von Crawinkel entfernt auf dem Gelände, das den Flurnamen Langerod trägt. Hier waren etwa 3000 Häftlinge teils in Zelten und teils in Bunkern untergebracht. In den Zelten gab es nur eine dünne Strohschicht und keine Decken. Die winterlichen Temperaturen, die dünne Drillichkleidung und der Hunger setzten den Häftlingen so zu, daß selbst Abgehärtete kaum Überlebenschancen hatten. In den Bunkern gab es weder Licht, Wasser, noch Heizung. Die Häftlinge mußten auf Holzpritschen ohne Strohsäcke und ohne Decken, zum Teil auch auf dem Betonfußboden schlafen. „Das war der schlechteste Ort während der ganzen Deportation", meinte Sàndor Lebovits, Jahrgang 1927.[34] Als der Fran-

zose Gilbert Clerget nach Crawinkel kam, war er entsetzt: „Welches Schauspiel für uns, obgleich unsere Augen schon abgestumpft sind. Wir befinden uns in einem Lager, das von riesigen Maulwurfshügeln verwüstet scheint. Die Holzbaracken sind mit Erde bedeckt, auch die Wände befinden sich in der Erde."[35]

Zur Arbeit wurden die Männer in drei Schichten zu je 1000 Mann durchs Dorf zum Steinbruch im Jonastal getrieben, der von dort 11 Kilometer entfernt war. Eine Einwohnerin erinnerte sich an diese Marschkolonnen ausgehungerter, gequälter und kranker Menschen: „Schon lange bevor sie durchs Dorf kamen, hörten wir das Getrappel der Holzpantinen, das Bellen der Bluthunde und die scharfen Befehle der sie begleitenden SS-Wachposten. Oftmals legten wir den Hälftlingen einige Kartoffeln an den Straßenrand, wenn sie Glück hatten, konnten sie sie aufnehmen. Wurden sie dabei erwischt, erhielten sie von den SS-Schergen Tritte und Schläge."[36]

In der Nähe des Lagers von Crawinkel befand sich eine Munitionsanstalt, Muna genannt. Die unterirdischen Bunker waren in Vorbereitung des Krieges 1934/35 gemeinsam mit der neuen Straße nach Ohrdruf gebaut worden.[37] Mit Vergrößerung des Lagers S III wurden die Bunker Ende 1944 bis Anfang 1945 dem Teillager Crawinkel angegliedert. Bis Weihnachten 1944 wurde hier noch gearbeitet, dann begann die Verlagerung der Flakmunition und Bomben nach Weißwasser und Oberndorf bei Hermsdorf.[38]

Diese gefährlichen Verladearbeiten mußten vor allem Häftlinge verrichten. Es kam vor, daß eine Bombe zersprengte. „Wir hatten drei Tote", berichtete Mayer Klein.[39] Danach fürchteten die Häftlinge während des Appells, für diese lebensgefährliche Arbeit ausgesucht zu werden. Aber im Vergleich zu den Arbeiten im Jonastal fand Làslò Fischer[40] diese Arbeit „unvergleichlich besser".

Die Bunker wurden auch als Lagerraum für Sprengstoffe, die im Jonastal benötigt wurden, und als Strafbunker für Häftlinge verwendet. „In Crawinkel gab es einen besonderen Bunker Z II, der dem Sicherheitsdienst für festgenommene flüchtige Häftlinge unterstand. Dort gab es nur alle drei Tage eine halbe Portion Essen! Licht und Luft waren nicht vorhanden. Ich erinnere mich eines Falles, wo an einem Abend fünf Kameraden wegen Flucht gehängt wurden; darunter befand sich auch ein fünfzehnjähriger polnischer Kamerad, der verzweifelt schrie: ‚Mutter, Mutter, ich bin noch so jung, ich will noch nicht sterben!' Die Hinrichtung wurde ohne Zögern vorgenommen."[41]

Das andere der neu errichteten Teillager war das ehemalige Sommerlager der Hitlerjugend bei Espenfeld.[42] Es befand sich in der Nähe der Baustelle Jonastal am Kilometerstein 7. Dort standen sieben bis zwölf Baracken[43], wovon in einer normalerweise 120, also insgesamt 1500 bis 2000 Schlafstellen Platz hatten. Die Baracken waren jedoch mit 7000 Häftlingen belegt.[44] Hier gab es zwar Wasser, aber die Möglichkeiten und Bedingungen zur Körperpflege waren, durch die geringe Ruhezeit, die Kälte und fehlenden Waschmittel, arg begrenzt.

Der Tagesablauf der Häftlinge begann allgemein um 3 Uhr mit Wecken und einem Zählappell, bei dem die Arbeitseinsätze festgelegt wurden. Im günstigsten Fall dauerte die Prozedur eine halbe Stunde, aber auch „volle zwei Stunden lang, und auch in dem größten Regen war kein Erbarmen, unentwegt mußte man schnurgerade stehen, ohne ein Wort zu sprechen."[45] Gyula Csermák, geboren 1920, gab zu Protokoll, daß manchmal sogar drei bis vier Appelle am Tag stattfanden. Wenn ein Häftling fehlte, mußten alle bis zum Morgen stehen und dann geradewegs vom Appell zur Arbeit ausrücken. Seiner Meinung nach waren vierzig Prozent der Toten Opfer von Strafappellen.[46] Auch der Arzt Dr. Josef Fonö bestätigte die stundenlangen Appelle, wobei es im Winter „enorm viele Erfrierungen" gab. Die Glieder mußten amputiert werden, und meist führten diese Eingriffe zum Tod[47], da die medizinische Betreuung nicht ausreichte. Während der oft vier bis fünf Stunden langen Appelle mußten die Häftlinge viele Demütigungen, Schläge und Strapazen ertragen.

Nach dem Appell wurde gefrühstückt. Danach ging es unter starker Bewachung zur Arbeitsstätte, die je nach Unterkunft

bis zu zwölf Kilometer entfernt lag. Zum Teil mußten Strekken im Laufschritt zurückgelegt werden. Das war in Holzpantinen besonders anstrengend und nur zu ertragen, wenn die Häftlinge die Pantinen mit Draht an den Füßen anbanden.[48]
In den ersten 2 Monaten transportierte die SS täglich die Häftlinge vom Truppenübungsplatz ins Jonastal. Die Männer waren in „geschlossenen, mit Schlössern verriegelten Möbelwagen"[49] oder in Bussen, deren Fensterglas schwarz übergestrichen war[50], eingezwängt. „Jedoch war diese Beförderung für Juden zu teuer." Da der Treibstoff immer knapper wurde, mußten die Arbeitskolonnen den 20 Kilometer langen Weg vom Jonastal ins Barackenlager zurück oftmals zu Fuß bewältigen. Nach der Errichtung der neuen Teillager seit der Jahreswende 1944/45 wurde eine Feldbahn als Transportmittel benutzt. Dabei kam es oft vor, „daß die vollen Loren ins Schwanken gerieten und umkippten und viele Todesfälle verursachten. Naß, wie wir waren, mußten wir zur Arbeit gehen", erzählte Bernát Pasternak.[51]
Auch Imre Löwi, geboren 1913, aus Budapest[52], bestätigte diese unmenschlichen Beförderungsmethoden auf der Schmalspurbahn: „Zum Arbeitsplatz wurden die Häftlinge in Loren transportiert. In eine Lore wurden 22 Mann gepfercht, die dann durch diese Belastung oft umkippte. Unfälle und Todesfälle waren an der Tagesordnung."
Die Arbeitszeit dauerte 10 bis 12, in der Ziegelei sogar 14 Stunden. Zwischendurch gab es eine kurze Pause, in der das am Vorabend oder Morgen verteilte Brot gegessen werden durfte. Zwischen 16 und 17 Uhr traten die Kolonnen der Tagesschicht den Rückweg an. Danach fand wieder ein Zählappell statt, der sich bis 20 Uhr und länger hinzögern konnte. Nach dem kargen Abendessen, „dem stundenlangen Anstehen nach der dünnen Wassersuppe"[53], begann die Nachtruhe. In den letzten Wochen des Krieges dehnte die SS die Arbeitszeit auf 21.00 bis 22.00 Uhr aus, so daß die Ruhezeit noch mehr gekürzt war.
Im Vergleich zu den Zwangsarbeiten in der Ziegelei und beim Eisenbahnstreckenbau war die Arbeit im Jonastal am schwer-

Kiesrolle vor den Stollen 17–18, Ende 1945

Lagerplatz an der Straße im Jonastal

sten und gefährlichsten. Schon allein die Fahrt in den Loren war ein Risiko. Zu jedem Morgenappell suchte die SS die kräftigsten Häftlinge für den Stollenbau aus, es „wollte keiner dorthin, und die Kapos und SS-Bestien trieben die Leute mit dem Gummiknüppel zusammen. Wir wurden dann zu je 24 Mann in eine Lore verladen. Alles mußte sich setzen, denn der Scharführer schlug mit dem Gummiknüppel jeden über den Schädel, dessen Kopf etwas hervorragte. Selbst ein gewiß nicht allzu zart besaiteter Oberfeldwebel der Wehrmacht erklärte das für unverantwortlich. Jeden Tag verunglückte ein Zug. Es kippten ein paar Loren um, es gab sieben bis acht Verwundete, denen Arme und Beine abgefahren waren, zwei oder drei Tote. Abends bei der Rückfahrt gab es einen langen Aufenthalt auf der Strecke, späten Appell, spätes Essen. Die Folge war: weitere Ermattung. Und die Arbeit: Erdbewegungen, Stollenbau! SS-Leute schlichen wie Spürhunde hinter den Häftlingen her. Wenn einer einen Moment verschnaufen wollte, überfielen sie ihn mit Knüppeln“[54]
Bis Anfang April 1945 waren im Jonastal 25 Stollen in den Berg getrieben worden. Geologisch gehört das Gestein zur Formation Unterer Muschelkalk. Die Stollen waren in vier Gruppen angeordnet.[55] Über den Eingängen hatten die Felsen eine Mächtigkeit von 10 bis 20 m, aber im Stolleninnern betrug sie bis zu 100 m. Die Stollensohlen lagen für die Stollen 1 bis 12 auf Höhe von 376,35 NN und für die Stollen 16 bis 25 auf 363,31 NN.
Die Stollen 1 bis 12 (Gruppe I) lagen Crawinkel am nächsten. Die Stollengruppe 13 bis 15 (Gruppe II) befand sich am Kilometerstein 6,9 und war vermutlich zur Lagerung von Munition und Sprengstoff vorgesehen. Die beiden letzten Stollengruppen 16 bis 20 (Gruppe III) und 21 bis 25 (Gruppe IV) befanden sich zwischen Kilometer 6,6 und 6,8. Alle Stolleneingänge waren nur 2,40 m breit und verbreiterten sich hinter den Eingangszonen auf 4,70 m. Die Stollen hatten eine Länge von 14 bis 176 m und machten insgesamt 2135,8 m aus. Vermutlich sollten alle Stollengruppen am Ende miteinander verbunden werden. Die vorhandenen Querstollen beliefen sich auf 817 m.

Stolleneingang 12 mit Gleisanlage, Ende 1945

Vor den Stollengruppen III und IV waren schwere Eisengerüste einbetoniert, wahrscheinlich sollten hier Eingangszonen für die Stollen geschaffen werden. Die engen Stolleneingänge und der begonnene Innenausbau schließen aus, daß S III jemals für eine produktionstechnische Anlage vorgesehen war.

In den Stollengruppen I, III und IV gab es verschiedene Abschnitte, wo bereits Wände und Decken mit einer Betonschicht von durchschnittlich 50 cm verstärkt und begradigt und sogar ausgebaut waren. Diese ausgebauten Abschnitte beliefen sich auf insgesamt 620 m.

Für die Betonarbeiten konnte das angefallene Steinmaterial im Mischungsverhältnis ein Teil Zement, zwei Teile Steingrus und vier Teile Steinschlag verwendet werden. Das Wasser für die Maschinenkühlung und die Betonierarbeiten wurde der Gera bei Siegelbach entnommen, wozu eine Leitung zum Jonastal gelegt werden mußte. Den Licht- und Kraftstrom lieferte das Überlandwerk Gispersleben über das Umspannwerk Arnstadt. Dabei waren eine Spannung von 10 000 Volt vorgesehen.

Einige Stollen von 4,70 m lichter Weite waren mit Stichkappen von 45 cm Stichhöhe und mit Eisenschieneneinlagen in 1,03 m Abstand überdeckt. Auch ein Teil der 2,40 m Stolleneingänge und Querstollen hatte Stichkappen. Unterhalb der Eisenträger waren Eisenwinkel angeschweißt, die vermutlich Hängekonstruktionen für Versorgungsleitungen aufnehmen sollten. In einem Teil der Wände waren 7 cm starke Holzplatten einbetoniert.

Die bereits ausgebauten Querstollen waren von allen Seiten mit Holz verkleidet. Ihre lichten Maße betrugen damit 2,09 m in der Breite und 2,60 m in der Höhe. Die Hohlräume zwischen den Fußbodenlagen waren mit Kohlenschlakken ausgefüllt. Unter dem Blendfußboden und hinter der Holzverkleidung der Wände befand sich eine Dachpappe-Isolierung gegen die Feuchtigkeit.

Längs der Straße im Jonastal befanden sich die maschinellen Anlagen, die Kompressoranlage für den Anschluß der Druckluftbohrer, Reparaturwerkstätten, Materiallager, Kalk-

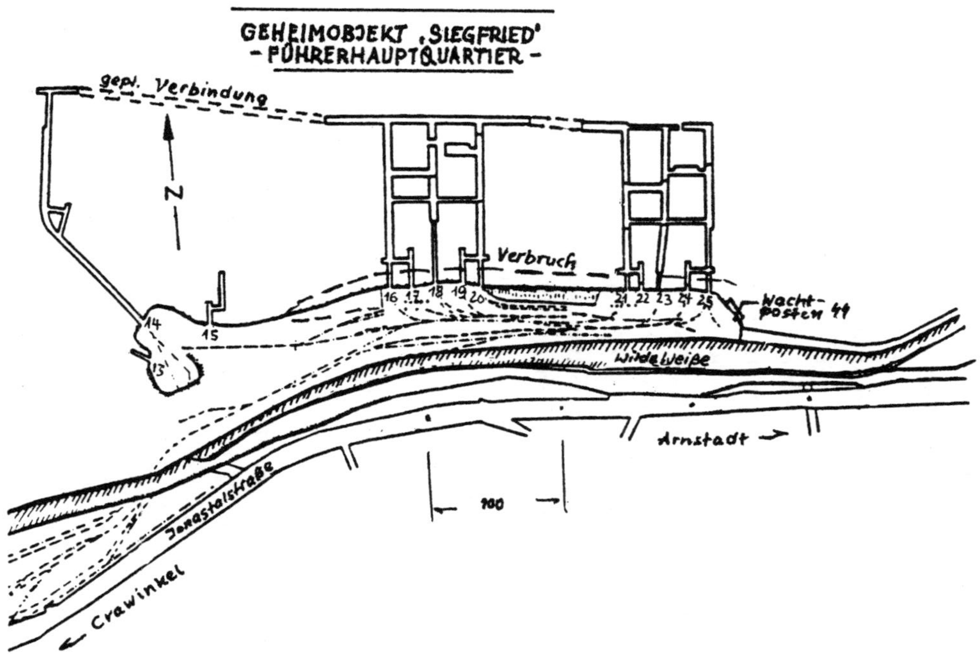

Geheimobjekt „Siegfried", das Führerhauptquartier im Jonastal zwischen Arnstadt und Crawinkel.
Die Stollenmundlöcher 13 bis 25 wurden mit Ausnahme des Objektes 15 nach dem Krieg 1945 gesprengt. Die Verbruchzone zeigt den zugesprengten Bereich der Eingänge an. Das Innere der Anlage läßt jedoch auch Sprengeingriffe erkennen.

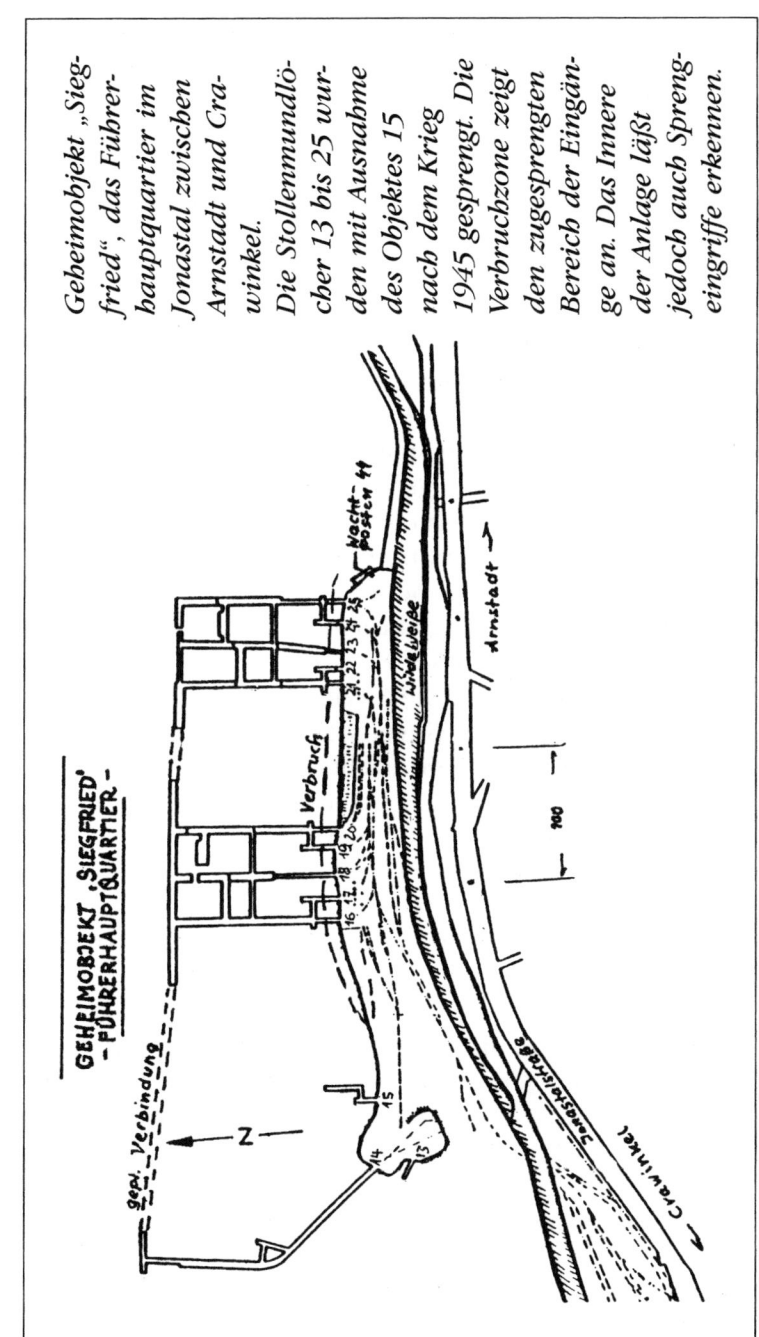

gruben, Küche, Kantine und Baracken für die Bewachungsmannschaften. Alle Gebäude und Anlagen waren gegen Fliegersicht mit Tarnmatten abgedeckt. Mit dem Bahnhof Crawinkel war die Baustelle Jonastal über eine Kleinbahn mit 60 cm Spurweite verbunden. Eine gleiche mit 90 cm Spurweite fuhr in Richtung Arnstadt. Für das künftige Führerhauptquartier war ein Wasserhochbehälter aus Eisenbeton mit 440 cbm Inhalt vorgesehen. Das Wasser sollte vom Wasserwerk Arnstadt eingespeist werden.

Der Zweck des Bauvorhabens war den Häftlingen unbekannt. Unter ihnen kursierte die Vermutung, daß die Stollen Munitionslager und unterirdische Fabriken werden sollten. Alle ehemaligen Häftlinge gaben später zu Protokoll, daß die Arbeit mörderisch, jedenfalls gefährlich war. Hinzu kam die grausame Behandlung durch die SS, die die „Leute ohne jeden Grund"[56] schlug. Sie war mit Pistolen, Stöcken und Hunden ausgerüstet. Auch Zivilarbeiter und Hitlerjungen[57] übernahmen die Aufsicht.[58] „Mit Schreien und Schlägen wurden die ausgemergelten Häftlinge zur Arbeit angetrieben und wenn das nichts half, holte die SS die Pistole und schoß erbarmungslos auf sie."[59] Im Gegensatz zur SS waren die zur Bewachung eingesetzten Wehrmachtsangehörigen „im allgemeinen menschlich. Er kann sich zum Beispiel gut an einen solchen blonden Mann von kleinem Wuchs erinnern, von dem er wußte, daß er auch vorher schon in Ohrdruf gewohnt hat und Kellner gewesen ist. Dieser hat ihm unzählige Male geholfen. Wenn es niemand sah, gab er ihm Lebensmittel oder z. B. Seife – alles Schätze, deren Wert unermeßlich war."[60]

Als Arbeitsgeräte beim Stollenbau standen in den ersten Tagen nur primitivste Werkzeuge, wie Pickel, Spaten, Spitzhakken und Schaufeln zur Verfügung.[61] Später wurden auch Bohrgeräte[62], Druckluftbohrer und -hämmer[63] von den Häftlingen bedient. „Mit großen Bohrmaschinen machten wir Löcher zum Unterbringen von Munition, ein solches Loch war 800 mm tief. Es war sehr schwere Arbeit, von herabfallenden Felsstücken wurden viele erschlagen."[64] Die Stolleneingänge begannen in ziemlicher Höhe des Abhanges. Hier

Kompressoranlage an der Straße im Jonastal 1945

Zerstörte Brücke im Jonastal

wurde zuerst eine Zufahrtsstraße gebaut. Die Häftlinge hatten „auf dem schlammigen, klebrigen Hügelrücken im Laufschritt hochzuklettern und dabei je einen Kasten mit 50 kg Sprengstoff zu schleppen. Wer nicht schnell genug rannte, wurde geschlagen. Hier waren Angehörige der Organisation Todt[65] die Bewacher."[66]
Imre Eisenberger[67] hatte wohl Kanalisationsarbeiten im Jonastal verrichtet. Er arbeitete in einem „mit Wasser gefüllten Graben... Nur sein Kopf ragte aus dem Wasser. Wenn er nicht schnell genug arbeitete, schlug man ihm auf den... Kopf."
Die Arbeitszeit im Stollen betrug in den ersten Wochen acht Stunden, es wurde also in drei Schichten gearbeitet. Ab Januar oder Februar 1945 wurde nur noch in zwei Schichten je 12 Stunden gearbeitet. Als die Frontlinien immer näher rückten, kannte die Brutalität der SS keine Grenzen.
Mendel Herskovics berichtete über die Arbeit im Jonastal: „Es kam häufig vor, daß wir in der Tagesschicht 12 Stunden arbeiteten und hierauf ins Lager einrückten, um zu essen und dann schlafen zu gehen, aber nicht zum Schlafen kamen, sondern vom Tor nach dem Tunnel zurückgeschickt wurden, mit dem Bedeuten, daß die Nachtschicht nicht ausreichend wäre. Wir mußten also, ohne nach zwölfstündiger schwerster Arbeit einen Bissen gegessen oder auch nur einen Augenblick ausgeruht zu haben, kehrtmachen und in diesem total erschöpften Zustande und nahe dem Verhungern die ganze Nacht neuerdings arbeiten. Nach einer solchen Extratour fehlte von jedem Arbeitskommando, das 300 Mann stark war, bei der Rückkehr ins Lager mindestens ein Drittel des Standes. Von den 1000 Mann, die wir nach Ohrdruf kamen, lebten nach zwei Wochen nur noch 200. Der Stand wurde auf 1000 ergänzt, und dann wurden die Leute dermaßen gehetzt, daß nach dem gleichen Zeitraum ungefähr das gleiche Ergebnis erzielt war. Die durchschnittliche Zahl der Todesfälle betrug 50 bis 60 täglich."[68]
Auch Izidor Markovics[69], Jahrgang 1926, der das KZ Bergen-Belsen überlebt hatte, bestätigte die Grausamkeiten der SS: Sie suchte die kräftigsten Häftlinge aus, die drei bis vier Tage ununterbrochen arbeiten mußten und transportierte sie

Eisengerüst für eine Eingangszone vor dem Stolleneingang 21, Ende 1945

Betonmischmaschine vor dem Stollen 15

dann nach ihrer physischen Erschöpfung nach Bergen-Belsen, wo sie unter unerträglichen Bedingungen vegetieren mußten. Zynisch bezeichnete die SS das KZ als Erholungslager.

Für die Verpflegung der Häftlinge gab es Wochensätze, einen Normalverpflegungssatz und eine Schwerarbeiterzulage. Im Rundschreiben des KZ Buchenwald Nr. 23 vom 13. Oktober 1944 sollten die Schwerarbeiter wöchentlich 546 g Fleisch oder Fleischwaren, 228 g Fette, 3 900 g Brot, 150 g Getreidenährmittel, 80 g Zucker, 100 g Marmelade, 100 g Quark, 37 g Kaffeersatz, 800 g Frischgemüse, 6000 g Speisekartoffeln, 450 g Gemüsesalat und 0,25 l Frischmilch erhalten. Für die Normalverpflegungssätze waren die Rationen für Fleisch auf 262 g, Fett auf 108 g und Brot auf 1 400 g festgelegt.[70] Einen Monat später war der Kartoffelportionssatz von 6000 auf 5000 g und der der Getreidenährmittel von 150 auf 137 g gekürzt worden.[71] Auch im Außenkommando S III gab es entsprechend des Arbeitseinsatzes unterschiedliche Verpflegungssätze, aber in allen protokollierten Aussagen der Häftlinge wird über die völlig unzureichenden Lebensmittelrationen geklagt. Die Ursachen waren verschiedenartig. Infolge der zunehmenden Verschlechterung der wirtschaftlichen Lage in Deutschland verringerten sich von Monat zu Monat die Lebensmittelzuteilungen an die Konzentrationslager. Durch die chaotischen Verwaltungszustände in S III, die ständigen Zugänge an Häftlingen, gab es nur ungenaue Belegungszahlen und folglich ungenaue Anforderungen an das Amt, ganz zu schweigen davon, daß für die Häftlinge bestimmte Lebensmittelzuteilungen in andere Kanäle flossen.

Die Tagesrationen der Ziegeleiarbeiter bestanden aus 200 g Brot und schwarzem ungesüßtem Kaffee oder 150 g Brot und Rübensuppe. Beim Eisenbahnstreckenbau gab es zum Frühstück 40 dcl Suppe und 100 g Brot, zum Mittagessen 100 g Brot und 20 g Margarine und am Abend wieder Suppe. Die höchsten Rationen gab es für die Arbeit im Stollen. Sie bestanden aus 250 g Brot und schwarzem ungesüßtem Malzkaffee zum Frühstück, 250 g Brot sowie 20 bis 25 g Mar-

garine zum Mittagessen. Zum Abendbrot gab es bis zu einem 3/4 Liter dünne fleisch- und fettlose Rübensuppe. Wer in der „lauwarme(n), schmutzige(n) Plärre“ ein „einziges Stück Futterrübe... fand, war schon glücklich“, meinte Làszlò Fischer.[72] Wurde morgens und abends Suppe ausgegeben, dann war die Brotration für den Tag um 150 g gekürzt. Zweimal in der Woche erhielten vier Mann einen Löffel voll Quark und einmal einen Löffel voll Marmelade. Wenn diese „Hungerei“ bei der schweren Arbeit im Jonastal noch zwei Wochen länger gedauert hätte, meinte Sàndor Braunstein, Jahrgang 1923, hätte kein einziger die Strapazen überleben können.[73] Bei den geringen Rationen und ungeheuerlichen Arbeitsanforderungen waren viele zum Skelett abgemagert, ohne Widerstandskraft gegen Krankheiten und äußere Einflüsse kamen sie in kurzer Zeit elend um. Die Häftlinge ohne Arbeit und Kranke bekamen nur 100 g Brot täglich.
Die katastrophale Ernährungslage war den obersten SS-Instanzen bekannt. Heinrich Barnewald, der vom Januar 1942 bis zum April 1945 in Buchenwald als Verwaltungsführer wirkte, mußte zugestehen, daß in S III die „Verpflegung der Häftlinge bei weitem nicht sichergestellt war, auch die Bekleidung war mehr als kümmerlich.“[74]
Neben der schlechten Ernährung trugen auch Kleidung und Unterkunft zum physischen Verschleiß der Häftlinge bei. Die eigene Kleidung und persönliche Habe war mit Eintritt in das KZ allen Männern abgenommen worden, so daß sie im Winter nur mit der dünnen Sträflingskleidung aus Drillich und Holzschuhen bekleidet waren. Nicht einmal Strümpfe oder Fußlappen stellte die SS zur Verfügung. Manche Häftlinge besaßen überhaupt keine Schuhe und warteten, bis ein Kamerad seine Fußbekleidung nicht mehr nötig hatte. Einige hatten ihre Füße nur mit Lappen umwickelt, um in der kalten Jahreszeit nicht barfuß gehen zu müssen. Die Appelle und langen Fußmärsche in der völlig ungenügenden Kleidung forderte ihre Opfer.
Für die tägliche Hygiene gab es weder Zeit noch Möglichkeit. Die Lagerleitung stellte keine Kleidung zum Wechseln. Monatelang mußten die Häftlinge Tag und Nacht die gleiche

Kleidung tragen. Die Wäsche konnte auch nicht gesäubert werden. Die Möglichkeit zur Körperpflege war nur im alten Barackenlager auf dem Truppenübungsplatz und im ehemaligen Lager der Hitlerjugend gegeben. In den später errichteten Lagern gab es kein Wasser. Jedoch auch dort, wo Wasser vorhanden war, konnte von den völlig erschöpften Häftlingen kaum Gebrauch davon gemacht werden. Die Schmerzen, die Müdigkeit und die Kälte waren überwältigend. Die unhygienischen Verhältnisse hatten zur Folge, daß Ungeziefer und Krankheitskeime einen guten Nährboden fanden. Durchweg alle litten besonders unter der Plage der Läuse.

Ebenso katastrophal waren die Unterkünfte. In Baracken, die für 120 Personen berechnet waren, pferchte die SS 300 bis 400, zum Teil 600 bis 800 Mann zusammen. Während in den ersten Wochen zwei Mann auf einer Holzpritsche ohne Stroh, aber mit einer Decke schliefen, gab es für Neuangekommene keine Decken mehr und nur noch Lagerstätten auf der blanken Diele, der Erde oder dem Betonfußboden.[75]
Als Ödön Friedmann, geboren 1923, am 25. Dezember 1944 nach Ohrdruf kam, gab es in den zehn großen Baracken des Lagers nur „blutiges Stroh voller Läuse".[76] Oszkar Adler, geboren 1920, kam am 26. November 1944 nach Ohrdruf. Der Häftlingsblock war so überfüllt, daß einige gezwungen waren, „die ganze Nacht zu stehen, weil sie nicht einmal Platz hatten, sich hinzusetzen". So tauschten manche ihre karge Verpflegung gegen ein „kleines Plätzchen" ein.[77] In den wenigen Ruhestunden plagte jedoch das Ungeziefer die geschwächten Männer.

In den Berichten, die die ungarischen Juden nach ihrer Befreiung zu Papier brachten, wird sehr oft betont, daß es unmöglich sei, die Qualen und Leiden, die sie durchzustehen hatten, zu beschreiben. Die Strafen im Außenlager S III waren ähnlich wie in anderen Konzentrationslagern. Es gab das Baumhängen und den Prügelbock, auf dem die Häftlinge mit Armen und Beinen angebunden wurden und jeden Schlag laut mitzählen mußten, sonst wurde die Tortur wiederholt. „Besonders auffällig benahm sich der stellvertretende Lagerführer Stiewitz und der Unterscharführer Müller, die aus den geringsten Anlässen heraus den Häftlingen 25 oder mehr Stockhiebe verabreichten."[78]

Zum absoluten Mangel an Kleidung zählten auch Arbeitshandschuhe. Wenn sich ein Häftling während der Arbeit die Hände zum Wärmen rieb oder zu seinem Mitgefangenen ein Wort flüsterte, war das schon Anlaß zum Prügeln. „Die zu Krüppel geschlagenen Gefangenen wurden in ein Auto geworfen und ins Lager zurückgebracht. Hier wurden sie in einen Stall geworfen. In diesem Stall lagen ihre an Ruhr und Typhus erkrankten Kameraden..."[79]

György Kunstädter bekam an einem Tag zweimal zehn Stockschläge mit einem abgebrochenen Hackenstiel. „Die Häftlinge wurden einfach von der Arbeit weggerufen und verprügelt", erzählte er. Er konnte die Qualen überleben, aber auf diese Art und Weise, so berichtete er, waren täglich von einem SS-Schergen zwei bis drei Mann totgeschlagen oder totgetrampelt worden. „Du Sauhund, ihr verfluchten Juden, ihr Bolschewiken", waren die Titulierungen der Bewachungsmannschaften.[80]

Kàroly Schréger,[81] Jahrgang 1902, berichtete: „Einmal hat er mich und vier andere Häftlinge über den Bock legen und uns mit dem Hackenstiel 25 Schläge überziehen lassen. Als wir auf dem Lastauto ins Lager gebracht wurden, waren von den fünf nur noch ich am Leben. So ist Jacob Földes, ein Budapester Kolonialwarenhändler, umgekommen." Kàroly Schréger veranschaulichte, wie sadistisch einige SS-Leute waren: „Ich erinnere mich... es war der 31. Dezember 1944, ging ich hinkend zur Arbeit. Am Tor hielt mich der SS-Rapportführer an. Ich weiß nicht, aber irgend etwas hat ihm an mir nicht gefallen, vielleicht mein Gang, vielleicht meine Nase – man wußte nie, was es war. Er hielt mich an und brachte mich in die Küche. Er steckte mir den Schlauch in den Mund und drehte den Wasserhahn auf, danach mußte ich kochendheißes Essen essen."

Besonders die Appelle nutzte die SS zu Kollektivstrafen. Leon Kolenda berichtete von einem Appell zur Weihnachtszeit. Die SS demonstrierte, wie sie drei Häftlinge zugerichtet hatte.

„Sie wurden wegen angeblichen Fluchtversuch erhängt, und das ganze Lager mußte diesem grausamen Vorgang zusehen.“ [82]
Als einmal fünf Zigeuner auf dem Weg zur Arbeit geflohen waren, befahl die SS den etwa 800 Häftlingen, sich zur Strafe in den Schnee zu legen. Wer sich bewegte, wurde blutig geschlagen. Die Bestrafung wurde an drei Tagen wiederholt. Es gab viele Tote und Kranke.[83] Essenentzug gehörte gleichfalls zu den größten Strafen. Zwei Kameraden von Bernàt Katz[84] wurden beim Fluchtversuch festgenommen und später aufgehängt. Die SS wollte die Häftlinge zwingen, an der Hinrichtung teilzunehmen. Diejenigen, die nicht erschienen waren, erhielten zwei Tage kein Essen.
Arbeitstempo, Schikanen und Terror der SS und die allgemeinen Lebensverhältnisse setzten den meisten Häftlingen so zu, daß viele binnen kurzer Zeit den physischen und psychischen Strapazen unterlagen. Ehe die Registrierlisten vom Dezember 1944 in Buchwald bearbeitet werden konnten, „kamen am 12. Januar 1945 aus S III 1400 vollständig erschöpfte Häftlinge nach Buchenwald zurück. Sie gaben dem Lager einen ersten erschütternden Eindruck über die grauenhaften Zustände bei Ohrdruf. Von den 1400 Häftlingen waren mehr als 200 bei ihrer Ankunft am Bahnhof Buchenwald entweder bereits verstorben oder so entkräftet und erschöpft, daß sie ihre Namen und Nummern nicht mehr angeben konnten. Da die von der SS ganz liederlich aufgestellten Transportlisten nicht stimmten, ...war es unmöglich, die Toten nachträglich einwandfrei zu identifizieren. Die nächsten Transporte ‚verschrotteter' Arbeitskräfte schickte die SS-Führung nicht mehr nach Buchenwald, sondern nach dem Konzentrationslager Bergen-Belsen, wo ihre endgültige Vernichtung in der Einsamkeit der Lüneburger Heide vermutlich unauffälliger und rascher durchzuführen war...“[85]
Mit Vergrößerung des Lagers für S III Ende 1944/Anfang 1945 wurde das Nordlager C auf dem Truppenübungsplatz als Krankenlager eingerichtet. Bis dahin waren die Kranken im Südlager untergebracht. Oszkàr Adler[86], geboren 1920, hatte zwei Wochen im Krankenrevier Südlager gelegen. Die Zim-

mer waren geheizt und die Behandlungsweise war ordentlich, gab er nach seiner Befreiung zu Protokoll. „Eines Tages kam jedoch ein SS-Arzt, und zwei Tage nach seiner Ankunft wurde ein Nachtalarm veranstaltet. Es war Ende Dezember. Die Kranken wurden barfuß und nur mit einem Hemd bekleidet in den Schnee hinausgeschickt, wo man sie stundenlang stehen ließ. Schließlich kamen Lastautos und man brachte sie in das sogenannte obere Lager." Bei den Transporten kam es vor, so führte Adler aus, daß der Fahrer den LKW „absichtlich in den Graben rutschen ließ. Die kranken und hilflosen Menschen fielen aufeinander und erfroren dort."
So entstand unter großen Opfern an Menschenleben das sogenannte Krankenlager im Nordbereich des ehemaligen Truppenübungsplatzes. Die angekommenen Kranken wurden im nackten Zustand vom SS-Arzt gemustert und in vier Kategorien eingeteilt. Als Lagerarzt fungierte vermutlich schon Dr. Werner Greunuß[87], der seit 1. Januar 1945 vom Lager Buchenwald nach S III versetzt wurde und dort bis zur Evakuierung des Lagers blieb. Die vier Kategorien beinhalteten „100 %, 80 % und 50 % gesund" sowie „arbeitsunfähig". Die Untersuchung für jeden Häftling dauerte etwa 10 Sekunden.[88] Greunuß saß auf seinem Stuhl, fragte den Häftling, der nackt vor ihm antreten mußte, ob er gesund sei und diktierte dann dem Schreiber die Kategorie. Dabei waren 20 bis 30 Prozent der vom Lagerarzt in die beste Gesundheitsstufe Eingeordneten in Wirklichkeit arbeitsunfähig gewesen. Dementsprechend war die Zuordnung in die anderen Gruppen. Die „Arbeitsunfähigen" schickte Greunuß in den „Schonungsblock".
Das Krankenlager bestand aus zwölf Baracken. Die Zahl der Kranken betrug in den ersten Wochen des Jahres 1945 etwa 1000 bis 1500 Häftlinge. Im offiziellen Bericht des Standortarztes der Waffen-SS Weimar an den Lagerkommandanten von Buchenwald vom 31. März 1945[89] (das waren wenige Tage vor der Evakuierung des Lagers) über den Gesundheitszustand der Häftlinge im S III wurde berichtet, daß sich 949 Häftlinge im Krankenlager und 622 in der Schonungsbaracke Ohrdruf befanden. Im Lager Crawinkel gab es 274 und

im Zeltlager 148 Schonungskranke. Außerdem wurden noch 187 invalide Häftlinge aufgeführt.
Zynisch hieß es im Bericht: „Da anzunehmen ist, daß auch eine Reihe der chirurgischen und internen Kranken so weit wiederhergestellt werden kann, daß sie zum Einsatz auch für S III verwendbar sind, ist zu sagen, daß das Gesamtbild im Augenblick als günstig erscheint. Allerdings muß darauf aufmerksam gemacht werden, daß bei dem ständigen Verschleiß von Arbeitskräften sowie aus der Erfahrung heraus, daß auch die kräftigsten Häftlinge bei einer zu langen Arbeitszeit und zu geringen Ruhezeit körperlich verfallen, damit gerechnet werden muß, daß ein erneuter höherer Anstieg sowohl der Kranken als auch der in Zukunft nicht einsatzfähigen Häftlinge zu erwarten ist."
Unter „Kranken" verstand die SS chirurgische und innerliche Leiden, Patienten mit ruhrartigen Durchfällen, Fleckfieber und Wundrose. Zu den Schonungskranken zählten Patienten mit Erkältungskrankheiten, Rippenfell- und Lungenentzündung, Hauterkrankungen,Verletzungen u. a. Als Invalide betrachtete die SS die vollkommen geschwächten Häftlinge. Sie versprach ihnen, sie wieder „zu Kräften" zu bringen. Als Imre Eisenberger[90] in einen Transport für entkräftete Häftlinge kommen sollte, war er „ausgerückt, weil er den Versprechungen der Deutschen nicht getraut hat."[91]
Rolf Baumann schilderte das Krankenrevier Ohrdruf, das „einer Hölle gleich kam. Es fehlte im Krankenbau an ärztlicher Hilfe, an Medikamenten, an Heizmaterial und anderem mehr. Von diesem Krankenbau gingen von Zeit zu Zeit Transporte nach Bergen-Belsen, das waren die sogenannten Invalidentransporte."[92] Laut Registratur gingen am 14. und 25. Februar 1945 je 500 und am 24. März 1884 Häftlinge von S III in das KZ Bergen-Belsen.
In S III gab es im Januar 1945 22 Häftlingsärzte.[93] Das waren Ärzte, die wie alle anderen Häftlinge in das Lager eingeliefert waren, aber gewisse Vergünstigungen erhielten. Sie brauchten keine schwere Bauarbeit zu leisten, wurden kaum geschlagen und erhielten eine größere Portion zu essen. Sie standen unter dem Druck der SS-Ärzte und hatten die Wahl,

deren Befehlen zu befolgen oder in das Arbeitskommando geschickt zu werden.
So erging es Dr. Jósef Fonö[94]. Er hatte anfangs im Jonastal gearbeitet, später wurde er als Häftlingsarzt eingesetzt. Er hat es miterleben müssen, daß Kranke mit 41°C Fieber auf dem kalten Fußboden lagen. Da er es nicht verantworten konnte, Kranke zur Arbeit zu schicken, wurde er mehrmals verprügelt und schließlich wieder ins Arbeitskommando abgeschoben.
Andererseits zogen sich die Häftlingsärzte den Zorn und die Verachtung ihrer Kameraden[95] auf sich, wenn sie die Kranken zur Arbeit schicken mußten. Dr. László Lengyel[96], Jahrgang 1915, bedauerte: „Viel konnte ich leider nicht für die Kameraden tun, weil festgelegt war, wieviel Leute ins Revier genommen werden durften und wieviele täglich zur Arbeit ausrücken mußten. Wenn die festgelegte Anzahl Arbeitskräfte nicht vorhanden war, dann war die Sprechstunde jedesmal ein Jammer, denn auch die Leute, die kaum laufen konnten, ...mußten zur Arbeit geschickt werden. ...Furchtbar war es jedoch, hilflos mit anzusehen, wie schändlich mit den zu Tode gepeinigten, schutzlosen, vollkommen geschwächten Menschen umgegangen wurde und wie sie geschlagen wurden."
Dennoch hatten die Häftlingsärzte so manchen Häftling vor dem Tod gerettet. Imre Eisenberger erinnerte sich daran, daß er im Krankenrevier mit Typhus lag. Die Patienten lagen nackt und ohne Decken auf Pritschen. Ein italienischer Arzt hatte ihm sehr geholfen, wieder gesund zu werden. Izidor Goldberger war nach Prügeln so krank geworden, daß ihn ein französischer Arzt operieren mußte. Die ärztliche Hilfe stieß vor allem an ihre Grenzen, wenn „die Medizin, die für einen Monat zugeteilt war, ... an einem Tag schon verbraucht" war.
Das Massensterben ging der SS nicht schnell genug. Wie der Häftlingsarzt Miksa Katz[97] erzählte, waren dem SS-Arzt einige Kranke zu viel. Deshalb verprügelte er sie mit dem Besenstiel und schickte sie danach zur Arbeit. Viele von ihnen brachen zusammen und starben.
Im allgemeinen hatten die Häftlinge große Angst, sich krank zu melden, weil das sehr oft ihren Tod bedeutete. Einige SS-

Leute machten keinen Hehl daraus: „Wenn er nicht arbeiten könne, ginge er ab ins Krematorium", sagte der SS-Arzt zu Gyula Csermák.[98] Dem Musiklehrer Pàl Molnàr[99] wurde einmal so gegen das Bein getreten, daß die Wunde monatelang offen war. Es gab kein Verbandszeug. Er hatte sich nicht krank gemeldet, sondern ging „mit zusammengebissenen Zähnen" zur Arbeit, da er wußte, daß viele Kranke nie wieder gesehen wurden.

György Kunstädter, geboren 1915, hatte sich in den Holzschuhen die Füße so aufgerieben, daß die Wunden eiterten. Er kam in den sogenannten Schonungsblock. Ursprünglich diente dieses Gebäude als Pferdestall. „Geheizt wurde nicht. Auf den Betonboden wurde Baumrinde geschüttet, darauf lagen sie. Ärztliche Behandlung gab es überhaupt nicht. Mit einem schmutzigen Lappen hat er selbst den Eiter aus den Wunden gedrückt. In diesem Block gab es Kranke mit den verschiedensten Infektionskrankheiten; täglich gab es 30 bis 40 Tote. Decken gab es nicht, der Wind blies in den Stall hinein. Auch Kleidung hatten sie keine; sie haben sehr gefroren. Deshalb sind sie zusammengekrochen und alle bekamen… Infektionskrankheiten."[100]

Diese unglaublichen Zustände im „Schonungsblock" – keine Decken, keine Kleidung, keine Heizung, keine ärztliche Hilfe, – bestätigten auch andere Gefangene, die diese Hölle überlebt hatten.[101] Zu allem Leid kam noch der Hunger; denn die Kranken erhielten die geringste Verpflegung im Lager, das waren pro Tag 100 g Brot und etwas Wassersuppe.

Unter Lebensgefahr hatte Leon Kolenda[102] mit einem anderen polnischen Kameraden einen katholischen Pfarrer aus dem Schonblock herausgeholt. Als er in den Stall kam „gingen Hunderte von Händen unter Schreien und Weinen in die Höhe. Es war die authentische Hölle auf Erden. Die Beschreibung dieser erschütternden Szenen möchte ich mir ersparen."

Zwei bis drei Wochen später erkrankte Kolenda an Scharlach, Schuppenflechte und Flecktyphus und kam ins Krankenrevier. Seiner Meinung überlebten von 1000 Flecktyphuskranken nur einer, und er hatte das Glück. Dabei hatte ihm

der französische Arzt Jaques Gaby zum Überleben verholfen. Aus dem Fenster des Krankenhauses sah Kolenda eines Tages, wie ein Kranker versucht hatte, „durch Kriechen auf dem Bauch den nahegelegenen Block zu erreichen. Das bemerkte jedoch ein SS-Mann, ging auf ihn zu und begann ihn, mit dem Stock zu schlagen, mit den Füßen zu treten, danach legte er den Häftling mit dem Gesicht nach oben, schlug weiter. Dann legte er einen Stock an den Hals, trat auf diesen Stock, und dadurch erstickte er ihn."
Neben mir lag der polnische katholische Pfarrer, den wir aus dem Pferdestall befreit hatten. Ich erzählte ihm, was ich aus dem Fenster sah. Zum Schluß sagte ich verzweifelt, daß ich nicht mehr an Gott glaube, denn wenn wirklich ein Gott existiert, dann hätte er diesen SS-Mann durch den Blitz erschlagen. Der Pfarrer wollte mir das alles mit dem Evangelium widerlegen, aber er konnte mich nicht überzeugen, und so ist es auch bis heute geblieben."
Die Rettung des katholischen Pfarrers in den Krankenbau zeugt von tiefer Solidarität der beiden Häftlinge, die aber hauptsächlich nur unter Bekannten geübt wurde. Im allgemeinen herrschte wohl der Grundsatz: „Niemand kümmerte sich um niemanden und um nichts, wir lebten wie das Vieh."[103] Es lag in der Absicht der SS, die Lagerinsassen zu isolieren, indem sie immer andere Häftlinge zu Arbeitskommandos zusammenstellte. Das brachte manchen Häftling in eine schwierige Lage, „was einerseits bedeutete", wie sich Izidor Goldberger[104] ausdrückte, „daß man ihn nirgends kannte, und andererseits kannte er die Arbeit nicht und wurde deshalb immer geschlagen."
Es gab im Außenkommando S III keinen so ausgebauten Selbstschutz der Häftlinge, wie beispielsweise im Stammlager Buchenwald, wo viele politische Häftlinge Lagerfunktionen innehielten. Im Gegenteil, das anfängliche Verwaltungschaos in S III hatten die kriminellen Häftlinge für sich ausgenutzt[105], was das Leben im Lager noch unerträglicher machte. Làslò Fischer[106] beispielsweise erinnerte sich an den „Blockältesten, einen sehr jungen Mann aus Wien, der sehr, sehr grausam mit den Häftlingen umging... auch der Blockschrei-

ber, ein ungarischer Jude" war ungerecht. Das Massensterben in S III „förderte den allgemein vorhandenen Pessimismus. Die Häftlinge glaubten nicht daran, daß sie diese Leiden überleben könnten."[107]
Genaue Zahlen über die Toten aus den Krankenbaracken gibt es nicht. Aus den Angaben ehemaliger Häftlinge lassen sich nur bestimmte Rückschlüsse ziehen. Von einem Massensterben unter den Kranken wußte Oszkàr Adler[108], wo in drei Tagen etwa 500 Tote nach Buchenwald kamen. György Kunstädter berichtete, daß allein im Schonungsblock täglich 30 bis 40 Menschen starben. Auch in Crawinkel war der Schonungsblock ein Stall, in dem „etwas Stroh" lag. Nach Meinung von Jòsef Marton[109], Jahrgang 1902, gingen hier täglich 8 bis 10 Häftlinge zugrunde.
Der Lagerarzt Dr. Greunuß gab im Buchenwaldprozeß zu seiner Verteidigung an, daß es bis Dezember 1944 im Krankenbau täglich 10–15 Tote gab, während unter seiner Leitung durch Seuchenbekämpfung ab Februar nur noch 5 Häftlinge starben.[110] Tatsächlich hatte Greunuß Maßnahmen zur Flecktyphusbekämpfung durchgeführt; denn es bestand die Gefahr, daß die Krankheit auch auf die Wachmannschaften und die Zivilarbeiter übergreifen konnte. Auf diese Weise kamen die Häftlinge während der fünf Monate, in der Zeit als das Lager bestand, ein einziges Mal in den Genuß, zu baden und entlaust zu werden.[111] Daß seit Februar jedoch nur 5 Tote täglich zu beklagen waren, ist untertrieben. Schließlich können die Angaben von Greunuß sogar mit dem Wochenbericht des Standortarztes der Waffen-SS Weimar vom 25. 3. 1945 an den Lagerkommandanten in Buchenwald[112] widerlegt werden. Darin sind für das Sonderlager III 207 Tote registriert worden.
Zu den Toten aus den Krankenbaracken und den „Schonungsblöcken" in Ohrdruf und den Teillagern müssen noch diejenigen hinzugezählt werden, die während der Appelle und der Arbeit erschlagen und erschossen wurden sowie verunglückten oder vor Entkräftung umgekommen waren.
Ein deutscher Häftling schilderte das Sterben in S III: „Auf den Arbeitsstellen starben täglich 10 Kameraden. Kein Wun-

der! Von morgens bis 16.30 Uhr arbeiten, ohne Pause, ohne Kaffee, in Regen und Schnee. Um 17.30 Uhr kam man ins Lager, um 19.00 Uhr hieß es ‚Antreten zum Abendappell!' Er dauerte bis 21.00 Uhr. So ging es Tag für Tag, und viele, die den Tag noch halbwegs überstanden hatten, brachen abends zusammen und starben elend. So starben bei einer Gesamtbelegschaft von 3000 bis 4000 täglich 50 bis 60 Häftlinge. Was spielte das auch für eine Rolle, es wurde immer wieder neues ‚Material' herangeschafft...“[113] Von einem Transport von 1000 Häftlingen, zu dem Rolf Baumann gehörte, „sind nicht mehr als 200 übriggeblieben“.[114]

Die Erlebnisberichte über die Zahl der Gestorbenen und Ermordeten aus Ungarn sind bedrückend. So beschreibt Bèlà Eber[115], daß von 50 Mann seiner Deportationsgruppe nur er und ein anderer Kamerad am Leben geblieben waren. Von seinem Arbeitskommando brachten sie jeden Abend 2–3 Tote zurück. Er meinte, daß wöchentlich 800 bis 1000 Menschen in S III umgekommen wären. Im Arbeitskommando von György Beretvàs[116] starben jeden Tag 4–5 Männer. Mendel Herskovics[117] sprach von täglich 50 bis 60 Toten. Auch andere Häftlinge schätzten die Verluste so hoch ein. Der Arzt Dr. Jósef Fonö[118] gab an, daß in einer Baracke mit 300–400 Häftlingen täglich 15–20 starben. Und Endre Kun[119] mutmaßte auf 150–200 Tote täglich. Sàndor Guttmann[120] bezeichnete Ohrdruf als ein Vernichtungslager. Von 400 seiner Kameraden aus Bor, mit denen er in einer Baracke wohnte, waren nach 4 Wochen nur noch 5 am Leben. Drei ehemalige Häftlinge[121] vertraten die Meinung, daß von 2000 ungarischen Juden 800 am Leben geblieben wären. Jenö Kahan[122] schätzte, daß 80 Prozent der ungarischen Juden umgekommen waren.

Einige Zahlen scheinen für das Lager insgesamt sehr hochgegriffen, aber aus dem Blickwinkel der ungarischen Juden wohl real, denn die Verluste waren besonders unter dieser Bevölkerungsgruppe ungeheuer groß. Jedoch auch Russen, Polen, Franzosen, Tschechen, Italiener, Griechen, Belgier, Deutsche und Angehörige anderer Nationalitäten waren in S III inhaftiert und in Massen gestorben. Sie waren nicht alle

Juden, obwohl S III als „Jüdisches Außenkommando"[123] bezeichnet war.
Die Toten von S III wurden ins Stammlager Buchenwald zum Verbrennen überführt. Doch zuvor hatte sich die SS am Gold der Ermordeten bereichert. Dazu trugen die Bewacher „an ihren Koppeln kleine Beutel, und mit Zangen u. ä. brachen sie aus den Leichen die Goldzähne heraus."[124]
Ein Arbeiter aus Ohrdruf, der im Nordlager an einer Entlausungsanstalt baute, berichtete: „50 m von unserer Baustelle stand die Leichenhalle, eine Bretterbude, die bis obenhin mit Leichen vollgestopft war. Endlich begann man, die Leichen wegzufahren. Tagelang wurde nur gefahren. Ein Hänger stand noch acht Tage im Lager. Die entkleideten, ausgemergelten Körper der Verhungerten waren nur mit einigen dürren Kieferästen verdeckt. Jeden früh wurden frische Leichen gebracht. Es war entsetzlich anzusehen, wie man mit den Toten umging. Auf die Oberschenkel wurde eine Nummer geschrieben und in ein Buch eingetragen. Danach wurden die Toten in eine Bretterbude geschmissen und mit ein paar Schaufeln Chlor bedeckt."[125]
Eugen Kogon schreibt, daß die Toten zweimal wöchentlich nach Buchenwald überführt wurden: „Die Leichen waren über alle Maßen verdreckt, verlaust und verkommen. Ihr Durchschnittsgewicht betrug selten über 40 kg; sie waren in Klumpen zusammengeballt und kaum mehr zu trennen. Die Sektionen ergaben fast ausnahmslos derartige Grade von Auszehrung, daß jeder Schnupfen hatte genügen müssen, um die Leute umzuwerfen."[126]
Einige Zahlen über die Gesamtverluste im Sonderlager III sind bekannt. Für die Zeit vom 24. Dezember 1944 bis 26. Februar 1945 ist überliefert, daß 1 460 Häftlinge umkamen. Die SS transportierte am 12. Januar 1945 etwa 1400 nicht mehr Arbeitsfähige nach Buchenwald zurück, wovon 200 auf dem Weg verstarben.[127] Am 14. und 25. Februar sowie 24. März gingen drei Transporte nach Bergen-Belsen. Es sollen 2884[128] bzw. 4884 Häftlinge[129] gewesen sein. Im Wochenbericht vom 19. bis 25. März 1945 wurden 207 Tote erwähnt.[130] Das ergibt eine Verlustzahl von 4751 bzw. 6751 re-

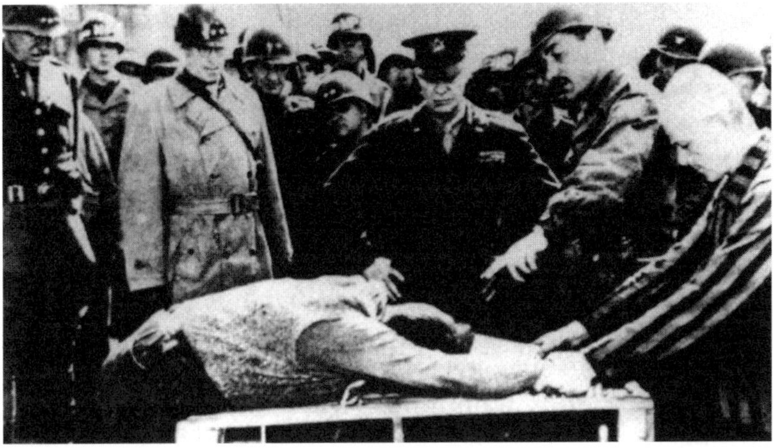

Der Oberbefehlshaber der US-Armee, General Eisenhower, mit Generalen bei der Demonstration von Foltermethoden der SS durch befreite Häftlinge.

Appellplatz Nordlager nach der Befreiung durch die Dritte US-Armee

gistrierten Toten. Unter Berücksichtigung der sehr oberflächlichen Registratur und gestützt auf die Zeugenaussagen und Erlebnisberichte der Häftlinge ist es wohl realistisch, daß in S III während der fünf Monate etwa 7000 Menschen umgekommen waren. Zu diesen Verlusten müssen noch die Opfer des Evakuierungsmarsches gezählt werden. Im Februar 1945 gab Hitler in einem Geheimbefehl die Anweisung, keinen Häftling den Verbündeten der Antihitlerkoalition lebend in die Hände fallen zu lassen. Den Befehlen folgend, mußten die Häftlinge der Außenlager in die Stammlager überführt werden. Auch keine Toten sollten zurückgelassen werden. Deshalb mußten im Außenkommando Ohrdruf, die in den Tagen zuvor verscharrten Leichen, die nicht mehr nach Buchenwald transportiert werden konnten, ausgegraben und verbrannt werden. Aus Steinen und Eisenbahnschienen wurden provisorische Verbrennungsstätten errichtet.[131]
Am Morgen des 4. April 1945 war Gotha von der 3. Amerikanischen Armee eingenommen worden.[132] Von hier stieß die 4. Panzerdivision in Richtung Ohrdruf vor.[133] Seit dem 1. April 1945 hatte die Evakuierung des Lagers begonnen. Am 26. März 1945 betrug die Lagerstärke 13 726 Häftlinge.[134] Wenige hatten das Glück, auf Fahrzeugen nach Buchenwald gebracht zu werden. Die meisten wurden zu Fuß auf Umwegen nach dort getrieben. Jeden Tag marschierte eine Kolonne von S III ab und kam zu unterschiedlichen Zeiten in Buchenwald an. Besonders grausam verfuhr die SS mit den Häftlingen aus dem Nordlager (Krankenrevier). Hier waren die marschunfähigen Kranken aus den Baracken gejagt und auf dem Appellplatz erschossen worden.
Rolf Baumann berichtete über die letzten Tage in Ohrdruf: „Am 4. April 1945 kam der Evakuierungsbefehl und wir traten einen Marsch mit unbekanntem Ziel an. Wir gingen 70 km auf Umwegen nach Buchenwald. Die letzten 1000 Häftlinge bekamen keine Verpflegung mehr. Wir waren drei volle Tage unterwegs und kamen kaputt und zermürbt an. Kranke und Schwache, die unterwegs nicht mehr so mit konnten, wurden durch Genickschuß liquidiert. Erwähnenswert ist noch, daß bereits unterwegs einige Angehörige der

SS dieses Abzeichen abnahmen, um gegebenenfalls nur als Wehrmachtsangehörige zu gelten."[135]

Wolfgang Ruhemann erinnerte sich noch besonders an die letzten Stunden des Evakuierungsmarsches: „Der Gedanke, die Freiheit kann nicht mehr lange auf sich warten lassen, machte mich wieder etwas stärker und ich konnte ein bis zwei anderen Häftlingen helfen, sich vorwärts zu bewegen. Namen weiß ich leider keine mehr, nur daß ein Arzt aus Budapest dabei war. Jedoch als es die letzten Kilometer zum Lager ging, ließen meine Kräfte derart nach, daß ich mich am liebsten sofort an den Straßenrand gelegt hätte, wo ich jedoch ohne weiteres nach einigen Minuten den Todesschuß erhalten hätte. Hier halfen mir jetzt wieder andere Häftlinge, damit ich mit letzter Kraft das Lager erreichen konnte."[136]

Die Zahlenangaben über die Ermordeten beim Marsch von Ohrdruf nach Buchenwald sind sehr unterschiedlich, da es sich für die Häftlinge nicht überblicken ließ, wie viele ihrer Kameraden kurz vor ihrer Befreiung ermordet wurden. Ein Fahrzeug sammelte die Opfer auf, aber auch viele Leichen wurden nur notdürftig am Straßenrand vergraben.

Eugen Kogon schrieb über den Evakuierungsmarsch nach Buchenwald: „Der Todestransport von 12 000 Mann aus Ohrdruf nach Buchenwald hat sich dann auch abgespielt, wobei Tausende den Tod durch Erschießen fanden. Auf der Straße von Weimar nach Buchenwald allein, der letzten kurzen Wegstrecke, lagen am 5. April 74 Häftlinge in ihren Blutlachen, während vorher Hunderte durch aufgehetzte HJ, ja sogar durch Frauen niedergeknallt worden waren."[137]

Vom 4. bis 7. April trafen ungefähr 9900 Häftlinge aus Ohrdruf in Buchenwald ein. Zu den etwa 2700 Opfern der letzten Tage zählten die auf dem Appellplatz in Ohrdruf ermordeten und die unterwegs erschossenen und erschlagenen Häftlinge.[138] Während die SS das Lager Buchenwald zu evakuieren versuchte, setzten die Häftlinge unter Leitung des illegalen Lagerkomitees alles daran, um die Evakuierung hinauszuzögern. So konnte wertvolle Zeit gewonnen werden. Da die SS mit der Evakuierung des Stammlagers wenig Erfolg hatte, mußten einige Kolonnen aus Ohrdruf ihren Todesmarsch fortsetzen. So kamen von 1500 Häftlingen nur 170 Mann im KZ Flossenbürg an, alle anderen hatten die Strapazen nicht überstanden, waren von der SS erschossen oder durch Luftangriffe getötet worden. Auf die gleiche Art kamen von den mehr als 4000 Häftlingen, die für das KZ Dachau bestimmt waren, über 1000 ums Leben.

Die am 1. und 2. April nach Thüringen vorgedrungene Dritte Armee unter General George S. Patton stoppte in der ersten Aprilwoche ihren Vormarsch. Sie erhielt den Befehl, an der Linie Meiningen–Gotha–Mühlhausen stehenzubleiben, bis die Erste und Neunte Armee aufgeschlossen hatten.[139] Am 5. April waren Ohrdruf und Mühlberg von der 4. Panzerdivision eingenommen worden.[140] Nachdem das XX. Corps der Dritten Armee sein Hauptquartier in Gotha, im Gebäude der Lebensversicherungsbank, aufgeschlagen hatte, fuhren einige Generäle nach Ohrdruf in den befreiten Teil des Lagers S III „und besuchten zum erstenmal ein Schreckenslager“, wie General George S. Patton in seinen Erinnerungen[141] schrieb.

„Es war das Fürchterlichste, was man sich vorstellen kann. Ein Mann, der sich als früherer Insasse ausgab, spielte den Impressario und zeigte uns vor allem die Galgen, wo Leute gehängt wurden, die zu fliehen versucht hatten. Das Brett, auf das die Todeskandidaten gestellt wurden, befand sich etwa 60 Zentimeter über dem Boden, und die aus dünnen Draht gefertigte Schnur war so angebracht, daß die Zehen der Fallenden gerade noch den Erdboden erreichten. Da der Sturz nicht genügend tief war, um ihn den Hals zu brechen, dauerte es etwa fünfzehn Minuten, bis der Arme aus Luftmangel starb. Immer mußte der nächste das Brett unter seinem Vormann wegstoßen. Anwesende Deutsche behaupteten, die nach dem Putsch gegen Hitler gehängten Generäle seien auf diese Weise umgebracht worden.
Dann zeigte uns unserer Führer den Auspeitschungstisch, der ungefähr so hoch war wie eine durchschnittliche Krücke. Die Füße des Opfers kamen in einen Schraubstock, sein Oberkörper wurde über den leicht eingebuchteten Tisch gezogen, durch zwei Leute festgehalten und Rücken und Lenden geprügelt. Der dazu verwandte Stock, an dem sich Blut befand, war länger als ein Pickelgriff. Unser Führer behauptete, selbst fünfundzwanzig Schläge mit diesem Werkzeug erhalten zu haben. Nachher ergab es sich, daß er kein Gefangener war, sondern zur Wachmannschaft gehört hatte. Eisenhower mußte es vermutet haben, denn er fragte den Mann sehr betont, wieso er so wohlgenährt sei. Am nächsten Morgen fand man ihn tot auf; einige Insassen hatten ihn umgebracht.
Nicht weit von diesem Auspeitschungstisch lagen auf einem Haufen vierzig mehr oder weniger nackte Leichen. Man hatte sie aus nächster Nähe in den Rücken oder Kopf geschossen; das Blut auf der Erde war noch nicht geronnen.
In einem Schuppen fanden wir weitere vierzig völlig nackte Leichen, die die letzten Stadien der Auszehrung aufwiesen. Diese Leichname waren mit Kalk bespritzt – aber offenbar nicht, um sie zu vernichten, sondern um den Gestank zu vermindern, wozu Kalk allerdings kaum geeignet ist. Das Gesamtfassungsvermögen des Schuppens schätzte ich auf etwa zweihundert Leichen. Es wurde behauptet, sie seien dort liegen geblieben, bis der Schuppen ganz voll gewesen wäre, erst dann seien sie entfernt und eingegraben worden. Nach Angaben von Insasssen sind seit dem 1. Januar 1945 rund dreitausend Personen von jenem Schuppen aus

beerdigt worden. Als sich unsere Truppen näherten, hielten es die Deutschen für angezeigt, die Spuren ihrer Verbrechen zu verwischen. Sie zwangen daher die Insassen, die kürzlich beerdigten Leichname auszugraben und eine Art Riesenrost aus Eisenbahnschienen auf einem Ziegelfundament zu bauen Die Leichen wurden darauf gelegt und der Versuch gemacht, sie zu verbrennen. Er mißlang jedoch. Ganz unwillkürlich dachte man an ungeheuerliche kannibalische Orgien. Die Grube unter dem Rost war mit einer grünlichen Flüssigkeit angefüllt, aus der Arme, Beine und ganze Körperteile ragten. Walker und Middleton hatten sich entschlossen, so viele ihrer Soldaten wie möglich die Greuelstätte sehen zu lassen. Dadurch kam ich auf den Gedanken, auch die Einwohner hinzuführen. Als ich das Walker sagte, erzählte er mir, er habe bereits den Bürgermeister und seine Frau bringen lassen. Auf dem Heimweg verübten beide Selbstmord. Später ließen wir die Einwohner Weimars durch das nördlich gelegene, noch größere Sklavenlager Buchenwald gehen."

Am 10. und 1 1. April setzte der Vormarsch der „Spearheads" („Speerspitzen") wieder ein: Die 4. Panzerdivision wandte sich, unterstützt durch die 80. und 89. Infanteriedivisionen, in Richtung Erfurt–Weimar. Beide Städte wurden am 12. April eingenommen. Ziel der 6. Panzerdivision, begleitet von der 76. Infanteriedivision, waren die Saalebrücken von Bad Kösen und Camburg. Die Stoßrichtung führte nördlich des Ettersberges in vier Kolonnen an Weimar vorbei. Dabei gelangte die südlichste Kolonne – die Task Force 9 – am Nachmittag des 11. April bei Hottelstedt unbewußt in die Nähe des Konzentrationslager Buchenwald. Geflohene sowjetische Häftlinge informierten die Amerikaner über die Existenz des Lagers. Eine Patrouille unter Führung von Captain Frederic Keffer fuhr sofort zum Konzentrationslager, informierte sich über die Situation, gab das Gesehene und Erfahrene über Funk weiter und mußte nach kurzer Verweildauer wieder ihrer Task Force folgen. Nachrückende amerikanische Einheiten übernahmen in den nächsten Tagen die Versorgung der Häftlinge.[142] Das KZ befand sich, als die Keffer-Patrouille das Lager betrat, bereits in den Händen der Häftlinge.[143] Die SS war geflohen. Begünstigt durch die Nähe der US-Army, hatten bewaffnete Häftlinge im Verlaufe des 11. April die Kontrolle über das Lager übernommen, das nun vom internationalen Lagerkomitee geführt wurde.[144]
Am 12. April 1945 gelobten die Überlebenden des Konzentrationslagers beim ersten Appell in Freiheit, den „Nazismus mit seinen Wurzeln" zu vernichten und eine neue Welt des Friedens und der Freiheit aufzubauen.[145]

Thüringen – Schatztresor Hitlers

Der Raub und die Vernichtung von Kunst- und Kulturgütern sowie sonstiger Werte in bis dahin unbekanntem Ausmaß war während des Zweiten Weltkrieges eine allgemeine Erscheinung in den vom Krieg überzogenen Ländern Europas. Obwohl Deutschland zu den Signatarstaaten der Haager Landkriegs-Ordnung von 1907 gehörte, nach der jede Beschlagnahme, jede absichtliche Zerstörung oder Beschädigung von geschichtlichen Denkmälern oder von Werken der Kunst und Wissenschaft untersagt war und geahndet werden sollte, verstieß die Führung des Dritten Reiches eklatant dagegen. Sonderbevollmächtigte, Einsatzstäbe und Sondereinheiten beschäftigten sich einzig und allein mit der Ausplünderung der besetzten Länder.

Davon profitierte zunächst Hermann Göring, der sich von dem Beschlagnahmten das international Wertvollste aneignete. Er kam dabei mit seinem großen Feldherren, Adolf Hitler, ins Gehege, der seinerseits bestrebt war, international anerkanntes europäisches Kunst- und Kulturgut in einem nach seinen Plänen zu bauenden Museumskomplex in Linz unterzubringen. Goebbels, Bormann, Himmler, Rosenberg und Ribbentrop standen den beiden nicht nach. Sie alle versicherten sich der Hilfe von Sachverständigen und bildeten besondere, auf Kunst- und Schatzraub gedrillte Einsatzgruppen. Auch die Gauleiter und weitere Naziprominenz sowie die verantwortlichen Militärs, die sich ebenfalls entsprechend ihrer Möglichkeiten am Kulturgut anderer Länder schadlos hielten, taten es unter dem Vorwand der Sicherstellung vor Vernichtung und Zerstörung. Die Liste des Raubgutes ist gewaltig. Sie reicht von der Ausplünderung staatlicher Museen und Einrichtungen bis hin zur „Requirierung“ kleiner Münzsammlungen oder Antiquitäten, die sich in privater Hand befanden. Hinzu kamen „Geschäfte“ mit der Kunst in den besetzten Ländern. Man bezahlte mit Geld, das man diesen Ländern zuvor entzogen hatte. Als Beispiel dafür sollen die Praktiken des Kunsterwerbs in den Niederlanden ange-

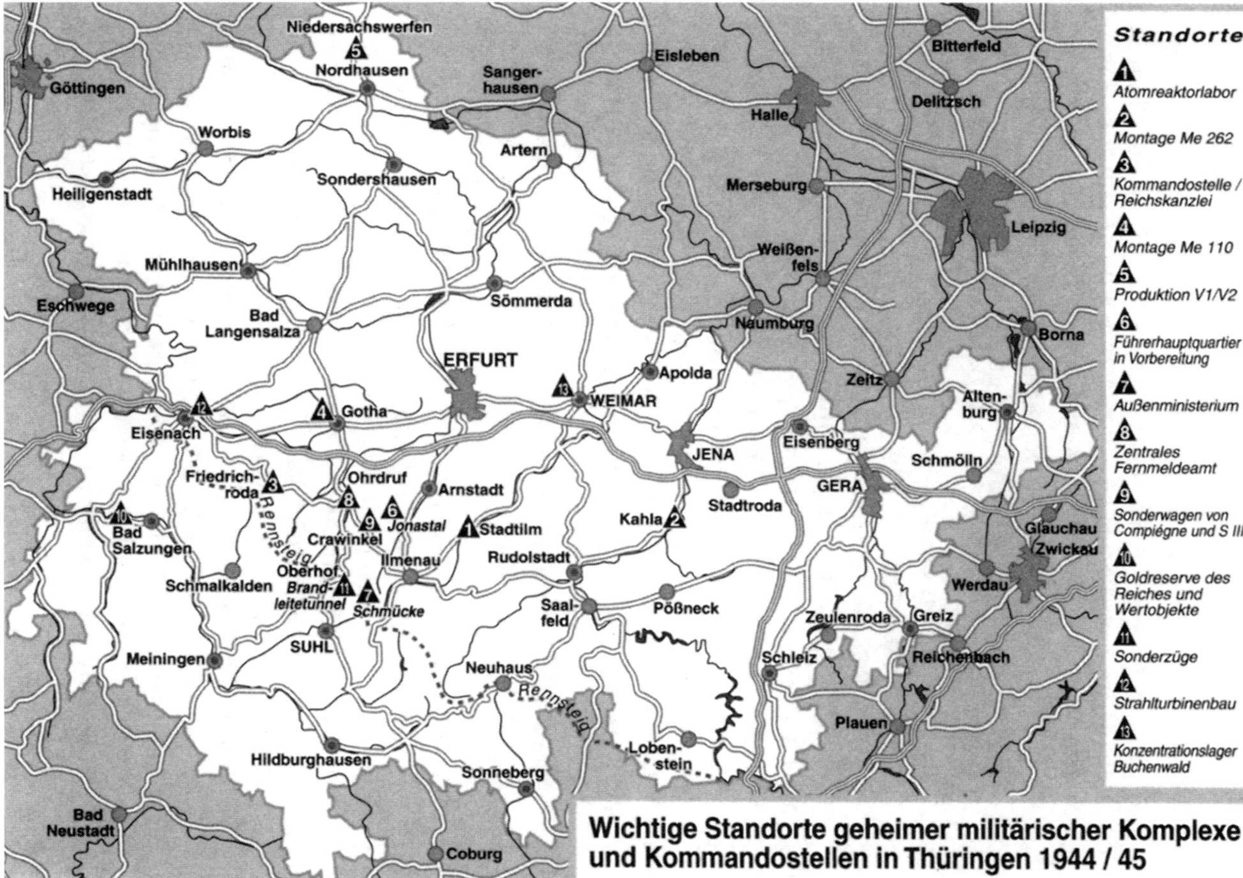

Wichtige Standorte geheimer militärischer Komplexe und Kommandostellen in Thüringen 1944 / 45

sprochen werden. Über Mittelsmänner erwarben hier Hitler, Göring und andere Nazis während der Besatzungszeit etwa 3000 Gemälde von Meistern des 16. und 17. Jahrhunderts.
Auch sogenannte Tauschgeschäfte basierten letztlich auf Raubgut, das insbesondere jüdischen Eigentümern abgenommen wurde, die man danach in die Vernichtungslager schickte. Daß den an solchen Tauschgeschäften beteiligten Kunsthändlern damit Hehlergut angeboten wurde, liegt auf der Hand.
Ungeheuerlich groß ist auch die Zahl des aus Archiven und Bibliotheken fortgeschafften Kulturgutes. Man geht davon aus, daß viele Millionen Bücher und Druckwerke so verlorengingen. So brüstete sich Alfred Rosenberg, Reichsminister für Wissenschaft, Erziehung und Volksbildung damit, in einem von ihm eröffneten Institut in Frankfurt am Main, mit 350 000 Bänden die größte Judenbibliothek der Welt zu besitzen. Woher diese Bücher stammten, dürfte wohl kein Geheimnis gewesen sein. Zu den ersten Opfern der Ausplünderung gehörte z. B. der französische Zweig der Rothschildfamilie. Die Hauptmasse der Schätze dieser Familie wurde ebenso wie andere aufgrund des Führerbefehls vom 17. 8. 1940 über die Erfassung „herrenlosen jüdischen Kulturbesitzes“ in den besetzten Westgebieten unrechtmäßig nach Deutschland transportiert. Bis Mitte März 1941 alleine 52 Eisenbahnwaggons. Bis Juli 1944 29 Transporte mit insgesamt 137 Waggons. Ausgeplündert wurden auch die Banken der besetzten Länder, deren Gold, Geld- und Devisenreserven in vielen Fällen nach Deutschland verbracht wurden.
Mitte des Jahres 1944 waren sich Führungsgremien des Dritten Reiches und der NS-Prominenz jedoch darüber im klaren, daß der Krieg endgültig verloren war. Während die deutsche Bevölkerung bis zuletzt auf einen Vernichtungsfeldzug eingeschworen und jeder Widerspruch mit dem Tode geahndet wurde, unternahmen die braunen Machthaber Schritte, ihre Interessen nach dem Krieg zu sichern. Es fanden deshalb eine Reihe von Geheimkonferenzen statt, mit der Zielstellung, das Überleben des Regimes unter veränderten Be-

dingungen zu gewährleisten. Die bekannteste davon ist jene, die am 10. August 1944 im „Maison Rouge" von Strasbourg stattfand. Spitzenkräfte der deutschen Großindustrie, der Wehrmacht und der Parteiführung des Dritten Reiches stellten auf dieser Konferenz die Weichen für ein Überleben unter geänderten Bedingungen, unter Einsatz des angehorteten Raubgutes.
Anfang 1945 war das Waffenpotential, das den Nazis zur Verfügung stand, kaum noch dazu geeignet, ernsthaften Widerstand zu leisten. Das Ende des Dritten Reiches wurde unter Einsatz eines für beide Seiten hohen Blutzolls an Menschenleben und der Zerstörung unwiederbringlicher Werte lediglich hinausgezögert.
Um so größer war jedoch die Masse der angehäuften Kunstschätze, Gold, Silber und Edelsteinen sowie Devisen im verbliebenen Territorium des „Großdeutschen Reiches". Ein Teil des Raubgutes wurde durch prominente Nationalsozialisten im Ausland deponiert oder durch Verkauf kapitalisiert und in ausländischen Währungen auf Banken neutraler Staaten angelegt.
Während die Generationen deutscher Männer an den Fronten eines sinnlosen Krieges verbluteten und auch weiter ganze Städte in Schutt und Asche bombardiert wurden, versuchte Hitler bis zuletzt das unvermeidliche Ende seine Tausendjährigen Reiches noch um einige Tage zu verlängern. Er und seine treuen Anhänger verfügten unterdessen am Ende des Jahres 1944 über einen zusammengeraubten Schatz von einer bis dahin in ganz Europa einmaligen Größe. Tonnenweise Gold, Juwelen, Diamanten, Kunstschätze der Menschheit und Devisen, deren Wert, wenn überhaupt faßbar, sich auf viele Milliarden Deutsche Mark beziffert.
Bis Oktober 1946 wurden in Deutschland sowie in neutralen Staaten Europas 277000 Kilogramm Gold als Teil eines gigantischen Nazischatzes sichergestellt.
Die in einem weiteren Kapitel gesondert behandelte Problematik der Suche nach dem bisher verschollenen Bernsteinzimmer macht dagegen die gesamte Tragweite verschollener Kulturgüter und Werte deutlich. Daß seine Spuren auch

nach Thüringen gehen, hängt mit der politischen und militärischen Situation der letzten Wochen des Drittes Reiches zusammen, da viele prominente Nazis, so auch der Gauleiter Koch, Thüringen als Schatztresor ausgewählt hatten. Das Bernsteinzimmer ist als das berühmteste von der Bildfläche verschwundene Kulturgut in die Geschichte eingegangen. Nicht minder wertvoll sind jedoch auch die Stücke, die zeitgleich mit dem Bernsteinzimmer von den deutschen Kunsträubern aus dem Leningrader Katharinen-Palais fortgeschafft wurden. Diese Beute aus nur einem Museum besteht aus:
250 unschätzbaren Glanzstücken aus dem Juwelenschatz von Katharina II., darunter 40 mit Brillanten, Rubinen, Saphiren und Smaragden besetzten „Frühlingssträußen", desweiteren goldene und silberne mit Edelsteinen besetzte Tabatieren;
650 Ikonen aus den Sammlungen von Peter I.;
45 Deckenplafondgemälde der italienischen Schule, die Kronleuchter des Schlosses aus geschliffenem Bergkristall, Edelsteinen und Edelmetallen;
einer großen Sammlung von Chinesischem, Französischem und Meißner Porzellans;
Möbelstücke und Einrichtungsgegenstände aus den Privaträumen von Katharina II.;
50 Ikonen Katharina II., die sich durch besonders kostbare Gestaltung der Ikonen-Einfassungen (Gold und Edelsteine) auszeichneten; 80 Ikonen der Schloßkapelle, die Glocke der Schloßkapelle, 50 000 Bände der Zarenbibliothek u. a. mehr.
Am Ende des Krieges wurden in Deutschland und Österreich etwa 1 800 Auslagerungsdepots mit Kultur-, Kunst- und Wertsachen angelegt, wovon auf Thüringen unter Einschluß des Kyffhäusergebietes nach meinen Recherchen 342 Depots entfallen. Diese Zahl beeinhaltet jedoch nur die tatsächlich nach Beendigung des Krieges erfaßten Einlagerungsstätten. Noch heute muß davon ausgegangen werden, daß es eine größere Anzahl gut getarnter Verstecke gibt, die mit sagenhaften Werten angefüllt sind. Dazu ein Beispiel als Indiz dafür:
1972 hatten zwei an Mineralien interessierte Mitglieder des Kulturbundes der DDR aus Suhl in einer Zeitung ein Inserat aufgegeben. Sie erhielten mehrere Zuschriften, so u. a. von

Kurhaus Bad Salzungen – Verhandlungsort geheimer Zusammenkünfte zur Schatzdeponie

Eingelagerte Schätze in Kaiseroda – einer Schachtanlage bei Merkers

einer älteren Frau aus einem kleinen Ort bei Eisenach, die ihnen mitgeteilt hatte, daß seit Kriegsende noch eine ungeöffnete Kiste mit geologischem Material auf ihrem Boden stände. Interessiert suchten die zwei Mineraliensammler diese Dame daraufhin auf. Das was sie nun erlebten, verschlug ihnen fast die Sprache. Der Sohn der Frau soll Angehöriger eines SS-Geologenstabes gewesen sein, der Ende März 1945 mit einer LKW-Kolonne in den Thüringer Bergen unterwegs war. Die LKW's waren mit Kisten vollgepackt, über deren Inhalt nichts bekannt war. Da sich die Truppe in der Nähe aufhielt, hatte ihr Sohn die Möglichkeit, seine Mutter kurz zu besuchen. Er brachte eine Kiste mit, die SS-Runen aufwies und mit dem Stempel „Vertrauliches Material" versehen war. Diese Kiste sollte seine Mutter für ihn bis nach dem Kriege verstecken. Er wollte sie sich dann irgendwann abholen.
Nach diesem kurzen Besuch hat die Dame ihren Sohn nie wieder gesehen. Er galt fortan als vermißt. Nur die Kiste erinnerte sie an das letzte Zusammensein mit ihrem Sohn. Da die Kiste schwer war, nahm die Frau an, daß sich Steine oder Mineralien in ihr befanden. Die beiden Sammler wurden zum Kistenversteck gebracht und darum gebeten, diese zu öffnen, während sich die Frau kurzzeitig entfernte, um etwas zu holen. Sie stemmten die Kiste auf, legten das obenauf liegende Ölpapier zur Seite und stießen einen Schrei der Überraschung aus. Sie sahen Figuren aus Elfenbein und Halbedelstein gefertigt sowie filigrane Bergkristallarbeiten und kleine Lämpchen.
Als die inzwischen herbeigeeilte Dame den ersten Kisteninhalt sah, gebot sie den überraschten Mineraliensammlern zu gehen unter dem Hinweis, daß sich in der Kiste der Nachlaß ihres Sohnes befinde.
Als „Trostpflästerchen" erhielten beide ein schönes Mineral, das der Sohn auch mitgebracht hatte. Was sich noch in der großen Transportkiste befand, ist nicht bekannt. Indes geriet die Sache schließlich in Vergessenheit. Nur meine Notizen darüber sind noch vorhanden.
Dieser Fall läßt durchaus die Schlußfolgerung zu, daß eine größere Anzahl Kisten, vielleicht sogar in der Nähe von Ei-

senach, möglicherweise in einem Stollen versteckt und danach die unbequem gewordenen Mitwisser liquidiert wurden.
In einem anderen Falle ist in den sechziger Jahren auch über die örtliche Presse eine Aufforderung an die Leser ergangen, zuständigen Stellen ihre Wahrnehmungen über die Landung eines Flugzeuges in den Reinsbergen zwischen Arnstadt und Plaue kurz vor Kriegsende mitzuteilen. Das Flugzeug soll wertvollste Fracht aus Königsberg an Bord gehabt haben.
Seit 1945 wird auch in Stützerbach bei Ilmenau hinter vorgehaltener Hand von einem Nazischatz gesprochen, der in den letzten Kriegstagen in einem Stollen eingelagert worden sein soll. Zeugen wollen gesehen haben, daß Wehrmachtsangehörige auf LKW's Kisten mit Gold in die Berge gebracht haben. Es wird erzählt, daß eine Kiste heruntergefallen und aufgegangen sei. Der Inhalt soll aus Goldbarren bestanden haben. Diese Beispiele ließen sich über mehrere Seiten fortsetzen.
In der Nähe der hessisch-thüringischen Grenze liegt das Dorf Merkers mit einem seit 1993 stillgelegten Kaliwerk. Während über 90 Jahren Kali-Bergbau ist dort in einer Tiefe von 400 bis über 1000 m ein Stollensystem mit einer Fläche von 140 km^2 entstanden. Das Werk Merkers gehörte bis 1945 unter dem Namen Kaiseroda II/III zur Wintershall AG und war zur DDR-Zeit selbständig bzw. ein Teil des Kali-Kombinates. Die Schächte II/III in Kaiseroda haben Geschichte gemacht, da in ihnen der wohl größte Schatz deponiert wurde, der je in Europa unter Tage gelagert war.
Nachdem bereits vom 12. 02. – 03. 03. 1945 die mit 24 Eisenbahnwaggons nach Merkers verbrachten Gold- und Devisenbestände der Reichsbank in der Grube Kaiseroda II/III eingelagert wurden, folgten nach dem Führerbefehl im Monat März 1945 mehrere Transporte mit wertvollen Beständen der Berliner Museen.
Die Reichsbank verwahrte 1945 Gold (Münzgold in Barren, ausländische Goldmünzen) im Werte von 655,4 Millionen Reichsmark. Von diesem Bestand waren ca. 95 % in Merkers eingelagert.

Nach den Bestandsbüchern der früheren Reichsbankhauptkasse Berlin befanden sich 8645 Goldbarren sowie eine nicht belegte Anzahl von Platin- und Silberbarren, 39,7 Millionen Reichsmark, 68,8 Millionen franz. Goldfranc, 18,6 Millionen Golddollar, 17,7 Millionen österreichische Goldkronen, 26 Millionen holländische Goldgulden, 5,7 Millionen Schweizer Goldfranken, 3,5 Millionen Schwedische Goldkronen, 4,1 Millionen norwegische Goldkronen sowie weitere Währungen in der Grube. Weiterhin waren fast 600 000 Goldstücke und Golddukaten eingelagert, vermutlich auch Sammlungen der Reichsmünze sowie 3 Milliarden Reichsmark in Banknoten.
Im Rahmen des seit 1991 von der Kali und Salz GmbH betriebenen Erlebnisbergwerkes ist der Einlagerungsort der Öffentlichkeit zugänglich.
Die Bestände Berliner Museen wurden ebenfalls auf der 1. Sohle in der Nähe der Reichsbankeinlagerungen verbracht. Bei den eingelagerten Kunstwerken handelte es sich um Objekte von sehr unterschiedlichem Material, überwiegend jedoch um die wertvollsten Stücke der Sammlungen. Zu den Beständen Berliner Museen gehörten 1180 Bilder der Berliner Gemäldegalerie, 393 Bilder der Nationalgalerie, rund 400 überwiegend deutsche Werke der Skulpturen-Abteilung, 1434 Mappen des Kupferstichkabinetts, Bestände der Kunstbibliothek und antiken Abteilung, Sammlungen des Schloßmuseums mit dem Welfen-Schatz und dem Lüneburger Ratssilber, 148 Kisten aus der ägyptischen Abteilung mit der Büste der Nofretete und einer umfangreichen Papyros-Sammlung, bedeutsame völkerkundliche Sammlungen aus Ostasien, Afrika, Südsee u. a. Am 5. April 1945, also einen Tag vor dem Einrücken der Amerikaner, soll eine deutsche Spezialeinheit noch 450 Säcke mit etwa 430 Millionen Reichsmark mit unbekanntem Ziel abtransportiert haben.
Am 6. April 1945 erfolgte die Besetzung des Werkes durch die Amerikaner. Die amerikanischen Generale Eisenhower, Patton und Bradley besichtigten den Schatz am 12. April 1945. Die örtliche Führung übernahm ein Colonel Bernstein, der im Auftrage des amerikanischen Oberkommandos mit sei-

nen Mitarbeitern bereits tage- und nächtelang Gold wog und Devisen zählte, sowie die in die Tausende gehenden Schmuckstücke und Uhren, die neben einer großen Zahl von Goldmünzen und etwa 10 Tonnen Silber ebenfalls in der Schachtanlage eingelagert waren, sortierte. Der Abtransport der eingelagerten Werte erfolgte vom 15. bis 17. April 1945.
Während der 1965 im Jonastal durchgeführten Forschungs- und Erkundungsarbeiten erfuhr ich erstmals von den eingelagerten Schätzen in Merkers. Die Sache hat mich damals bereits so interessiert, daß ich auf eigene Faust versuchte, Zeitzeugen ausfindig zu machen. Ich wollte Näheres über die Einlagerung und den späteren Abtransport der Schätze durch die Amerikaner wissen.
Bei meinen Recherchen in Tiefenort stieß ich auf Herrn Großkopf, der in Kaiseroda einen Förderkorb bedienen mußte, mit dem die Schätze ans Tageslicht gebracht wurden. Er erzählte mir folgendes: „Ich wurde kurze Zeit nach Besetzung Tiefenorts durch die Amerikaner durch bewaffnete Soldaten an einem Abend von zu Hause abgeholt. Ich wurde auf's Werkgelände gebracht und dort von einem Offizier erwartet, der mir in verständlicher Sprache erklärte, daß ich einen Sonderauftrag der amerikanischen Armee auszuführen und über diesen Stillschweigen zu bewahren hätte. Ich müßte ständig verfügbar sein und stünde unter dem Schutz amerikanischer Militärs. Ganz wohl war mir bei dieser Sache nicht, da ich ja wußte, daß nicht weit von Merkers entfernt noch gekämpft wurde. Ich erhielt, ebenso wie einige meiner Kollegen, einen Sonderausweis und auch Büchsenverpflegung. Als Fördermaschinist mußte ich den Förderkorb bedienen, mit dem Offiziere und Soldaten in den folgenden Tagen ständig aus und einfuhren. An einem Tag waren auch ganz hohe amerikanische Generale da, die in die Grube einfuhren und sich in der Tiefe einige Stunden aufhielten. Unter den Kumpels hatte sich schon herumgesprochen, daß die Amerikaner große Schätze gefunden hätten. In der Nähe des Maschinenraumes standen Soldaten mit Maschinenpistolen, die das Gelände ständig beobachteten. Außerhalb des Werkes waren mehrere Panzerwagen zu sehen. Ich konnte mehrfach

feststellen, daß Offiziere oder Soldaten beim Verlassen des Bergwerkes Sachen mitnahmen. In einem Fall habe ich ganze Bündel Geld gesehen, die ein hoher Offizier in den Händen hielt. Wieder einige Tage später begann dann schlagartig der Abtransport der Sachen aus der Grube. Der Förderkorb war ständig in Bewegung. Es wurden schwere Säcke, Kisten und Bilder nach oben gebracht. Da ich mich mit einem weiteren Maschinisten in die Arbeit teilen mußte, habe ich nicht alles gesehen. Ich kann mich noch daran erinnern, daß ein Sack aufgegangen war, in dem sich viele Goldmünzen befanden, die lagen dann auf dem Boden herum und wurden von Soldaten wieder eingesammelt.
Später habe ich mich mit meinen Kumpels, die ebenfalls im Einsatz waren, unterhalten. Jeder wußte etwas zu berichten. Es wurde auch erzählt, daß die Nationalsozialisten in den Schachtanlagen Springen und Dietlas ebenfalls wertvolle Sachen versteckt hätten, so u. a. Bestände des Staatsarchivs Meiningen und des Goethe-Nationalmuseums, vermutlich auch Teile aus anderen Städten (Bremen, Lübeck, Rostock), die den Amerikanern in die Hände gefallen waren."

Diese Angaben haben sich tatsächlich bestätigt. In den Kalischächten unweit von Merkers wurden eingelagert: in Dietlas Bestände des Staatsarchivs Meiningen, in der Grube Springen (früher „Heiligenroda") Kirchenbücher und sakrale Gegenstände ostpreußischer Pfarrämter sowie Handschriften und Musikalien der Landesbibliothek Marburg, ebenfalls in Dietlas wichtige Sachen und Unterlagen des Goethe-Nationalmuseums. Zur Einlagerung in die Grube Alexandershall bei Dippach stand ein Güterzug, bestehend aus 44 Waggons bereit, der mit Porzellan, wahrscheinlich der Königlich-Preußischen Porzellanmanufaktur, gefüllt war. Dieser Zug wurde beschossen und ging in Flammen auf. Die Leute aus Dippach und umliegenden Orte sollen sich dann das geholt haben, was noch heil geblieben ist.

In die Schächte der Heeresmunitionsanstalt Bernterode wurden die Särge der Preußenkönige Friedrich-Wilhelm I. und Friedrich II. sowie Hindenburgs und seiner Ehefrau neben

unschätzbaren Kunstwerken und Kriegserinnerungsstücke gebracht.
Die Staatliche Verwaltung Schlösser und Gärten hatte umfangreiche Bestände ihrer sehr wertvollen Kunst- und Kulturgüter ebenfalls nach Thüringen verlagert.
Depots waren u. a. angelegt worden in Schwarzburg, Weißensee, Friedrichswerth bei Behringen, Weidmannheil bei Saaldorf, Schloß Molsdorf und in der Veste Heldburg. Auch im südlichen Harzrandgebiet und im Kyffhäusergebirge befanden sich unterirdische Objekte mit Schatzeinlagerungen. Gold und Juwelen hatte der Staatssekretär Fritz Reinhardt in Stützerbach bei Geschwenda deponiert. Auf der Wachsenburg lagerten große Teile der Weimarer Kunstsammlungen, die wertmäßig nicht einzuschätzen sind. Die Liste ließe sich beliebig fortsetzen und könnte noch ergänzt werden um Hunderte von Depotstellen, in denen Sachen des täglichen Lebens angehäuft waren, die der Bevölkerung so sehr fehlten.
Am Ende des Zweiten Weltkrieges und in den Nachkriegswirren sind Kunstwerke mit Weltgeltung spurlos verschwunden. Es handelte sich dabei um Sachen, die die Führungsgremien des Dritten Reiches in den besetzten Ländern Europas zusammengeraubt hatten. Jedoch auch die deutschen Museen erlitten einen Aderlaß sondergleichen, da am Ende des Krieges große Teile des Museumsgutes als verschollen geführt werden mußten. Darunter befinden sich allein 8000 Gemälde. Es muß jedoch auch festgestellt werden, daß sich dei Siegermächte schadlos gehalten haben. Kaum eine Bestandsliste stimmt. In vielen Fällen fehlen die Unterlagen überhaupt. Auf Kunst- und Antiquitätenmärkten tauchten nach dem Kriege Sachen auf, die als verschollen oder vernichtet galten. In den letzten Jahren haben spektakuläre Entdeckungen unschätzbaren deutschen Kulturgutes in Amerika und in der ehemaligen Sowjetunion kontroverse Diskussionen ausgelöst. Zu den wiederentdeckten Kunstschätzen gehört der Quedlinburger Domschatz ebenso wie der Schatz des Priamos, von gewaltigen Biliothekbeständen ganz zu schweigen.

Intensive Nachforschungen in Thüringen, denen ein eingehendes Akten- und Archivstudium vorausgehen muß, werden sicher in den nächsten Jahren zu Erfolgen beim Auffinden verschollener Kunst- und Kulturgüter führen.
Seit dem Erscheinen der ersten Auflage meines Buches sind inzwischen etwa 5 Jahre vergangen. Bis heute wurde die Öffentlichkeit mit immer neuen Enthüllungen über den Verbleib eines millardenschweren Goldschatzes, den die Nazis den einst Besiegten raubten oder aber der Verbringung kaum zu erfassender Kunstschätze und Gold, daß die Alliierten ihrerseits als „Beutegut" aus Deutschland fortschafften, geschockt.
Erst jetzt wird eigentlich so richtig klar, daß z. B. die Schweiz als wichtigster Bundespartner der Nazis bei Geldgeschäften fungierte, wodurch die Führung des Dritten Reiches in die Lage versetzt war, u. a. über Portugal und Spanien Rüstungsgüter aus der ganzen Welt einkaufen zu können.
Am 25. Mai 1946 war in Washington ein Abkommen unterzeichnet worden, in dem die Schweiz sich gegenüber den USA und Großbritannien verpflichtete, das hier eingelagerte Nazivermögen nach heutigem Wert etwa sieben Millarden Dollar und 250 Millionen Schweizer Franken in Gold an diese Länder zu zahlen. Die Schweizer Banken verstanden es jedoch, die Herausgabe der Nazieinlagen abzublocken.
Inzwischen sind in den USA auch die Namen und Bankauszüge Hunderter von den Nazis ermordeten Juden entdeckt worden, die ihr Geld Schweizer Banken anvertraut hatten. Offensichtlich wurde hier ein doppeltes Spiel betrieben. Vor einigen Wochen hatte das russische Parlament ein Gesetz verabschiedet, das die nach dem Zweiten Weltkrieg in die Sowjetunion gebrachte Beutekunst grundsätzlich zum Eigentum Rußlands erklärte.
In Bonn wird davon ausgegangen, daß noch immer etwa 200 000 Museumsobjekte, zwei Millionen Bücher und unersetzbares Archivgut alleine in Rußland gelagert sind. Darunter befinden sich auch viele unschätzbare Kunstobjekte Thüringe Schlösser und Museen.

Das Bernsteinzimmer in Thüringen?

Unter der Herrschaft Peter I. (1672–1725), er erhielt später den Beinamen „der Große", war in der damaligen Zeit mit Rußland eine europäische Großmacht entstanden. Mit dem Sieg über die Schweden bei Poltawa im Jahre 1709 beendete Rußland im Nordischen Krieg die schwedische Vormachtstellung im Ostseeraum.

Bei einem Besuch des russischen Zaren 1716 in Preußen erhielt dieser vom Preußenkönig Friedrich Wilhelm I. das Bernsteinzimmer zum Geschenk. Schon damals gab es kaum einen Zweifel darüber, daß Friedrich Wilhelm I. mit dieser Schenkung eindeutige politische Interessen verfolgte. Er war im Spannungsfeld mit mächtigen Gegnern, insbesondere mit Schweden, auf einen starken Verbündeten angewiesen.

Das Geschenk des Preußenkönigs erreichte 1717 als Schiffsfracht den Ostseehafen Memel. In 18 großen Kisten verpackte Teile des Bernsteinzimmers wurden auf dem Landweg bis nach St. Petersburg und von dort in das Winterhaus des Zaren gebracht.

Auch der Sohn und Nachfolger Friedrich Wilhelm I., Friedrich II. (1712–1786), setzte die Tradition seines Vaters fort. Er schenkte der russischen Kaiserin im Jahre 1745 einen Wandspiegelrahmen, der aus einmaligen Bernsteinschnitzereien bestand.

Allegorische Darstellungen, die die militärische Macht Rußlands symbolisieren, vervollständigten diese Schnitzarbeiten. Im Jahre 1755 wurde das erneut zerlegte Bernsteinzimmer, inzwischen schon als einmaliges Kunstwerk über die Grenzen Europas hinaus bekannt geworden, in die Sommerresidenz der Zaren, nach Zarskoje Selo, gebracht. Dort sollte es in einem eigens dafür hergerichteten Raum Glanz und Gloria der russischen Herrscher manifestieren. Das Bernsteinzimmer wurde durch geschliffene Spiegel und mit Gold verzierte Tische erweitert.

Der Raum, in dem das Bernsteinzimmer aufgestellt wurde, besaß eine Größe von etwa 10 x 10 Metern. Die Höhe der

Wände betrug 6 Meter, während die Bernsteinvertäfelung nur 4,75 Meter maß.
Russische Bernsteinschnitzer stellten deshalb weitere Mosaikfelder her und fügten die Bernsteinarbeiten so zusammen, daß der Prunksaal harmonisch ausgefüllt war. Der bereits beschriebene Bernsteinrahmen Friedrichs II., das Geschenk an die Kaiserin Elisabeth, wurde in die Gestaltung mit einbezogen. Vitrinen mit Schachfiguren, Schnitzereien, Tabakdosen u. a. zogen den Blick auf sich und erhöhten die Ausstrahlung des Zimmers, in dessen Mitte eine von dem Bildhauer Christian Daniel Rauch geschaffene Nachbildung seines Reiterstandbildes von Friedrich II. aufgestellt war.
Besucher des 18. Jahrhunderts brachten es auf einen Nenner, wenn sie vom Bernsteinzimmer als dem „achten Weltwunder“ sprachen.
Die Wirren der Oktoberrevolution 1917 in Rußland und den Machtantritt der Bolschewiki überstand das Bernsteinzimmer fast unbeschadet. Lenin soll sich persönlich für dessen Erhalt eingesetzt haben. Rotarmisten schützten das Bernsteinzimmer vor Beschädigungen und Plünderungen.
Das Bernsteinzimmer war dann bis zum Kriegsausbruch 1941 Mittelpunkt eines Museumskomplexes des ehemaligen Jekaterinenpalastes in der Stadt Puschkin bei Leningrad, die ursprünglich den Namen Zarskoje Selo trug.
Mit dem Näherkommen der Front wurden mehr als 20 000 Kunstgegenstände verpackt, wozu auch Stücke aus dem Bernsteinzimmer gehörten. Sie wurden in der Isaak-Kathedrale in Leningrad deponiert.
Um sie den Deutschen nicht in die Hände fallen zu lassen, wurden die Museumsgüter bei beginnenden Kampfhandlungen in unmittelbarer Frontnähe über den zugefrorenen Onegasee nach Osten verbracht. Vom Bernsteinzimmer blieben die mit Gips beschichteten Tafeln der abgedeckten Wandverkleidungen des Zimmers, insbesondere bestehend aus den wertvollen Mosaikarbeiten, im Schlosse. Nach der Einnahme von Puschkin durch die deutsche Wehrmacht nahm die geheimnisvolle Geschichte des Bernsteinzimmers ihren Ausgangspunkt, deren Spuren auch nach Thüringen führen.

Wehrmachtsangehörige montierten unter Aufsicht von zwei Kunstsachverständigen die verbliebenen Wandverkleidungen ab. Es gilt heute als sicher, daß der Ausbau des Bernsteinzimmers von langer Hand vorbereitet war.
Die oberen Friese und die Spiegelflächen wurden nicht mit verpackt, während die kostbaren Wandverkleidungen in Kisten und auf LKW's verstaut, auf Weisung des Gauleiters Koch, mit weiteren Kunstschätzen und einigen Sammlungen Katharina II., nach Königsberg verbracht wurden. Hier erfolgte der Einbau des Bernsteinzimmers in einem eigens vorbereiteten Raum des Königsberger Schlosses, der jedoch nicht die Ausmaße des Bernsteinsaales von Puschkin besaß.
Den Einbau des Bernsteinzimmers im Königsberger Schloß leitete der Direktor des Preußischen Museums für bildende Kunst, der bekannte Kunsthistoriker Dr. Alfred Rohde, Kurator der weltberühmten Königsberger Bernsteinsammlung. Dr. Rohde hatte sich über die Grenzen Deutschlands hinaus als Spezialist und Fachexperte in Sachen Bernstein einen Namen gemacht. Er selbst prüfte das Raubgut und legte die Maßstäbe seines Wiederaufbaues im Königsberger Schloß fest. Im Sommer 1943 wurde das Bernsteinzimmer in Königsberg zur Besichtigung freigegeben. Die nationalsozialistische Propaganda unternahm alles, um die Verbringung des Bernsteinzimmers nach Königsberg als einen humanen Akt der Rettung von Kulturgut aus vorderster Feuerlinie darzustellen.
Die Freude der braunen Machthaber währte jedoch nicht lange. Der schreckliche Krieg verschonte auch Königsberg nicht. Mehrere Angriffe der britischen Luftwaffe verwüsteten die Stadt und beschädigten das Schloß schwer. Die von Dr. Rohde getroffene Luftschutzvorsorge für wichtige Kunst- und Kulturgüter, wozu auch das Bernsteinzimmer gehörte, ermöglichte zumindest deren zeitweiligen Schutz vor Zerstörung. In Kisten verpackt, wurde das Bernsteinzimmer in die Kellerräume des Nordflügels des Schlosses, wo sich die Gaststätte „Blutgericht" befand, gebracht. Hier verlor sich seine Spur.

Am 12. Januar 1945 meldete Dr. Rohde dem städtischen Kulturamt, daß er dabei sei, das Bernsteinzimmer in Kisten zu verpacken, damit es auf den Transport geschickt werden könne.
Mindestens 25 große Kisten sollen wenige Tage später auf dem Schloßhof gestanden haben. Ob sich in ihnen wirklich das zerlegte Bernsteinzimmer befand, ist jedoch ungewiß. Es gibt Zeugenaussagen, auch die des Besitzers des Gasthofes „Blutgericht" gehört dazu, die belegen, daß sich Anfang März 1945 das Bernsteinzimmer noch im Schlosse befand. Bedingt durch die im Januar 1945 begonnenen sowjetischen Großoffensive gab es nur noch wenige Möglichkeiten, umfangreiche Kunstsammlungen auf dem Landwege nach Mitteldeutschland zu transportieren. Unübersehbare Massen von Flüchtlingen und zurückgehende Truppen verstopften Straßen und Zufahrtswege. So blieb als wichtigster Verkehrsstrang nach außen, zumindest bis zum 26. Feburar 1945, der Seeweg. Nachweisbar hat der Kreuzer „Emden", auf Befehl Hitlers hin, Museumsgüter transportiert. In der Nacht vom 22. zum 23. Januar 1945 wurde das Schiff mit den Särgen der Hindenburgs beladen. Außerdem sollen über 500 Kisten an Bord gebracht worden sein. Die Särge sowie eine größere Anzahl der Kisten wurden im Hafen von Pillau auf das große Passagierschiff „Pretoria" umgeladen. Dieses Schiff war zwei Tage später in Stettin, während die „Emden" am 6. Februar 1945 Kiel anlief, wo sie kurze Zeit später bei einem Luftangriff versenkt wurde. Ob sich das Bernsteinzimmer unter den beschriebenen Kisten befand, ist mehr als fraglich.
Der in polnischer Haft gestorbene Gauleiter Koch hat lange nach dem Kriege noch ausgesagt, daß das Bernsteinzimmer neben anderen Kunst- und Kulturgütern aus Königsberg fortgeschafft worden sei, wohin wisse er nicht.
Bis heute ist das Verschwinden des Bernsteinzimmers ein völlig unklarer Tatbestand. Drei Möglichkeiten wurden geprüft: seine Verbrennung, der Verbleib in Königsberg und der Abtransport in das deutsche Restreich. Da bereits beschriebene Zeugenaussagen eine Vernichtung des Bernsteinzimmers durch Verbrennen als recht unwahrscheinlich er-

scheinen lassen, bleiben die erwähnten anderen beiden Möglichkeiten. Immerhin läßt sich nicht ausschließen, daß noch im Februar 1945 ein Abtransport auf dem Landwege erfolgt sein könnte. Am 19. Februar begannen nämlich deutsche Truppen eine Gegenoffensive mit dem Ziel der Herstellung der Landverbindung zwischen Königsberg und Pillau. Das gelang auch unter großen Opfern, wodurch die Versorgung der zur Festung erklärten Stadt Königsberg zwischen dem 26. Februar und 7. April 1945 wieder möglich war.

Fast allen nur denkbaren Spuren wurde nachgegangen, um das Bernsteinzimmer zu finden.

Noch vor der bedingungslosen Kapitulation Hitlerdeutschlands suchten Kultur- und Kunstexperten der Sowjetunion im zerstörten Königsberg nach versteckten Museumsgütern, insbesondere nach dem Bernsteinzimmer. Dr. Rohde und seine Ehefrau wurden zu dieser Suche mit herangezogen. Sie starben jedoch beide während dieser Sucharbeiten angeblich an Typhus. Spätere Untersuchungen gehen jedoch von einer Vergiftung aus. Ob sich die Rohdes selbst umgebracht haben oder ermordet wurden, konnte jedoch bislang nicht aufgeklärt werden. Wußte Dr. Rohde vielleicht zu viel? Ich schließe nicht aus, daß das Bernsteinzimmer bereits 1945 in Königsberg gefunden wurde, und daß es sich wie auch andere Kunstschätze mit Weltgeltung in einem geheimgehaltenen Depot in Rußland befindet.

Nur durch die „Indiskretion“ eines russischen Kunsthistorikers kam z. B. heraus, daß der bislang als vermißt geführte Troja-Schatz aus dem Berliner Museumsbesitz in der ehemaligen Sowjetunion versteckt wurde.

Meine eigenen und sehr bescheidenen Nachforschungen haben mich auf eine heiße Spur geführt. In der „Thüringer Volkszeitung“ vom August 1945, Nr. 7, Seite 1, wird unter der Überschrift: „Steuerhinterzieher Göring und Genossen“ wörtlich folgendes mitgeteilt:

„Die TASS-Agentur veröffentlicht soeben eine neue, uns alle erschütternde Meldung. Im Königsberger Schloß werden zur Zeit Ausgrabungen vorgenommen, nicht etwa nach Altertümern, die dort schon seit Jahrhunderten liegen, sondern nach

Thüringer Volkszeitung

Organ der Kommunistischen Partei Deutschlands, Bezirk Thüringen

Nr. 7 | August 1945 | Preis 20 Pf.

Steuerhinterzieher Göring und Genossen

Das Sündenregister der Naziführer - Zur Steuerhinterziehung noch der Raub von Kunstgegenständen

Kommunisten und Bauern

Von W. Ulbricht

Die wichtigste Frage, die das Leben unseres ganzen Volkes betrifft, ist gegenwärtig die Einbringung der Ernte. Entscheidend ist dabei die

Berlin. Wie ein Bericht der Finanzabteilung der amerikanischen Regierung ergibt, haben Nazis in hohen Parteistellungen durch Steuerhinterziehungen große Gewinne erzielt. Sie ließen sich einfach vom Reichfinanzminister Steuerbefreiung gewähren. Alle Mitglieder der Naziregierung hatten ihre Steuern an eine Sonderstelle der Partei in München und nicht an die zuständigen Finanzämter zu überweisen. Auf diese Weise sollten ihre Steuerhinterziehungen geheimgehalten werden. Wer nicht der Parteiführung angehörte, hatte keine Möglichkeit, sich dem höchst wirksamen Steuersystem der Nazis zu entziehen.

gensworte ins Ausland verschoben haben, daß sie Devisen und Goldwerte von unerhörter Höhe in ihrem an Magenerweiterung leidenden Geldstrumpf im Bett versteckt hatten, daß sie nur noch nach Milliarden zu berechnende, im In- und Ausland gestohlene Kunstwerte für sich persönlich auf die Seite gebracht haben.

Die Taß-Agentur veröffentlicht soeben eine neue, uns alle erschütternde Meldung. Im Königsberger Schloß werden zur Zeit Ausgrabungen vorgenommen, nicht etwa nach Altertümern, die dort schon seit Jahrhunderten liegen, sondern nach Kunstgegenständen, die deutsche Heerführer in Rußland gestohlen und dann nach Deutschland verschleppt haben. Der berühmte Bernsteinsalon aus dem Lustschloß in der Nähe von Leningrad befindet sich unter diesen geraubten Gegenständen unzählige wertvollste Gemälde und Ikonen aus russischen Kirchen und unschätzbare Gemälde aus den bekanntesten russischen Gemäldegalerien. In wenigen Wochen werden alle diese geraubten Gegenstände wieder an ihren alten Plätzen eine Freude für unzählige Bewunderer sein.

In Deutschland aber wären diese Kunstgegenstände, selbst nach einem gewonnenen Krieg, niemals der Oeffentlichkeit zugeführt worden, sondern ebenso wie die Kunstschätze aus deutschen Museen und Galerien in den Privatvillen und Schlössern der Herren Minister und Parteiführer verschwunden. Besonders Herr Göring in seiner übertriebenen Prachtliebe war ein Liebhaber für gute alte Meisterwerke der Malerei. Aber auch silberne und goldene Meisterwerke der Kunst wußte er sich auf jede Art und Weise zu verschaffen.

Wir freuen uns ehrlich, daß die Kunsträuber nicht in den Genuß ihres Raubes kommen und daß alle diese Gegenstände wieder in ihre Heimatländer zurückgeführt werden können.

Kunstgegenständen, die deutsche Heerführer in Rußland gestohlen und dann nach Deutschland verschleppt haben. Der berühmte Bernsteinsalon aus dem Lustschloß in der Nähe von Leningrad befindet sich unter diesen geraubten Gegenständen, unzählige wertvollste Gemälde und Ikonen aus russischen Kirchen und unschätzbare Gemälde aus den bekanntesten russischen Gemäldegalerien. In wenigen Wochen werden alle diese geraubten Gegenstände wieder an ihren alten Plätzen eine Freude für unzählige Bewunderer sein. In Deutschland aber wären diese Kunstgegenstände, selbst nach einem gewonnenen Krieg, niemals der Öffentlichkeit zugeführt worden, sondern ebenso wie die Kunstschätze aus deutschen Museen und Galerien in den Privatvillen und Schlössern der Herren Minister und Parteiführer verschwunden. Besonders Herr Göring in seiner übertriebenen Prachtliebe war ein Liebhaber für gute alte Meisterwerke der Malerei. Aber auch silberne und goldene Meisterwerke der Kunst wußte er sich auf jede Art und Weise zu verschaffen. Wir freuen uns ehrlich, daß die Kunsträuber nicht in den Genuß ihres Raubes kommen und daß alle diese Gegenstände wieder in ihre Heimatländer zurückgeführt werden können."

Es drängt sich hier die Frage auf, was wurde bei dieser Aktion gefunden und wo ist es hingekommen? Befand sich das Bernsteinzimmer darunter?

Jedoch auch andere Möglichkeiten ergaben sich. Es ist nicht möglich, allen Hinweisen und Indizien nachzugehen. Polnische Taucher haben selbst im Wrack des im Januar 1945 durch ein sowjetisches U-Boot versenkten Passagierschiffes „Wilhelm Gustloff" allerdings vergeblich nach Kisten mit dem verschollenen Bernsteinzimmer gesucht.

Das Bernsteinzimmer kommt jedoch nicht aus den Schlagzeilen. Ob Rußlands Staatspräsident Boris Jelzin, der 1991 anläßlich seines Deutschlandbesuches in Bonn lapidar verkündete: „Wir wissen, wo das Bernsteinzimmer ist," ein Versteck in Thüringen gemeint hat, ist unklar. Befände es sich in der ehemaligen Sowjetunion oder auf dem Gelände ihrer einstmals in Deutschland stationierten Streitkräfte, würde das vielleicht zu einem weltumspannenden Protest führen,

weil die damalige Sowjetunion den Verlust immer für ihre Propagandazwecke ausgenutzt hat. In diesem Falle wäre das Schweigen von Boris Jelzin zu verurteilen, jedoch verständlich.
Folgt man einer Meldung der russischen Zeitung „Rabotschaja Tribuna", so befindet es sich in einem Bunker auf dem Truppenübungsplatz bei Ohrdruf. Ob damit ein Objekt im Jonastal gemeint ist, bleibt unklar. Immerhin gibt es gesprengte Bunkersysteme auf dem Gelände des Truppenübungsplatzes, die seit der Beendigung des Krieges nicht mehr betreten wurden. Es ist auch nicht auszuschließen, daß Rußlands Präsident Boris Jelzin sich auf die Sensationsmeldung, die kurz vor seinem Besuch in der BRD in der „Rabotschaja Tribuna" erschien, bezog, als er seine Erklärung in Bonn abgab. Auch in diesem Falle hätte man erwarten können, daß es Herr Jelzin angesichts der ungeheuren Bedeutung des Falles nicht bei einer vagen Andeutung beläßt.
KGB-Offiziere hingegen, deren Namen nicht genannt werden, wollen Beweise dafür haben, daß sich das Bernsteinzimmer in einem Bunker bei Ohrdruf befindet.
Schatzsucher aus vieler Herren Länder suchten seit 1991 im Jonastal vergeblich danach. Viele riskierten ihr Leben, indem sie in den verbruchgefährdeten Objekten „Siegfried" und „Jasmin", von Blindgängern bedroht, bohrten und sprengten, weil sie hinter Verschalungen, Schuttkegeln, Gesteinsanhäufungen, ja selbst hinter Felswänden, eine Fortsetzung der unterirdischen Anlagen zu finden hofften. Folgt man den Aussagen von Zeitzeugen, dann muß es im Jonastal tatsächlich noch bisher nicht zugängliche Räumlichkeiten geben. Als mögliche Verstecke für Kunstschätze und das Bernsteinzimmer sind folgende Objekte in Thüringen ins Gespräch gekommen.

1. Gauforum Weimar

Unter der Tarnbezeichnung „Werner" wurde in der Klassikerstadt Weimar ab 1937 auf persönliche Anregung Hitlers

und unter Kontrolle des Gauleiters Sauckel stehend, damit begonnen, einen umfangreichen Komplex nationalsozialistischer Prunkarchitektur mit Gebäuden und Hallen zu errichten. Die NS-Gauleitung sowie die Gliederungen der NSDAP sollten hier ebenso unterkommen wie die Reichsarbeitsfront. Ein Hallenbau war für etwa 16 000 Personen vorgesehen. Die angelegte Freifläche hatte ungeheure Ausmaße und war für große Aufmärsche gedacht. Es versteht sich, daß dieser Monumentalbau riesige Bausummen, von Material ganz zu schweigen, verschlang, die im Krieg dann nicht mehr zur Verfügung standen. 1943 wurden die Arbeiten deshalb eingestellt, um sie, wie lauthals verkündet wurde, nach dem Endsieg abzuschließen. Unterirdisch baute die SS jedoch weiter. Zeugen wollen gesehen haben, daß täglich bis zu 40 Häftlinge mit ihren Bewachern im Untergrund verschwanden. Über tiefergelegene Zufahrtsorte fuhren die LKW's, von Buchenwald kommend, hier ein. Was tatsächlich im Untergrund geschah, weiß keiner. Direkte Zeugen dafür gibt es nicht. Nachweisbar sind jedoch Bausegmente, die mit den vorhandenen Bauplänen nicht identisch sind.
Für die Baumaßnahme zeichnete der SS-Obergruppenführer Dr. Hans Kammler verantwortlich, der ab 1944 Beauftragter des Reichsführers der SS, Himmler, war.
Am 9. Februar 1945 sollen die zusammengeraubten Kunstschätze des Gauleiters von Ostpreußen, Erich Koch, mit dem Bernsteinzimmer in Weimar eingetroffen und im dortigen Thüringer Landesmuseum eingelagert worden sein. Der damalige Direktor des Museums, Dr. Walter Scheidig, hat die einzelnen Stücke der Sammlung registriert. Seinen Angaben zufolge sei der größere Teil der Werte Anfang April auf LKW's mit unbekanntem Ziel abtransportiert worden. Der Wahrheitsgehalt seiner Angaben wird angezweifelt, da es Indizien gibt, die darauf hindeuten, daß die Sammlung tatsächlich in Weimar verblieb. Daß Gauforum und Museum unterirdisch miteinander verbunden waren, spricht einmal mehr dafür. Auch die Sowjetische Militäradministration (SMAD) hat sich nach Übernahme der Klassikerstadt sofort mit dem Gauforum beschäftigt und es sind dort in größerem Umfang

Maurerarbeiten durchgeführt worden. Weshalb und wozu ist unklar. Vielleicht hatte sie Kunstschätze geborgen und wollten Verstecke verdecken bzw. unkenntlich machen. Es wird auch davon gesprochen, daß man nervengasgesicherte Zugänge zu unterirdischen Anlagen vermauert hätte.
Obwohl die nach der Wende betriebene Suche und niedergebrachten Bohrungen ohne greifbaren Erfolg blieben, läßt die riesige Ausdehnung des ehemaligen Gauforums noch andere Möglichkeiten zu, Schätze sicher zu verstecken.

2. Unterirdische Objekte im Jonastal

Im November 1944 begannen nach entsprechenden Planungsarbeiten Baumaßnahmen im Jonastal zwischen Arnstadt und Crawinkel, die zur Sperrung der Landstraße zwischen den beiden Orten führte. Die Arbeiten standen ebenso wie die des Gauforums Weimar unter der direkten Leitung des SS-Obergruppenführers Dr. Kammler.
Zu einem Zeitpunkt, als Deutschland die Ardennen-Offensive an der Westfront 1944 bereits verloren hatte und der Zusammenbruch der Ostfront auch dem letzten Soldaten der Wehrmacht die Aussichtslosigkeit des Endsieges klar vor Augen führte, wurden im Kalkmassiv unter dem Truppenübungsplatz Ohrdruf mit Hochdruck an mehreren Stellen Stollen in den Berg getrieben. Ausgemergelte KZ-Häftlinge des Außenlagers S III des Konzentrationslagers Buchenwald, ständig vom Tode bedroht, mußten diese schweren Arbeiten verrichten. Selbst als die Amerikaner nur noch wenige Kilometer vom Jonastal entfernt standen, ratterten im Berg noch die Bohrgestänge und es wurde gesprengt. Mehrere Zeugen bekundeten die Fertigstellung eines Teils der 25 Hauptstollen mit ihren Abzweigungen. Im Februar und März 1945 kamen Güterzüge auf dem Bahnhof Crawinkel an, vollgestopft mit Kisten und Einrichtungsgegenständen, die mit der Feldbahn oder auf LKW's zu den Objekten im Jonastal transportiert wurden. Hitlers letztes „Hauptquartier" soll mit erlesenen Einrichtungsgegenständen ausgestattet

FREIES WORT

Ausgabe Suhl
Montag, 9. März 1992

Suche nach Nazi-Kunstschätzen in Weimar ergebnislos abgebrochen

Bauschutt statt Bernsteinzimmer

Mythos um ehemaliges Gau-Forum läßt dennoch weitere Fragen offen

Bauschutt, lockeres Erdreich und der Vorstoß in die Leere eines verschlossenen Raumes blieben als Ergebnis einer mit Spannung verfolgten Suche nach eventuellen Kunstschätzen in Weimar. Weder von einstigen Nazi-Größen zusammengeraubte Kulturgüter noch unentdeckte Bunker oder geheimnisvolle Kellerräume habe man bei den am Freitag nachmittag begonnenen Bohrungen an 31 Stellen im Bereich des einstigen Gau-Forums aufspüren können, teilten der Chef der eigens dazu gegründeten interministeriellen Arbeitsgruppe, Dr. Jürgen Seifert, andere Offizielle sowie Vertreter der Weimarer Erkundungsfirma den Medien mit. Und gerade letztere hatte, obwohl durch sehr verhaltene Ankündungen am Vortage schon gebremst, dennoch die Hoffnung auf wenigstens eine kleine Sensation bis dahin nicht aufgegeben.

„Wir haben die absolute Gewißheit, daß sich in diesem Bereich nichts vom Vermuteten befindet. Es gibt hier keine geheimnisvollen Bauwerke, es gibt hier keine geheimnisvoll vergrabenen Kunstschätze, es gibt hier keine Reste der Kochschen Kunstsammlung, und es gibt hier leider schon gar nicht das Bernsteinzimmer", schloß nach den nur einen halben Tag dauernden Sucharbeiten Dr. Seifert für sich und die anderen Beteiligten mit dem Thema in einem Gespräch mit FREIES WORT ab. Aber auch ein negatives Ergebnis sei ein gutes Ergebnis, denn man wisse nun, was man von dem ehemaligen Gau-Forum zu halten habe, meinte Seifert. Der seit Jahrzehnten damit befaßte heutige Rentner und einstige Bauleiter in Weimar, Ernst Stadelmann, und der Historiker und Schriftsteller Wolfgang Schneider haben immer wieder darauf verwiesen, daß hier eventuell Teile der zusammengeraubten Sammlung des einstigen Nazi-Gauleiters von Ostpreußen, Koch, und somit vielleicht auch das seit jenen Tagen ebenso verschollene legendäre Bernsteinzimmer lagern könnten.

Laut Seifert habe man in den meisten Fällen bei den Bohrungen nicht einmal die nach Voruntersuchungen vermuteten Hohlräume gefunden. Meist handle es sich um Auffüllungen aus der Bauzeit, die 1937 begann und 1943 aus Kriegsgründen eingestellt worden war. Das seien Bauschutt, Erdreich und anderes Material gewesen. Lediglich einen freien Raum habe man entdeckt, und zwar in einem Kellergeschoß, von drei Seiten umgehbar und an der vierten Seite mit einer Außenwand. Er sei völlig leer gewesen.

Fragen bleiben auch nach den vergeblichen Bemühungen Stadelmanns noch bis Samstag früh, bei den Expertenteams doch noch die unterlassene Untersuchung der Nordost-Ecke des Gau-Forums zu erwirken. Gerade in diesem Bereich hatte er einige seiner größten Erwartungen gesetzt. Noch Anfang der 50er Jahre seien hier bei einem drei Etagen tiefen Lastenaufzugsschacht vermauerte Eingänge ins Gelände der Freifläche sichtbar gewesen. Ende 1953 habe jedoch plötzlich ein Bautrupp diese unterirdischen Zufahrten mit Stahlplatten verschweißt und mit Beton vergossen.

Michael Best

gewesen sein. Tatsächlich waren Baustelle und Stollen bis November 1945 noch zugänglich. Eine Arnstädter Baufirma kartierte und fotografierte die unterirdischen Anlagen. Die Unterlagen befinden sich im Buchenwaldarchiv. Erst danach sollen alle Zugänge und Teilbereiche der Anlagen gesprengt worden sein. Und doch wird das Bernsteinzimmer in der Tiefe der Kalkfelsen vermutet.
Alle begehbaren Stollen habe ich selbst erkundet. Es gibt heute keine Anhaltspunkte mehr für komplett fertiggestellte Streckenabschnitte.
Wenn das Bernsteinzimmer sich im Jonastal befindet, dann mit an Wahrscheinlichkeit grenzender Sicherheit nicht in den bekannten Anlagen, die in den vergangenen Jahren viele Schatzsucher anlockten.
Der geheimnisvolle Funkspruch eines SS-Sturmbannführers, Anfang April 1945 abgesetzt, räumt die Möglichkeit durchaus ein, daß nach der Einlagerung des Bernsteinzimmers in eine unterirdische Anlage die Zugänge gesprengt und getarnt wurden.

3. Schloß Reinhardsbrunn bei Friedrichroda oder Umgebung (Bergwerk/Gewölbekeller)

Das Jagdschloß Reinhardsbrunn wurde ab 1. Februar 1945 an die Reichskanzlei vermietet. Die Miete wurde bis Juni 1945 im voraus bezahlt. Das Schloß wurde als Objekt zur Aufnahme von Führungsstäben der Reichskanzlei vorgesehen. In Vorbereitung auf diese Maßnahme wurde das Schloß und die Umgebung im November 1944 vom Reichsführer der SS, Heinrich Himmler, SS-Gruppenführer Dr. Ing. Hans Kammler und dem Kommandanten des Führerhauptquartiers Oberst Gustav Streve, eingehend besichtigt.
Anfang Februar 1945 wurde eine größere Anzahl Kisten im Schloß Reinhardsbrunn eingelagert. Die aus Königsberg stammenden Kisten wurden im Bogengang unter dem Ahnensaal abgestellt. Zeugenaussagen zufolge wurde der Durchgang mit den Kisten nur provisorisch gesichert. Dieser Um-

Das Bernsteinzimmer im Katarinen-Palais in Petersburg, dem damaligen Leningrad.

Objekt „Siegfried" im Jonastal, wo nach dem Bernsteinzimmer gesucht wurde.

stand spricht für eine Zwischenlagerung und baldigen Weitertransport.
Daß sich in den Kisten das Bernsteinzimmer befunden haben soll, wird aus der Tatsache abgeleitet, daß noch längere Zeit nach deren Abtransport zertretener Bernstein zwischen den Fugen des Kopfsteinpflasters zu finden war. Exakte Daten des An- und Abtransportes der Kisten sind nicht zu ermitteln. Es wurden Zeiten zwischen zwei Wochen und zwei Monaten angegeben.
Als das Schloß am 5. April 1945 beim Heranrücken der Amerikaner geräumt wurde, waren die Kisten auch verschwunden. Wohin sie gebracht wurden, ist unbekannt. Es kann nicht ausgeschlossen werden, daß ihre Einlagerung in ein vorbereitetes Bergwerk bei Friedrichroda erfolgte.

4. Seeberggebiet bei Gotha

Im Seeberggebiet bei Gotha, in unmittelbarer Nähe der Autobahnabfahrt, befinden sich unterirdische Steinbrüche mit zum Teil riesigen Ausmaßen. Ich habe mich selbst davon überzeugen können, daß das weitverzweigte Abbausystem auch Strecken aufweist, die unter Wasser stehen. Reste militärischen Gutes der Wehrmacht, der Sowjetarmee sowie der Nationalen Volksarmee bezeugen deren Anwesenheit in den unterirdischen Anlagen.
Ein sowjetischer Kulturoffizier hatte mir den Tip gegeben, daß in den unterirdischen Steinbrüchen des Seeberggebietes zwischen Gotha und Töpfleben in den letzten Tagen des Krieges Kulturgut durch die Nationalsozialisten versteckt worden sein soll. In Offizierskreisen wurde im Zusammenhang damit stehend auch das Bernsteinzimmer erwähnt. Die Russen sollen hier mehrfach danach gesucht haben. Ob etwas gefunden wurde, ist unbekannt. Personen, die sich in der Nähe aufgehalten haben, wollen den Abtransport von Gegenständen gesehen haben, die sich auf LKW's befanden und mit Planen abgedeckt waren.

„Mühlburg" bei Ohrdruf, Fundstelle eines Schatzes aus der Zeit der Dritten Reiches im Jahre 1988

Schloß „Reinhardsbrunn" bei Friedrichroda – Geheimobjekt der Reichskanzlei und Depot zur Lagerung von Schätzen

Verkehrstechnisch sind die unterirdischen Steinbrüche sowohl über die Autobahn in Richtung Gotha oder von Gotha selbst aus gut zu erreichen. Sie bieten maximalen Schutz vor Zerstörung aus der Luft und Eingriffen vom Land her. Außerdem lassen sich die Zugänge gut tarnen. An zwei Stellen zeichnen sich im Gelände Bereiche ab, wo sich Zugänge befanden, die verstürzt sind bzw. verschlossen wurden.

5. Waldgebiet bei Ilmenau

In seinem Buch „Bernsteinzimmer-Report" schreibt Paul Enke über die Befragung eines Zeugen, der für den deutschen Geheimdienst tätig gewesen sein will, daß das Bernsteinzimmer ursprünglich nach Schneeberg im Erzgebirge gebracht werden sollte, dann jedoch mit einem Eisenbahntransport nach Ilmenau geschafft wurde. Hier wurden die Fahrzeuge abgeladen und in einem Waldgebiet zwischen Ilmenau und Schleusingen stationiert, wo sich ihre Spur verliert. Anderen Angaben zufolge befindet sich das Bernsteinzimmer in dem Stollen eines alten Bergwerkes im Sophiental bei Ilmenau, dessen Zugang die SS gesprengt haben soll.
Zeitzeugen wissen über geheime Transporte zu berichten, die mit wertvoller Fracht zwischen Ilmenau und Schleusingen verschwunden sind.
Tatsächlich ist die Suche nach dem Bernsteinzimmer zu einer zeit- und geldaufwendigen Phantomjagd geworden. Neben den mutmaßlichen Fundpunkten in Thüringen gibt es mindestens zwanzig weitere Fundvermutungen im In- und Ausland.
Schon sehr oft und über Jahrzehnte hin glaubten Schatzsucher, aber auch ernsthaft forschende Wissenschaftler, am Ziel ihrer Wünsche zu sein. Immer gab es jedoch ein nüchternes Erwachen, da sich wieder eine Fundhoffnung zerschlagen hatte.

6. Gehren und Pennewitz

Hinweise aus der Bevölkerung, daß streng bewachte LKW-Transporte in den letzten Kriegstagen Ilmenau in Richtung Gehren-Königsee verlassen haben und in einem Waldgebiet bei Pennewitz Kisten abgeladen wurden, waren meine ersten Anhaltspunkte für mögliche Verstecke. Weitere Hinweise ergeben sich aus einer Karte des Thüringischen Wirtschaftsministeriums Weimar für das Gebiet Königsee unter der Bezeichnung V/88a-IV bezogen auf einen Geländeabschnitt zwischen Gillersdorf und Gehren sowie Pennewitz. Das Kartenwerk wurde im Nachlaß eines ehemaligen Wehrmachtsoffiziers, der zu einer Kampfeinheit im beschriebenen Gebiet gehörte, gefunden.

7. Unter dem Truppenübungsplatz Ohrdruf

Von russischer Seite gab es den Hinweis, daß das Bernsteinzimmer in einer verschlossenen Bunkeranlage unterhalb des Truppenübungsplatzes Ohrdruf eingelagert sei. Entsprechende Recherchen und die Auswertung von Zeugenaussagen lassen vermuten, daß es sich hierbei um die bislang vergeblich gesuchten Stollen 26 - 31 im Jonastal handeln könnte. Ob diese wirklich existieren oder sich im Einzugsbereich der bislang bekannten unterirdischen Anlagen weitere nicht begehbare Objekte befinden, muß allerdings offen bleiben.

Jüngste Vermutungen gehen von einer eventuellen Einlagerung des Bernsteinzimmers im Umfeld der Anlage „Burg“ im Großraum Jonastal aus.

Atomreaktorlabor Stadtilm

Es sieht unscheinbar aus, das alte Schulgebäude hinter dem Rathaus von Stadtilm. Kaum zu glauben, daß in den alten Gemäuern dieses Gebäudes ein Stück deutsche Geschichte geschrieben wurde.
Im Kellergewölbe der alten Mälzerei, die sich unter der Schule befand, wurde ein Atomreaktor eingerichtet, in dem man bereits 1943 experimentiert haben soll. Die sich häufenden Bombenangriffe auf Großstädte machte eine Evakuierung des Reaktorlabors aus Berlin in ein weniger gefährdetes Gebiet erforderlich. Daß dabei Stadtilm ins Auge gefaßt wurde, entsprach der offensichtlich seit langer Zeit angedachten Planung, im mitteldeutschen Raum, in Thüringen, einen sicheren Unterschlupf zu finden, um in Ruhe und Abgeschiedenheit weitere Laborversuche durchführen zu können.
Obwohl aus meiner Sicht der Zeitpunkt der Einrichtung des Labors unklar ist, lassen es die gegebenen Fakten zu, sich ein Bild davon zu machen.
Neben Stadtilm gab es weitere Laboratorien in Ilmenau, unweit von Stadtilm, südlich von Stuttgart sowie in dem Ort Haigerloch bei Hechingen/Hohenzollern. Aus einem geheimen Papier zu einer Vortragsfolge der 2. Wissenschaftlichen Tagung der Arbeitsgemeinschaft Kernphysik (Reichsforschungsrat – Heereswaffenamt) vom 26. 2. 1942 ergibt sich, daß z. B. Prof. Dr. Schumann über die Thematik „Kernphysik als Waffe" sprach. Weitere Beiträge beschäftigten sich u. a. mit der Anreicherung von Uranisotopen und der Gewinnung von schwerem Wasser.
Ab 1942 hat Hitler aus den okkupierten europäischen Staaten verstärkt die für die Urangewinnung erforderlichen Rohstoffe zusammentragen lassen. Dieses Rohstoffbeschaffungsprogramm unterstand unmittelbar dem Reichswirtschaftsminister und Reichsbankpräsidenten Walter Funk, der auch für die Einlagerung der deutschen Goldreserven in den Schachtanlagen von Kaiseroda bei Bad Salzungen verantwortlich zeichnete. Das streng geheime Vorhaben der deutschen Rü-

stungsindustrie, der Experimentierung mit Uranpräparaten und schwerem Wasser, war dem amerikanischen Geheimdienst nicht verborgen geblieben.
Im Auftrag des amerikanischen Geheimdienst-Generals Leslie R. Groves hatte der Physikprofessor Dr. Samuel Goudsmit den Stand der deutschen Atombombenentwicklung einer gründlichen Untersuchung zu unterziehen. Er kam in seinem Buch „Alsos" zu der Feststellung, daß die Bedeutung der Atomwaffe und die dafür erforderliche industrielle Beteiligung von den Deutschen nicht erkannt wurde.
Es ist nachgewiesen, daß mehrere Gruppen von deutschen Wissenschaftlern unabhängig voneinander und nicht konzentriert experimentierten. Diese Tatsache ergibt sich u. a. daraus, daß die Laborgeräte und Reaktoren, die in Haigerloch gefunden wurden, im Aufbau nicht mit denen identisch waren, die den Amerikanern im Atomreaktorlabor Stadtilm in die Hände fielen. Hinzu kommt, daß nicht näher bekannte Forschungsarbeiten zur Entwicklung der Kernwaffen im Auftrag der nationalsozialistischen Führung außerhalb von Deutschland betrieben wurden. Als die amerikanischen Truppen im Physikalischen Institut in Strasbourg wichtige geheime Unterlagen über die deutsche Rüstung fanden, erhielten sie auch exakte Kenntnisse darüber, wo und in welchem Umfang deutsche Wissenschaftler sich mit der Kernspaltung beschäftigten. Dazu gehörten auch weitergehende Informationen über das Atomreaktorlabor Stadtilm.
Prof. Dr. Goudsmit schreibt später über dieses Geheimlabor, das er selbst besichtigte, daß es das erste deutsche Uran-Reaktorlabor war, das gefunden wurde. Es war in einem Keller untergebracht, der einer Höhle ähnlich sah und bombensicher erschien. Hier wurden auch deutsche Physiker mit ihren Familien angetroffen. Prof. Goudsmit konnte sich auch an einen Block aus Paraffin sowie Gegenstände erinnern, die wie Briketts aussahen, schwarz und schwer waren. Letztere waren offensichtlich Blöcke von gepreßtem Uran-Oxyd, die in größerer Zahl sichergestellt wurden.
Bereits 1939 hatte eine Gruppe deutscher Wissenschaftler um Prof. Dr. Paul Harteck der Wehrmachtsführung eine Denk-

schrift übergeben, die die Möglichkeit der Herstellung von „Uran-Bomben“ zum Inhalt hatte. Bis in die letzten Tage des Zweiten Weltkrieges wurde daran gearbeitet, unter Ausnutzung des schweren Wassers, mit Hilfe einer speziellen Zentrifugationsmethode, die Scheidung von Uran 235 zu erreichen.

In Stadtilm experimentierte eine zehnköpfige Wissenschaftlergruppe, die unter Leitung von Dr. Kurt Diebner stand. Obwohl es sehr fraglich ist, ob den deutschen Wissenschaftlern bis zum Kriegsende der Bau eines funktionstüchtigen Reaktors gelang, sollen die Laborversuche in Stadtilm Prof. Dr. Werner Heisenberg sehr beeindruckt haben. Im Januar 1945 hat Dr. Diebner nach Auflösung des Labors im Kaiser-Wilhelm-Institut Berlin-Dahlem die letzte Materiallieferung erhalten. Die Geschichte des Reaktorlabors Stadtilm ist eingebettet in die während des Dritten Reiches betriebene Gesamtforschung der Arbeiten zur Atomkernspaltung. Unklare Kenntnisse der Alliierten darüber lösten Ängste vor einem deutschen Atomkrieg aus, der sie zu Gegenmaßnahmen veranlaßte.

Anfang November 1943 hatte die britische Luftaufklärung ungewöhnliche Konstruktionen an der französischen Küste wahrgenommen. Es handelte sich dabei um langgestreckte ansteigende Rampen, die kurze Zeit später auch in Peenemünde festgestellt wurden. Damit bestätigte sich die bereits Monate zuvor vom britischen Geheimdienst geäußerten Vermutungen, daß die Deutschen Abschußrampen für Raketen bauen. Man mußte sich die Frage stellen, welche Nutzlast diese Raketen zu transportieren hatten. Es wurde nicht ausgeschlossen, daß die Deutschen in der Lage seien, ihre Raketen mit Atomsprengköpfen auszustatten. Als weitere schreckliche Möglichkeit wurde in Erwägung gezogen, daß sie ebensogut Giftgase und biologische Kampfstoffe transportieren könnten. Die Sicherheitsdienste empfahlen deshalb, daß sich Präsident Roosevelt keinesfalls mit Churchill in London treffen solle, da befürchtet wurde, die Stadt könnte bei einem Atombombenangriff zerstört und die beiden Politiker getötet werden.

Im März 1944 wendete sich General Groves an General Marshall mit der Bitte, den Oberkommandierenden der alliierten Streitkräfte, Eisenhower, auf die Gefahren hinzuweisen, daß er bei seinem Vorstoß in die Normandie mit radioaktiven Kampfstoffen angegriffen werden könne. Die deutschen Raketen wurden als Trägerwaffen für den Einsatz einer Strahlenbombe angesehen. Als am Abend des 3. Juni 1944 die erste Flugbombe in London einschlug, untersuchten der bekannte amerikanische Wissenschaftler Samuel Goudsmit und sein britischer Kollege Gy Stever den Bombentrichter mit einem Geigerzähler auf Spuren von Radioaktivität hin. Sie waren erleichtert über die Feststellung, daß die Flugbombe nur ganz gewöhnlichen Sprengstoff enthielt.
Die Angst vor dem Einsatz einer Atombombe durch die Deutschen beherrschte die alliierten Militärs jedoch noch bis zum Kriegsende. Zur Einleitung von Abwehrmaßnahmen wurde schließlich das Alsos-Kommando gebildet, das mit Sondervollmachten ausgestattet die Aufgabe hatte, sich beim Vorstoß der amerikanischen Truppen schlagartig in den Besitz der wissenschaftlichen Unterlagen zu bringen, die mit der Kernforschung des Dritten Reiches im Zusammenhang stehen. Zu diesem Zwecke sollten auch die deutschen Wissenschaftler festgesetzt und verhört werden. Dem amerikanischen Spezialisten Goudsmit wurde die wissenschaftliche Leitung des „Alsos-Kommandos" übertragen, während als Chef der Geheimdienstoffizier, Colonel Boris T. Pash, eingesetzt wurde.
Auf Grund der vorliegenden geheimdienstlichen Ermittlungen konzentrierte sich das „Alsos-Kommando" auf die in Haigerloch und Hechingen arbeitende deutsche Wissenschaftlergruppe unter dem weltweit bekannten Physiker Werner Heisenberg (1901–1976). Dieser gehörte zu den Begründern der Quantenmechanik. Heisenberg erhielt 1932 den Nobelpreis für Physik. Er wurde während des Zweiten Weltkrieges zum Chef der deutschen Kernforschung ernannt.
Herausfinden sollte das Kommando weiterhin die Hauptbestände an deutschem Uranerz, von dem 1100 Tonnen auf dem Gelände des Salzbergwerkes „Leopoldshall" in Staßfurt

lagerten. Entgegen der Abmachung mit der Sowjetunion, wonach in deren künftiger Besatzungszone alles zu verbleiben hatte, wurde das Uranerz am 11. April 1945 in Besitz genommen und sofort abtransportiert. Der Chef des Generalstabes der US-Armee, George C. Marshall, kam danach zu der Feststellung, daß die Erbeutung dieser größten Uranmenge in Europa den Deutschen die Möglichkeit nahm, noch eine Atombombe herzustellen.
Am 25. August 1944 gehörte Colonel Pash mit seinem Jeep zur Vorhut der französischen Truppen unter Jacques-Philippe Leclerc, die von Süden her nach Paris vordrangen. Sein Ziel war es, Joliot-Curie in seinem Labor festzusetzen. Kurze Zeit später traf dann auch Goudsmit ein, der Joliot-Curie vernahm und bemüht war herauszufinden, welchen Stand der Forschung die Deutschen bei der Entwicklung einer Atombombe erreicht hatten.
Joliot-Curie ließ die Alliierten jedoch aufhorchen, als er über einen deutschen Wissenschaftler sprach, dessen Name ihnen zuvor noch nicht bekannt war. Es handelte sich hier um den Physiker des deutschen Heereswaffenamtes, Kurt Diebner, der im August 1940 mit General Erich Schumann im Labor von Joliot-Curie auftauchte und sich sehr eingehend über die bisherigen Kernforschungsarbeiten erkundigte. Er wollte auch genau wissen, wo die Franzosen ihr schweres Wasser und die Uranvorräte lagern würden. Von Diebner wußte Joliot-Curie, daß die Deutschen einen Eisenbahnwaggon mit französischen Geheimdokumenten erbeutet hatten, indem sich auch die Kopien der gesamten Korrespondenz zwischen Joliot-Curie und dem französischen Munitionsminister Raoue Dautry befand.
Der im Zusammenhang mit der deutschen Kernforschung aufgetauchte Name des Physikers Diebner sorgte für einige Unruhe unter den Angehörigen des Alsos-Kommandos. Nach den durchgeführten Ermittlungen wurde der promovierte Kernphysiker Kurt Diebner, der führend an den Arbeiten zur Kernenergiegewinnung Deutschlands beteiligt war, zuletzt als Leiter des Reichsforschungsrates in Stadtilm zu den einflußreichsten Wissenschaftlern der deutschen Kernforschung

gezählt. Sein Name wurde deshalb auf der Fahndungsliste der Alsos-Mission obenan gesetzt.
In Paris fiel den Alsos-Leuten schließlich Material in die Hände, aus dem die Namen der deutschen Wissenschaftler in Erfahrung zu bringen waren, von denen man annahm, daß sie am Atombombenprojekt beteiligt sein könnten.
Am 8. September 1944 wurden durch die britischen Truppen in der im Bereich der Provinz Antwerpen gelegenen Gemeinde Oolen ca. 80 t Uranerz sichergestellt. Goudsmit veranlaßte sofort die Bergung und den Abtransport dieses strategischen Erzes.
Zur gleichen Zeit entdeckten Pash und Goudsmit Unterlagen in Brüssel mit Angaben der Lieferung von über 1000 t Uranerz nach Deutschland. Sie erhielten auch Hinweise darüber, daß vor Einmarsch der deutschen Truppen drei Güterwagenladungen Uranerz nach Südfrankreich in die Nähe von Toulouse transportiert worden waren. Nur Tage später konnten Angehörige des Alsos-Kommandos einen Teil des Uranerzes sicherstellen und es ebenso, wie das Erz aus Oolen, in die USA verschiffen, wo es in Oak Ridge, Tennesee, in gasförmiges Uranhexaflourid umgewandelt wurde. In Form des U 235 soll es Bestandteil der Atombombe gewesen sein, mit der Hiroshima zerstört wurde.
Zum damaligen Zeitpunkt war der Forschungsstandort Stadtilm noch nicht bekannt. Erst am 9. April 1945, nachdem bereits Heisenbergs Versuchsreaktor in Haigerloch in die Hände der Amerikaner gefallen war, erfuhr Goudsmit, daß Diebners Forschungslabor von Berlin nach Stadtilm verlegt worden war, das die US-Streitkräfte einen Tag zuvor eingenommen hatten. Während Colonel Pash sich sofort mit einem Jeep auf den Weg nach Stadtilm machte, folgte Goudsmit in einem Kleinflugzeug, das der Alsos-Physiker David Griggs steuerte. Sie kamen jedoch zu spät!
Noch vor Einmarsch der Amerikaner hatten sich Dr. Diebner als Laboratoriumsdirektor sowie der Koordinator für den Bau der Atomreaktoren, Prof. Walter Gerlach, der sein Büro ebenfalls in Stadtilm hatte, neben anderen Wissenschaftlern unter Mitnahme des wertvollsten Materials in Richtung Bayern

Abmarsch der Diebner-Gruppe aus Stadtilm

Stadtilm

2. v. l. vermutlich Dr. Berkei
3. v. l. Dr. Hartwig
Frau mit Mantel über dem Arm:
Laborantin Fräulein Würfel
Die anderen Personen konnten nicht identifiziert werden.

Gebäude in Stadtilm, in der Diebners Gruppe arbeitete . April 1945 Stadtilm Verladung.

Kurz vor dem Abzug aus Stadtilm.
1. v. r. Dr. Hartwig,
4. v. r. Laborantin Fr. Würfel.

abgesetzt. Trotzdem fiel den Amerikanern neben der Laboreinrichtung und wichtigen Unterlagen radioaktives Material in die Hände.

Einer der engsten Mitarbeiter Wernher von Brauns, Prof. Dr. Stuhlinger, der ebenfalls in Stadtilm stationiert war, berichtet u. a. in seinem Typoskript „Erinnerungen an Stadtilm" folgendes:

„Später (ich glaube, im Januar 1945) mußten wir weiter nach Südosten umziehen, da die alliierten Truppen im Westen gegen Kassel vorrückten. Wir fanden eine neue Bleibe mit notdürftigen Arbeitsplätzen in Ilmenau. Unsere Geräte, Prüfplätze, Instrumente und Werkzeuge wurden auf Lastwagen transportiert. Das Wiedereinrichten in Ilmenau ging sehr langsam vonstatten, einmal wegen des totalen Mangels an Hilfskräften, Werkzeugen, Material und anderer lokaler Unterstützung, und zweitens wegen der häufigen Luftangriffe. Verbindung mit meinen vorgesetzten Stellen war nahezu unmöglich geworden; auch hatten wir keine Möglichkeit mehr, unsere fertig gebauten und geprüften Geräte irgendwohin zu schicken, wo sie hätten gebraucht werden können.

Die Aussichtslosigkeit unserer Situation und unserer Arbeit war offenkundig, und doch arbeiteten wir weiter, so gut es ging – wohl einfach aus dem Bedürfnis heraus, eine begonnene Arbeit nicht aufzugeben. Im Februar und März (ich habe den Zeitablauf nicht mehr in klarer Erinnerung) begannen einige meiner Mitarbeiter zu verschwinden; sie hatten den verständlichen Wunsch, nach ihren Familien im Westen zu sehen, die damals von den vorrückenden alliierten Truppen überrannt worden waren.

Während meine Gruppe versuchte, sich in Ilmenau einzurichten, arbeitete eine Gruppe von Kernphysikern in dem benachbarten Stadtilm, wie ich auf einer Dienstreise nach Berlin erfahren hatte. Unter ihnen waren verschiedene meiner alten Kollegen von der Berliner Technischen Hochschule, darunter Dr. Otto Haxel, Dr. Helmut Volz, Dr. Luise Schützmeister und Dr. Erika Leimert.

Eines Sonntags fuhr ich mit dem Fahrrad auf einen kurzen Besuch nach Stadtilm. ‚Falls du aus Ilmenau heraus mußt,

können wir dich in unserem Schulungsgebäude unterbringen‘, sagten meine Kollegen.
Tatsächlich war es im März oder April soweit. Mit meinen verbliebenen Mitarbeitern verlud ich unsere gesamten Geräte und technischen Einrichtungen wieder auf Lastwagen für den Transport in ein Schulgebäude von Stadtilm. Ich fand Unterkunft in einem mehrstöckigen Gebäude der Stadt, doch ich weiß keine Einzelheiten mehr über Besitzer, Mitbewohner und andere Umstände. Man lebte in jenen Tagen in zwei Welten: Die eine Welt war die tägliche, fast stündliche Sorge um das Überleben gegen Hunger und Krieg, die andere war ein tiefes Nachdenken über Zusammenbruch und Wiederaufbau, über Mitschuld und totale Machtlosigkeit, über die unbegreiflichen und grausamen Exzesse unserer politischen Führer, über die Last der Schuld, die von wenigen begangen wurde und von allen mitgetragen werden mußte, über die Möglichkeiten, nach dem endgültigen Debakel wieder den Weg in die ‚Familie der Nationen‘ zu finden, und immer wieder die Frage: ‚Wie konnte es je soweit kommen?‘“
An anderer Stelle schreibt Prof. Stuhlinger nach seiner Schilderung über weitere Vorgänge in Stadtilm, seine freundliche Aufnahme dort und die Abreise nach Süddeutschland:
„Im Oktober kam ein amerikanischer Offizier in unser Haus in Tübingen und bot mir einen Vertrag an, nach Amerika zu kommen und mit Dr. von Braun und anderen früheren Kollegen an der Entwicklung von Großraketen zu arbeiten. Ich bat um eine Woche Bedenkzeit und nahm dann das Angebot an. Am 3. Januar 1946 wurde ich bei eisigem Schneesturm im offenen Jeep nach Landshut am Lech gebracht, und im Februar reiste ich mit anderen Kollegen nach den Vereinigten Staaten. Während der ersten vier Jahre lebten und arbeiteten wir in Fort Bliss in Texas; im Sommer 1950 siedelten wir nach Huntsville in Alabama über. Im gleichen Jahr flog ich nach Stuttgart, um zu heiraten. Amerika ist nun zu einer geliebten zweiten Heimat für meine Frau und mich geworden, und zur ersten Heimat unserer Kinder. Aber auch für sie ist Stadtilm ein lebendiger Begriff, ein Lichtpunkt in der langen und düsteren Geschichte der Kriegszeit.“

Unter dem Tarnnamen „Operation Epsilon" wurden kurz vor Beendigung des Krieges, im Zeitraum vom 1. Mai bis 30. September 1945, die führenden Wissenschaftler des deutschen Kernforschungsprojektes im Landhaus Farm Hall in Godmanchester bei Cambridge interniert. Otto Hahn, Werner Heisenberg, Erich Bagge, Max von Laue, Paul Harteck, Horst Korsching, Carl Friedrich von Weizsäcker und Karl Wirtz.
Unter dem Eindruck des Abwurfes der Atombombe auf Hiroshima verfaßten sie am 8. August 1945 folgendes Memorandum, das von allen Internierten unterschrieben wurde:
„Da die Presseberichte der letzten Tage über die angeblichen Arbeiten an der Atombombe in Deutschland zum Teil unrichtige Angaben enthalten, möchten wir die Entwicklung der Arbeiten zum Uranproblem im Folgenden kurz beschreiben:

1. Die Atomkernspaltung bei Uran ist im Dezember 1938 von Hahn und Strassmann am Kaiser-Wilhelm-Institut für Chemie in Berlin entdeckt worden. Sie war die Frucht rein wissenschaftlicher Untersuchungen, die mit praktischen Zielen nichts zu tun hatten. Erst nach ihrer Veröffentlichung wurde ungefähr gleichzeitig in verschiedenen Ländern entdeckt, daß sie eine Kettenreaktion der Atomkerne und damit zum ersten Mal eine technische Ausnutzung der Kern-Energien ermöglichen könnte.

2. Beim Beginn des Krieges wurde in Deutschland eine Gruppe von Forschern zusammengerufen, deren Aufgabe es war, die praktische Ausnutzbarkeit dieser Energien zu untersuchen. Die wissenschaftlichen Vorarbeiten hatten gegen Ende 1941 zu dem Ergebnis geführt, daß es möglich sein werde, die Kern-Energien zur Wärme-Erzeugung und damit zum Betrieb von Maschinen zu benutzen. Dagegen schienen die Voraussetzungen für die Herstellung einer Bombe im Rahmen der technischen Möglichkeiten, die Deutschland zur Verfügung standen, damals nicht gegeben zu sein. Die weiteren Arbeiten konzentrier-

ten sich daher auf das Problem der Maschine, für die außer Uran schweres Wasser notwendig ist.

3. Für diesen Zweck wurden die Anlagen der Norsk Hydro in Rjukan zur Produktion von größeren Mengen von schwerem Wasser ausgebaut. Die Angriffe auf diese Anlagen, zuerst durch ein Sprengkommando, dann durch die R. A. F., haben diese Produktion gegen Ende 1943 zum Erliegen gebracht.

4. Gleichzeitig wurden in Freiburg, später in Celle, Versuche angestellt, durch Anreicherung des seltenen Isotops 235 die Benutzung des schweren Wassers zu umgehen.

5. Mit den vorhandenen Mengen des schweren Wassers wurden zuerst in Berlin, später in Haigerloch (Württemberg), die Versuche über die Energie-Gewinnung fortgeführt. Gegen Ende des Krieges waren diese Arbeiten so weit gediehen, daß die Aufstellung einer Energie liefernden Apparatur wohl nur noch kurze Zeit in Anspruch genommen hätte."

Es ist fraglich, ja eher unwahrscheinlich, daß in Stadtilm an der Entwicklung der Atombombe gearbeitet wurde. Folgt man andererseits der Logik, ist kaum vorstellbar, daß die Führung des Dritten Reiches Forschungsarbeiten während des Krieges zu friedlichen Zwecken durchführen ließ. Sicher wird auch künftig diese Problematik ingesamt kontrovers diskutiert werden. Sicher ist es kein Zufall, daß der als Raketenspezialist bekannte Professor Stuhlinger mit Kernphysikern zusammengearbeitet hat. Zumindest ist hier der Ansatzpunkt für weitere Nachforschungen gegeben.
Mit dem Memorandum der deutschen Physiker liegt jedoch ein Dokument vor, das eine Aussage zum Stand der Forschungen auf kernphysikalischem Gebiet während des Zweiten Weltkrieges trifft. In Stadtilm wurde am Ende des Dritten Reiches auch ein Schlußpunkt der deutschen Forschungen am Uranprojekt in diesem Entwicklungsabschnitt gesetzt.

V 2 – Umwälzung der Waffentechnik

Führerwort: 'Der Mangel an einer großen umgestaltenden Idee bedeutet zu allen Zeiten eine Beschränkung der Kampfkraft. Die Ueberzeugung vom Recht der Anwendung selbst brutalster Waffen ist stets gebunden an das Vorhandensein eines fanatischen Glaubens an die Notwendigkeit des Sieges einer umwälzenden Neuordnung dieser Erde!

Eines Tages im Oktober wurde London von einer Explosion erschüttert, die, anders als man es bisher von der V 1 gewohnt war, von starken, anhaltenden Schwankungen des Untergrundes begleitet war. Man dachte an die Explosion einer Munitionsfabrik, eines Gasbehälters und beruhigte sich wieder. Die Explosionen wiederholten sich. Sprengungen in den Trümmerfeldern? Presse und Rundfunk meldeten: Südengland war wieder das Ziel „deutscher Flügelbomben". Man meldet Zerstörungen und Verluste. Die stereotype Wendung. Also V 1. Seltsam nur, daß man den Orgelton nicht gehört hatte. Neue Explosionen, schwankendes Erdreich, entgleisende Straßenbahnen, stürzende Häuser in weiter Entfernung von den Explosionsherden, Staub, Brandgeruch in der undurchdringlichen Londoner Waschküche. Gerüchte über neue Flügelbomben. Dementis der Regierung. Flüchtlinge auf den Straßen. Erzählungen von phantastischen Wirkungen, Erdbeben, wahren Vulkankratern, mit einem Schlag zermalmten Häuserblocks, unbewohnbaren Stadtvierteln, die eine Riesenfaust durcheinander schüttelte. Doch neue Flügelbomben? Regierungsdementis. Andeutungen in der Presse über mögliche Zufallstreffer der V 1.

Hier ist ein Bahnhof über Nacht vom Erdboden verschwunden. Bedauerlich, so heißt es, daß dort gerade ein Munitionszug stand. In X . . . ist ein Stadtteil seit Tagen hermetisch abgesperrt. Truppen, Kolonnen von Sanitätsautos, Verwundete, Tote, Vermißte. Störungen im Fernsprechdienst. Straßen ohne Strom. Umgeleitete Bahnen. Der deutsche Wehrmachtbericht? Er müßte es doch wissen? „Das Störungsfeuer auf London wurde fortgesetzt." Nervenaufreibend nichtssagend wie seit Monaten. Artikel in den Zeitungen: Die deutsche Propaganda bläst Wunderwaffen ab. Die Deutschen entsetzt, daß V 2 und V 3 offenbar Volkssturm heißt. Bewaffnete Greise statt Raketen. Hitler und Goebbels am Ende ihres Lateins.

London ist keine Stadt, London ist eine Provinz. In dieser weiten Landschaft müssen sich sehr viele rätselhafte Explosionen ereignen, muß das unterirdische Beben viele Decken über nichtsahnenden, ungewarnten, schlafenden, essenden, arbeitenden Menschen zusammenstürzen lassen, müssen Hunderttausende unmittelbar betroffen sein, ehe aus Gerüchten eine Gewißheit wird. Geheimsitzungen im Unterhaus, Fragen, die keine Antwort finden, lähmendes Schweigen in der Presse, verlegenes Gerede der Rundfunkkommentatoren. Oh, dieses Volk ist zähe in seinen Hoffnungen. Aber nun brechen alle Dämme. Wer spricht von V 1? Die neue Waffe ist da!

Und als hätte die deutsche Propaganda tausend Nervenfühler in die zitternde Riesenstadt ausgestreckt, den günstigsten Zeitpunkt abzupassen, meldet der deutsche Wehrmachtbericht den Einsatz eines neuen, weit wirksameren Sprengkörpers gegen London und Südengland. V 2! V 2 ist also nicht der Volkssturm. V 2 ist nicht so, wie sie die Karikaturisten malten, V 2 ist nicht der bierbäuchige Deutsche mit Gamsbart und Schrotflinte, V 2 ist — — die Presse schreibt es, der Rundfunk sagt es, Churchill meldet es mit unheilschwangerer Stimme dem Unterhaus: V 2 ist eine neue, entsetzliche Waffe, ein Riesengeschoß, so beschreibt man es, das in 100 Kilometer Höhe schneller als der Schall daherkommt, das lautlos niederstürzt aus Weltallsbereichen, in die nie zuvor ein Gebilde von Menschenhand gedrungen ist, furchtbar in seiner Durchschlagskraft, unvorstellbar in seiner Wirkung, da es sich mit der aufgewühlten, erschütterten, in Wellen fliehenden Muttererde zerstörend verbindet. Und was die Menschen schon vor Wochen zu ahnen begannen, ist jetzt Gewißheit. Vor V 2 gibt es überhaupt keine Warnung, und V 2 läßt jeden Versuch einer Abwehr von vornherein als sinnlos erscheinen. 10 Kilometer hoch vermögen die britischen „Stratosphärenjäger" zu steigen, 90 Kilometer über ihnen zieht V 2, so schreiben sie, seine Bahn, doppelt so schnell wie die schnellste Maschine der britischen Luftwaffe und der Flak so sicher entrückt wie der Mond dem Blasrohr eines Indianers.

Umwälzende Erfindung

Was war V 1? Ein Notbehelf der Deutschen? Die Flügelbombe, so lasen wir, ist das Eingeständnis eines technischen Irrtums. Die Deutschen dachten es sich so schön, unbekannte Raketen über weite Entfernungen zu senden, aber die Rakete ist ein ungebärdiger Feuerwerkskörper. Indem die Deutschen mit V 1 eine Waffe konstruierten, die am Ende doch nichts anderes ist als ein vom Rückstoß getriebenes Flugzeug, verrieten sie die Unmöglichkeit, die reine Rakete zu bändigen und zu steuern. V 1 hat schwere Zerstörungen angerichtet, sie gab der Abwehr harte Nüsse zu knacken, aber man hat ja auch gesehen, daß ihre Einsatzmöglichkeit mit der Entfernung abnahm, und am Ende hätten sich die wenn auch spärlichen Anfangserfolge der Jäger und der Flak doch zu einer wirksameren Abwehr verdichtet. Alles in allem: Die ferngesteuerte Flügelbombe ist dem gebräuchlichen Flugzeug viel zu ähnlich, als daß man von einer Umwälzung der Waffentechnik sprechen könnte, und nur umwälzenden Waffen kommt kriegsentscheidende Bedeutung zu. Soweit die Engländer.

So sprachen sie, als das Feuer der V 1 zeitweilig schwächer wurde und als sie Grund zu haben glaubten, Hoffnung schöpfen zu dürfen. V 2 gibt jetzt zusätzlich die Antwort. Wir brauchen kein Wort über das hinaus zu sagen, was die Briten jetzt am eigenen Leibe verspüren.

Es ist nicht weniger als die nüchterne Erkenntnis, daß die erwartete und wieder bespöttelte, die herbeigesehnte und wieder für unmöglich erklärte Umwälzung der Waffentechnik dennoch und trotz allem vollzogen ist. V 1 war also doch kein Notbehelf. V 1 ist die Vermählung eines nun schon alten mit einem neuen Prinzip der Fernwirkung zu ganz bestimmten Zwecken. V 1 wird diese Zwecke weiterhin erfüllen, und es werden ihrer mehr und mehr werden. V 2 aber ist kein Kind dieser Ehe, sondern das Neue schlechthin, kein Endpunkt, sondern ein Anfang mit unabsehbaren Möglichkeiten. Wer will ihre Grenzen im voraus bestimmen? Wer will ihrer Reichweite in der Todesstille des Weltraums eine Schranke setzen, wo es keinen Luftwiderstand und keine Luftströmung gibt? Wer will das Optimum ihrer Wirkung noch berechnen, da es dem deutschen Genius nun einmal gelungen ist, den entscheidenden Schritt zu tun und solche Massen über solche Entfernungen mit tödlicher Sicherheit zu schleudern? Wer will denn sagen,

wie die Ziele von morgen heißen werden? Wer will nun, da V 2 auf V 1 folgte, behaupten, die Deutschen hätten damit alle Katzen aus dem Sack gelassen? Der Schritt, der aus dem absoluten Nichts auf gänzlich neuen Wegen zu V 1 und V 2 führte, war entschieden größer und beschwerlicher als jeder, der ihm noch folgen mag.

Anderes Gesicht des Krieges

Dieser Krieg hat uns ein so nüchternes Denken gelehrt, daß wir uns vom Einsatz der neuen Waffen keine plötzliche Wendung versprechen. Wenn drei Weltreiche die Ueberlegenheit ihrer Rohstoffe in langjährigem Bemühen mobilisieren, so gibt es keinen noch so vernichtenden Schlag, der sie auf der Stelle zur Umkehr zwingt. Sie werden weiter Krieg führen, auch wenn in London kein Stein auf dem anderen steht. Aber dieser Krieg wird fortan anderen Gesetzen folgen. Ihm wird der Stempel genommen werden, den ihm die einseitige materielle Ueberlegenheit des Feindes aufgedrückt hat.

Sichtbarste Erscheinungsform dieser materiellen Ueberlegenheit waren uns bisher die Bomberströme der Viermotorigen über Deutschlands heiligem Boden. Mehr noch als ihre materielle und psychologische Wirkung bedrückte uns das Bewußtsein, daß es ungeheure Anstrengungen und vor allem Zeit kosten würde, auf diesem Gebiete gleichzuziehen. Und die deutsche Führung mußte es uns überlassen, diese Last Jahr um Jahr allein zu tragen, als sie sich entschloß, den Feind auf völlig anderen Wegen einzuholen und schließlich zu überflügeln. Auf Wegen nämlich, auf denen die nun einmal gegebene materielle Unterlegenheit durch die Ueberlegenheit des *Geistes* ausgeglichen werden konnte.

Wie viele Viermotorige müssen gebaut, wie viele Mannschaften müssen ausgebildet, wieviel Nachschub herangeschafft, wieviel Pflege- und Organisationsarbeit geleistet werden, um die Wirkung eines einzigen V-2-Geschosses zu erreichen? Gewiß, die V-Waffe erzielt ihre Wirkung nur einmal, der Bomber kann mehrmals fliegen, ehe er abgeschossen oder sonstwie verbraucht ist. Aber selbst zwischen einem einzigen Viermotorigen — dessen materielle Wirkung auch im günstigsten Falle ungleich geringer, dessen psychologische Wirkung, da er nur in der Masse auftreten kann, mit der des V-Geschosses überhaupt nicht zu vergleichen ist —, selbst zwischen einem einzigen Viermotorigen und einem V-Geschoß besteht ein Unterschied des Material- und Arbeitsaufwandes wie zwischen einem Luxusschlafwagen und einem Viehwaggon.

Aus dem Material eines Viermotorigen und mit den Arbeitsstunden hochqualifizierter Facharbeiter, die er benötigt, kann man wahrscheinlich sehr viele V-Geschosse bauen, und dieses Verhältnis verschlechtert sich weithin zuungunsten des Großbombers, wenn man sein zahlreiches Pflegepersonal, seine jahrelang ausgebildete, nach einer gewissen Anzahl von Einsätzen nicht mehr zurückkehrende Besatzung der Mannschaft gegenüberstellt, die an den Abschußbasen der V-Waffen benötigt wird. Gewiß ist die V-Waffe das Ergebnis einer größeren geistigen Leistung, einer beschwerlicheren Entwicklungsarbeit als die des Großbombers, der in Jahrzehnten allmählich heranreifte. Aber diese Arbeit an der V-Waffe ist eine einmalige, sie braucht nicht wiederholt zu werden, wir sind so weit, daß der berühmte Druck auf den Knopf größere Wirkungen auslöst als der übergewichtige Menschen- und Materialeinsatz des Feindes.

Der *Geist*, der den mutigen Entschluß faßte, mitten im Kriege die Voraussetzungen für eine neue Art der Kriegführung zu schaffen, der Geist, der diese Waffen ersann und entwickelte, hat den plumpen, geistlosen Zahlen- und Tonnenrausch des Feindes überwunden.

Ein solcher Umschwung ist nur möglich als Frucht einer revolutionären Erhebung, die den Geist des Führenden aus traditionellen Bindungen und den erfinderischen Genius von den Scheuklappen der geradeaus marschierenden Experten befreit.

Wie überlegen ist der Geist, der eine *Panzerfaust* ersinnt, der sturen Berechnung, die die Panzerung der Kampfwagen alle Jahre um einen Zentimeter dicker macht. Welch eine seltsame Entwicklung, daß der Feind die Deutschen mit ihrer eigenen Taktik des Panzerkampfes schlagen zu können vermeint, wenn er eben hundert Wagen fahren läßt, wo die Deutschen ihrer zehn ansetzten; und daß die Deutschen, statt sich nur im Wettkampf der Panzerfabrikation zu verzehren, den Einzelkämpfer zum gefährlichsten Gegner der stählernen Ungetüme machen!

Ein kleiner Ausschnitt nur aus dem Kapitel jüngster Kriegsgeschichte. Und doch erhellt auch er eine Situation, in der der deutsche Genius alle Berechnungen der materiellen Ueberlegenheitsstrategen über den Haufen wirft. Was kostet ein Panzer — und was kostet eine Panzerfaust? Fragt den Infanteristen, wo wir heute ohne diese Waffen wären.

Mit Nachmachen ist es nicht getan

Der Gegner kann gleichfalls Panzerfäuste bauen? Und er kann alles nachmachen, was wir ihm jemals präsentieren? Vielleicht kann er das eines Tages. Aber erstens — er braucht Zeit dazu, und wer weiß, ob sie ihm gegeben ist. Und zweitens — er müßte von seinem Podest der materiellen Ueberlegenheit herabsteigen und sich auf der Ebene des Geistes mit uns messen. Und seine Waffen müßten dann besser, noch neuer, noch fortschrittlicher, noch revolutionärer sein als die unsrigen. Das bedarf einiger Voraussetzungen. Bei uns sind sie gegeben worden durch die revolutionäre Entwicklung, in der wir uns seit Jahrzehnten befinden und die durch die an den Grundfesten unseres Daseins rüttelnde Not nun ihrem Höhepunkt entgegenreift. Sie hat uns aus so vielen Bahnen geworfen, daß wir ständig bereit sind, Altes über den Haufen zu werfen, Schwierigkeiten zu überwinden, ausgetretene Pfade zu verlassen. Es ist aber mehr als fraglich, ob die beharrenden Elemente im Feindlager, die den Krieg am Ende doch deshalb führen, weil die Aktionäre der Flugzeugfabrik XY höhere Dividenden und ihre Arbeiter sichere Löhne haben wollen — ob das den Gegner antreibende Prinzip der Wirtschaftsausweitung durch Kriegführung überhaupt ein Herumwerfen des Steuers verträgt.

Die Briten haben unseren Volkssturm als die letzte deutsche Geheimwaffe belächelt. Nun, da ihnen das Lächeln über deutsche Geheimwaffen endgültig vergangen ist, mögen sie etwas mehr Verständnis dafür aufbringen, daß die deutsche Volkserhebung als Ausdruck unseres revolutionären Willens zur Neugestaltung unseres Lebens und die neuen Waffen, die wir uns schufen, um den Vernichtungswillen der Feinde in ihrem Blute zu ersticken, allerdings Zweige des gleichen Stammes sind. Sowenig unsere V-Waffen und andere, die ihnen folgen werden, Abklatsch fremder Vorbilder sind, so grundsätzlich neu aus nationalsozialistischem Geist geboren ist die Idee des bewaffneten Volkes, der in der Tiefe des Raumes wie im Rücken des Feindes todesstarrenden Landschaft, die jeden Gegner verzehrt, der sich ihrer zu bemächtigen sucht.

Ein neuer Krieg hebt an. Und wenn Churchill und Roosevelt für diesen Herbst das Ende des Krieges voraussagten, so mögen sie insofern recht gehabt haben: *der* Krieg allerdings, den *sie* gewinnen wollten und auf ihre Weise zu gewinnen hofften, nähert sich seinem Ende. Der neue Krieg aber, der mit V 2 seine ersten Boten aussandte, wird wieder *ein deutscher Krieg* sein, den *unser* Wille lenkt und *unser Sieg* beendet.

Auszug aus der Propagandaschrift „Der politische Soldat", Folge 19, 1944, S. 3f.

Das Mittelwerk

Eines der größten unterirdischen Rüstungsprojekte des Dritten Reiches, im sogenannten Mittelraum, befand sich westlich der Ortschaft Niedersachswerfen am Südrand des Harzes. Es war die streng geheime Produktionsanlage der sogenannten V-Waffen, der „A4" Rakete und der „Fi 103" Flügelbombe.
Dieses Projekt war eines der bestgehütetsten Geheimnisse und wurde von den alliierten Geheimdiensten erst Mitte 1944 in seiner Bedeutung erkannt. Es ist die Geschichte, die kulturhistorische Bedeutung und Spezifik (allerdings nur im Vergleich zu den anderen unterirdischen Projekten dieser Zeit in Thüringen), die relativ gut bekannt und dokumentiert ist, obwohl wesentliche Quellen bislang nicht komplex aufgearbeitet werden konnten.
Die Geschichte des Hohlraumsystems im Kohnstein bei Niedersachswerfen beginnt mit der Eröffnung des ersten Anhydritsteinbruchs durch die BASF im Untertagebetrieb 1917. Bis 1935 wurden etwa 13 Mio. Tonnen Anhydrit gebrochen (auch im Tagebau), um sie zur chemischen Verarbeitung in die Leunawerke Merseburg zu transportieren. 1935 beginnt die Wifo – Wirtschaftliche Forschungsgesellschaft mbH – als ein Ressort des Reichswirtschaftsministeriums mit der Auffahrung eines ausgedehnten Stollensystems, um gemäß ihrem Auftrag geheime Rohstoff- und Materiallager für den Kriegsfall anzulegen.
Der Anhydritkern des Kohnsteins eignete sich aus verschiedenen strategisch und ökonomischen Gründen optimal für die Anlage eines solchen Großlagers:

1. Mitten in Deutschland gelegen, war, zum Zeitpunkt des Baubeginns, dieses Areal im Kriegsfall von feindlichen Flugzeugen kaum erreichbar.

2. Die naheliegenden Verkehrsverbindungen und Industriegebiete optimierten die Transportmöglichkeiten.

3. Das gewonnene Gestein konnte sofort nach seiner Gewinnung ohne Zwischenlagerung oder Abraum abtransportiert und verarbeitet werden, ließ also keine späteren Rückschlüsse auf die Größe der entstandenen Hohlräume zu.

4. Da der Anhydrit eine hohe Standfestigkeit besitzt, war der Aufwand für die bergmännische Sicherung und den Ausbau des Stollensystems minimal. Außerdem wurde das System über dem Grundwasserspiegel angelegt, so daß auf eine Wasserhaltung verzichtet werden konnte.

Unter strengster Geheimhaltung wurde so bis Ende August 1943 an der Fertigstellung von 46 Kammern und zwei Fahrstollen auf ca. 120 000 m^2 Fläche gearbeitet.
Während im südlichen Teil der Stollenanlage der bergmännische Vortrieb stattfand, wurde, beginnend in den nördlich liegenden Kammern, die Einlagerung der strategischen Rohstoffreserven vorbereitet bzw. vorgenommen.
Im mittleren Teil der Anlage entstand ein ausgedehntes Benzinlager, dessen Tanks direkt in die geschaffenen Kammern eingebaut wurden. Um diese Tanks zu füllen, sollte im südlichen Teil ein eigener Benzinbahnhof entstehen, da man auch den Antransport bzw. die Verladung unbeobachtet und bombensicher abwickeln wollte. Doch zu der ursprünglich geplanten und ansatzweise verwirklichten Nutzung sollte es nicht mehr kommen.
Im Juli und August 1943 waren bei schweren Bombenangriffen Industriegebiete in Deutschland und Österreich stark in Mitleidenschaft gezogen worden.
Dabei waren auch die Fabrikationsorte für wesentliche Komponenten des A4 Raketenbauprogramms u. a. in Wiener Neustadt und Friedrichshafen zerstört worden. Hier sollten unter massivem Häftlingseinsatz V2-Komponenten hergestellt und montiert werden. Die Endfertigung dieser Waffen sollte in Peenemünde erfolgen.
Insofern ist die Entstehung des „Mittelwerks“ und des damit verbundenen (bzw. identischen, späteren) KZ Mittelbau-Dora vor dem Hintergrund des vom NS-Regime proklamierten „to-

talen Krieges“ und den mit ihm einhergehenden äußersten Rüstungsanstrengungen zu sehen. Einerseits führten diese zur Forcierung von Rüstungsprojekten, von denen sich die nationalsozialistischen Machthaber eine Kriegswende erhofften. Andererseits hatten sie eine verstärkte Heranziehung von KZ-Häftlingen zur Folge, die als mobile und rücksichtslos einsetzbare Arbeitskraftreserve durch die SS jederzeit zur Verfügung gestellt werden konnten, da solche Projekte die höchste Dringlichkeitsstufe hatten. Letzteres galt im besonderen Maße für V-Waffenproduktion, die nach dem Angriff auf Peenemünde in der Nacht vom 17. auf den 18. August 1943 in das bereits vorhandene unterirdische Stollensystem im Kohnstein verlagert werden sollte.
Bereits wenige Tage nach dem definitiven Beschluß, das Hauptwerk für die Montage der A4 und späteren V2 in diese Stollenanlage zu verlegen, traf am 28. August 1943 der erste Häftlingstransport mit 107 Häftlingen aus dem KZ Buchenwald am Kohnstein ein.
Mit ihm begann die Existenz des Lagers „Dora“ als eines Außenkommandos des KZ Buchenwald. In rascher Abfolge trafen in den folgenden Wochen und Monaten weitere Häftlingstransporte ein. So stieg die Zahl der Häftlinge bis Ende September bereits auf über 3000 an und erreichte Ende Januar bzw. Anfang Februar 1944 mit ca. 12 000 ihren vorläufigen Höhepunkt.
Nachdem die Häftlinge der ersten Transporte in Zelten am Fuße des Kohnsteins untergebracht worden waren, erfolgte mit dem raschen Anwachsen der Häftlingszahl die Einquartierung in das unterirdische Stollensystem. Damit begann für Tausende von Häftlingen des Lagers „Dora“ ein Weg des Leidens, der Qualen und des Todes, ihre – wie es im Sprachgebrauch der SS genannt wurde – „Verschrottung durch Arbeit“.
In den ersten Monaten arbeiteten bis zu 80 % der Häftlinge bei den Um- und Ausbauten im Stollen bzw. bei der Errichtung der unterirdischen Fabrik, d. h. bei Bohrarbeiten, beim Transport, beim Aufstellen und bei der Installation von Maschinen.

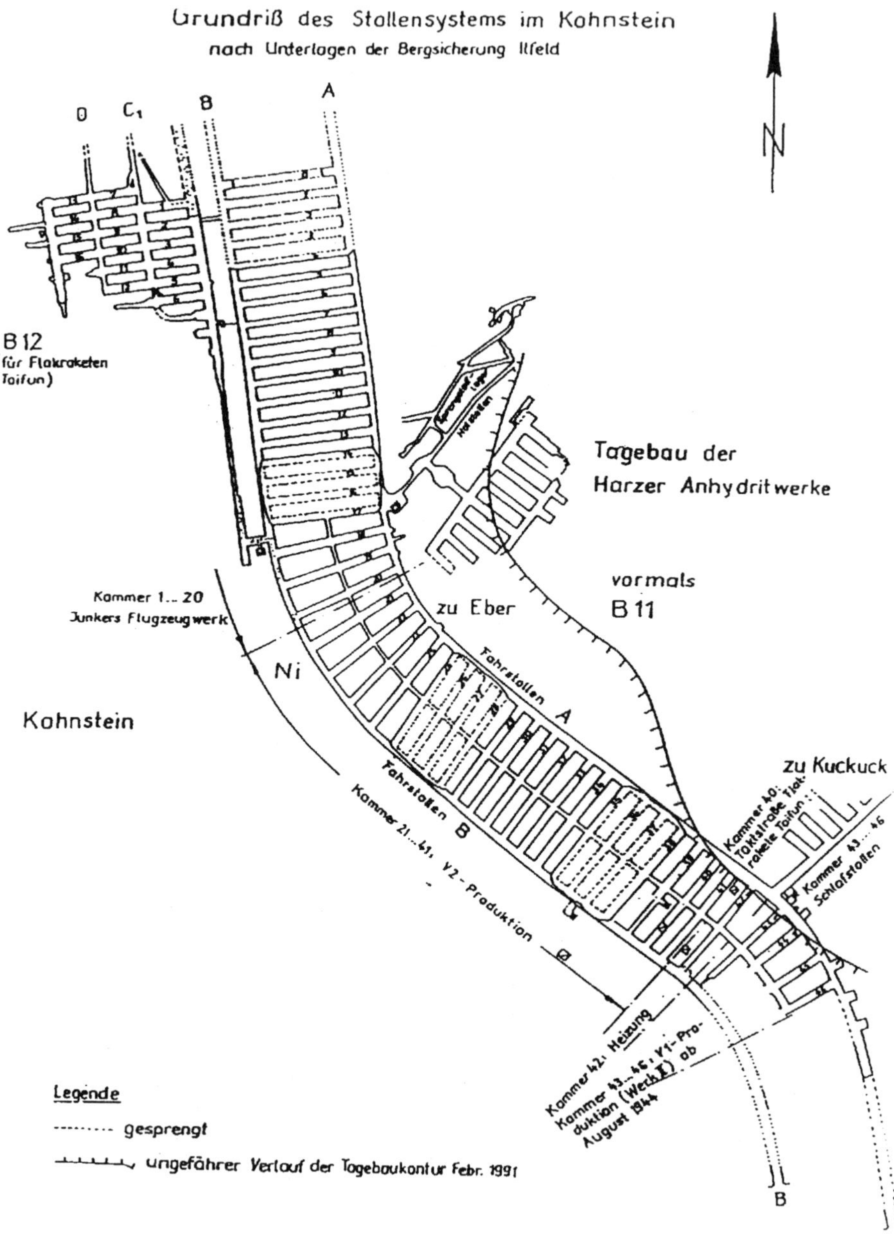
Grundriß des Stollensystems im Kohnstein
nach Unterlagen der Bergsicherung Ilfeld
D
C1
B
A
N
B 12
(für Flakraketen
Taifun)
Tagebau der
Harzer Anhydritwerke
vormals
B 11
Kammer 1 ... 20
Junkers Flugzeugwerk
zu Eber
Ni
Fahrstollen A
Kohnstein
zu Kuckuck
Fahrstollen B
Kammer 21 ... 41, V2 - Produktion
Kammer 40: Toklstraße Flakrakete Taifun
Kammer 43 ... 46 Schlafstollen
Kammer 42: Heizung
Kammer 43 ... 46: V1-Produktion (Werk II) ab August 1944
B
A
Legende
gesprengt
ungefährer Verlauf der Tagebaukontur Febr. 1991

Nur etwa 15 % gehörten zu Fachkommandos (Tischler, Elektriker u. a.). Sie waren z. T. beim Aufbau des SS- und des Häftlingslagers sowie bei anderen Arbeiten außerhalb der Stollen beschäftigt. Etwa 5 % schließlich waren bei verschiedenen Hilfsarbeiten in den Warenlager- bzw. Warenannahmebüros und in den Fabrikbüros eingesetzt.
Bis Dezember 1943 entstand hier eine komplette Fabrik, in der monatlich bis zu 900 Raketen des Typs „A4" (Propagandaname V2) hergestellt werden sollten.
Im B-Stollen wurde eine Montagefließlinie eingerichtet. In den einzelnen Querstollen entstanden Lager- und Montagehallen, in denen Komponenten gelagert oder montiert bzw. produziert werden sollten. Durch den A-Stollen wurde die Zulieferung der Materialien und Zulieferteile realisiert.
Während die Arbeit der Fachkommandos und der in Büros zu Hilfsarbeiten eingesetzten Häftlinge eher einen fachmännischen Charakter trug und dementsprechend leichter war, war jene der im Stollen beim Ausbau des Stollens und der Errichtung der Rüstungsfabrik eingesetzten Häftlinge von äußerster körperlicher Anstrengung bis hin zur totalen Erschöpfung geprägt. Diese Arbeit wurde mit primitivsten Hilfsmitteln ausgeführt und als „Vernichtung durch Arbeit" bezeichnet. Die Verluste wurden von der SS einkalkuliert und von der Führung des Mittelwerkes in Kauf genommen. Der Transport und Aufbau sämtlicher Fabrikeinrichtungen, einschließlich tonnenschwerer Maschinen, in die Stollenanlage erfolgte fast ausschließlich mit menschlicher Muskelkraft, unterstützt allein durch Stangen, Rollen und Leinen. Der Stollenvortrieb erfolgte mit Hilfe schwerer Preßluftbohrer und durch Sprengungen. Selbst schwerste Gesteinsbrocken mußten mit Händen und Schaufeln abtransportiert werden. Hinzu kam, daß die Häftlinge, ohne Rücksicht auf die in den Stollen herrschenden kreislauf- und atmungsbelastenden Belüftungsverhältnisse, während ihrer gesamten Arbeitszeit ständig in „Bewegung" zu sein hatten. Es war ihnen nicht gestattet, langsam zu gehen, zu sitzen oder sich auszuruhen. Sie waren dazu gezwungen, die gesamten 12 Stunden ihrer Schicht irgendeine Arbeit zu verrichten.

Diese sehr schnell zur totalen Entkräftung der Häftlinge führenden Arbeitsbedingungen wurden ergänzt von einer, durch den Terror der SS hervorgerufenen, ständigen Atmosphäre der Angst und des Schreckens. Das System des Terrors gegenüber den Häftlingen stützte sich in erster Linie auf das Schlagen in jeder Gestalt und Form. „Vergehen" während der Arbeit, wie z. B. Sitzen, langsames Arbeiten u. a., wurden sofort durch eine SS-Mann bestraft. Selbst bei geringsten „Ordnungsverstößen" während der Mahlzeiten, beim Wecken oder beim Antreten wurden die Häftlinge von SS-Leuten, Kapos und Blockältesten geprügelt und mißhandelt.

Neben diesen willkürlichen Bestrafungen und Mißhandlungen stellte eine Reihe von offiziellen Strafen ein weiteres wesentliches Element des Terrors dar. Das System der offiziellen Strafen reichte von der Prügelstrafe bis zu 25 Schlägen (bei Verstößen gegen die Werksordnung, wie z. B. Zuspätkommen zum Appell oder zur Arbeit), verschärft durch Schläge auf das nackte Gesäß, über Arrest bis zu 60 Tagen, verschärft durch halbe Essensrationen bis zum Dunkelarrest ohne Pritsche und Essensentzug an jedem zweiten Tag. In der Praxis wurde der größte Teil der „Vergehen" sofort am Arbeitsplatz, beim Ausgang aus dem Tunnel bzw. im Arbeitseinsatzbüro mit Leibesstrafe vergolten.

Fluchtversuche oder Sabotage (bereits das Tragen zerrissener Zementsäcke als Unterbekleidung wurde als Sabotage angesehen) wurden mit Tod durch Erhängen bestraft. Hinrichtungen, die aus Gründen der Abschreckung zumeist vor angetretener Häftlingsmannschaft durchgeführt wurden, gehörten in den ersten Monaten zur Normalität „Doras". So wurden bereits im Dezember 1943 sieben italienische Militärinternierte erschossen, die den Arbeitseinsatz in der Raketenproduktion verweigert hatten, da dieser den völkerrechtlichen Grundsätzen der Haager Landkriegsordnung widersprach.

Ende Dezember 1943 wurden unter diesen Bedingungen die ersten drei Raketen fertiggestellt und nach Peenemünde geliefert. Weitere 52 Raketen folgten Ende Januar 1944.

Von den etwa 10 000 im Stollen lebenden Häftlingen hatten bis dahin schon 2500 ihr Leben verloren.
Innerhalb eines Vierteljahres war ein rohbaufertiges Großtanklager unter der Erde demontiert und ein komplettes Werk zur Großserienfertigung einer, für die damalige Zeit, avantgardistischen Waffentechnologie hergerichtet worden. Dazu wurden die Tunnelanlagen vervollständigt, Lüftungsschächte abgeteuft, Menschen und Material aus ganz Europa in Nordhausen und Umgebung konzentriert, um im Mittelwerk Raketen zu bauen.
Trotz der oben beschriebenen Verhältnisse und den darausfolgenden hohen Zahlen von Krankheitsfällen änderte man von Seiten der Lagerleitung und des Mittelwerks nichts. In den ersten Monaten bestanden nicht die geringsten Voraussetzungen für eine medizinische Behandlung der Kranken. Es gab im Stollen nur die sogenannte „Ambulanz", die jedoch nicht mehr als ca. 30 Kranke aufzunehmen vermochte und zudem über fast keine Medikamente verfügte. Auch nach der Errichtung der ersten Revierbaracken im Winter 1943/1944 änderten sich die Verhältnisse im Bereich der Krankenversorgung kaum. Zwar wurde diese Tatsache von der SS- und Mittelwerksführung, den Technikern und Ingenieuren wahrgenommen, doch hatte die schnelle Durchführung des Bauprogramms Priorität gegenüber dem Leben Hunderter von Häftlingen.
Nur angesichts dieser Verhältnisse läßt sich der schon im Januar 1944 hohe Ausstoß von fertigen Raketen begreifen, der sich von nun an dem geplanten Serienlos von 600 Stück im Monat immer mehr annäherte.
Kompliziert wurde die Situation im Mittelwerk durch dauernde Umstrukturierung und neu in diese unterirdischen Räume verlegte Produktionslinien für andere Rüstungsgüter. Im März 1944 wurde z. B. die Produktion der Dessauer „Junkerswerke" in die Kammern 0–20 des Mittelwerks verlagert und damit die bisher großzügig verplante Fläche für die Raketenproduktion halbiert.
Aufgrund solcher, „menschenmordenden" Lebens- und Arbeitsbedingungen in der Periode des Ausbaus der Stollen

und der Errichtung des „Mittelwerkes“ kamen von Oktober 1943 bis März 1944 fast 2900 Häftlinge um, davon allein über 760 im März 1944. Knapp ein Drittel der Häftlinge war unter 30, ein weiteres Drittel unter 40 Jahre alt. Soweit feststellbar, überwogen als Todesursachen Lungenentzündung, Durchfall, Kollaps (aufgrund totaler Erschöpfung) sowie Phlegmonie (Bindegewebeentzündungen). Hinsichtlich ihrer Nationalität handelte es sich bei den Verstorbenen zu zwei Dritteln um Russen, Franzosen oder Polen.
Zu diesen offiziellen Sterbeziffern – und das macht das eigentliche Ausmaß der Vernichtung erst deutlich – kommt noch jene hohe Zahl kranker bzw. erschöpfter und damit „unproduktiv“ gewordener Häftlinge hinzu, die selektiert und in andere Lager transportiert wurden. Dabei wurden in drei Transporten Anfang Januar, Anfang Februar und Ende März 1944 jeweils 1000 arbeitsunfähige Häftlinge in die KZ Lublin und Bergen-Belsen überstellt. Nur wenige der ausgesonderten Häftlinge waren noch am Leben, als die Transporte ihre Zielorte erreichten, doch auch sie überlebten vermutlich nicht lange. Damit verdoppelte sich die Totenzahl gegenüber der offiziellen Lagerstatistik während der Aufbauphase des Mittelwerks.
Zur physischen Vernichtung der Häftlinge trugen schließlich auch die mangelhaften Verpflegungsverhältnisse nicht unwesentlich bei. Da die Rationen für die Häftlinge angesichts ihrer zumeist schweren körperlichen Arbeit völlig unzureichend waren, litten die meisten von ihnen an extremer Unterernährung und magerten innerhalb weniger Wochen zu Skeletten ab. Viele von ihnen gingen auf diese Weise erbärmlich zugrunde.
Von Seiten des Mittelwerks, der Techniker, Ingenieure, der SS und des Rüstungsministeriums unter Speer nahm man die unmenschlichen Lebens- und Arbeitsbedingungen in den Stollen und die dadurch verursachte außerordentlich hohe Sterblichkeit billigend in Kauf und tat nichts, um die Verhältnisse zu verbessern. Solange zumindest, wie die Produktion der V2 in den Stollen noch nicht angelaufen war und man die auftretenden Menschenverluste durch Anforderung

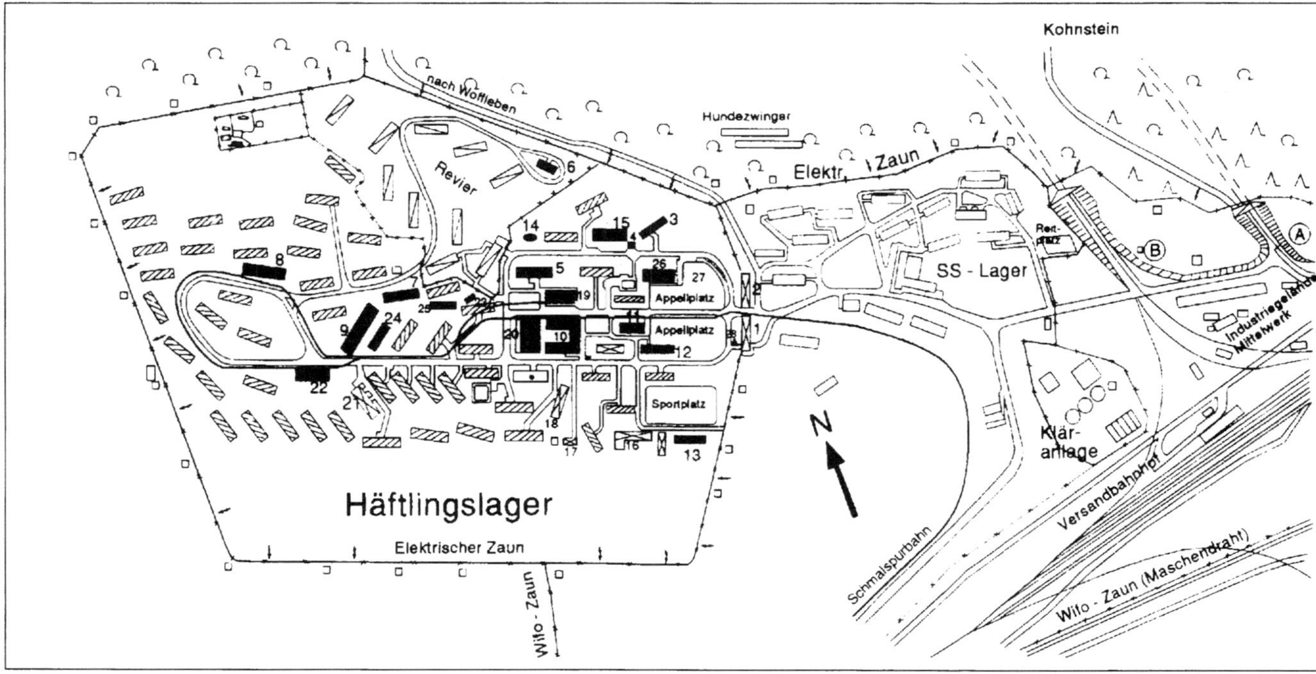

Lageplan

(nach Wincenty Hein, 1945)

1 Lagerverwaltung
2 Politische Abteilung (Gestapo)
3 Häftlingsbaracke; heute: Museum, *Außenteile original*
4 Feuerwache; heute: *Ausstellung, Reste des Gebäudes sind erhalten*
5 Block der italienischen Militärinternierten; heute: *bauliche Reste*
6 Krematorium; heute: *Gedenkraum*
7 Bad; heute: *bauliche Reste*
8 Kino; heute: *bauliche Reste*
9 Wäscherei; heute: *bauliche Reste*
10 Küche; heute: *bauliche Reste*
11 Lebensmittelmagazin; heute: *bauliche Reste*
12 Häftlingskantine; heute: *bauliche Reste*
13 Lagergefängnis (Bunker); heute: *bauliche Reste*
14 Ort der Erschießung italienischer Militärinternierter
15 Bordell; heute: *bauliche Reste*
16 Zimmerei
17 Altmateriallager
18 Werkstattbaracke
19 Gerätekammer; heute: *bauliche Reste*
20 Kohlenschuppen; heute: *bauliche Reste*
21 Kleiderkammer
22 Effektenkammer; heute: *bauliche Reste*
23 Schmutzwäscheschuppen; heute: *bauliche Reste*
24 Kesselhaus; heute: *bauliche Reste*
25 Desinfektion; heute: *bauliche Reste*
26 Schreibstube; heute: *bauliche Reste*
27 Appellplatz mit Gedenksteinen und Wandrelief
28 rekonstruierter Stehbunker

Symbole

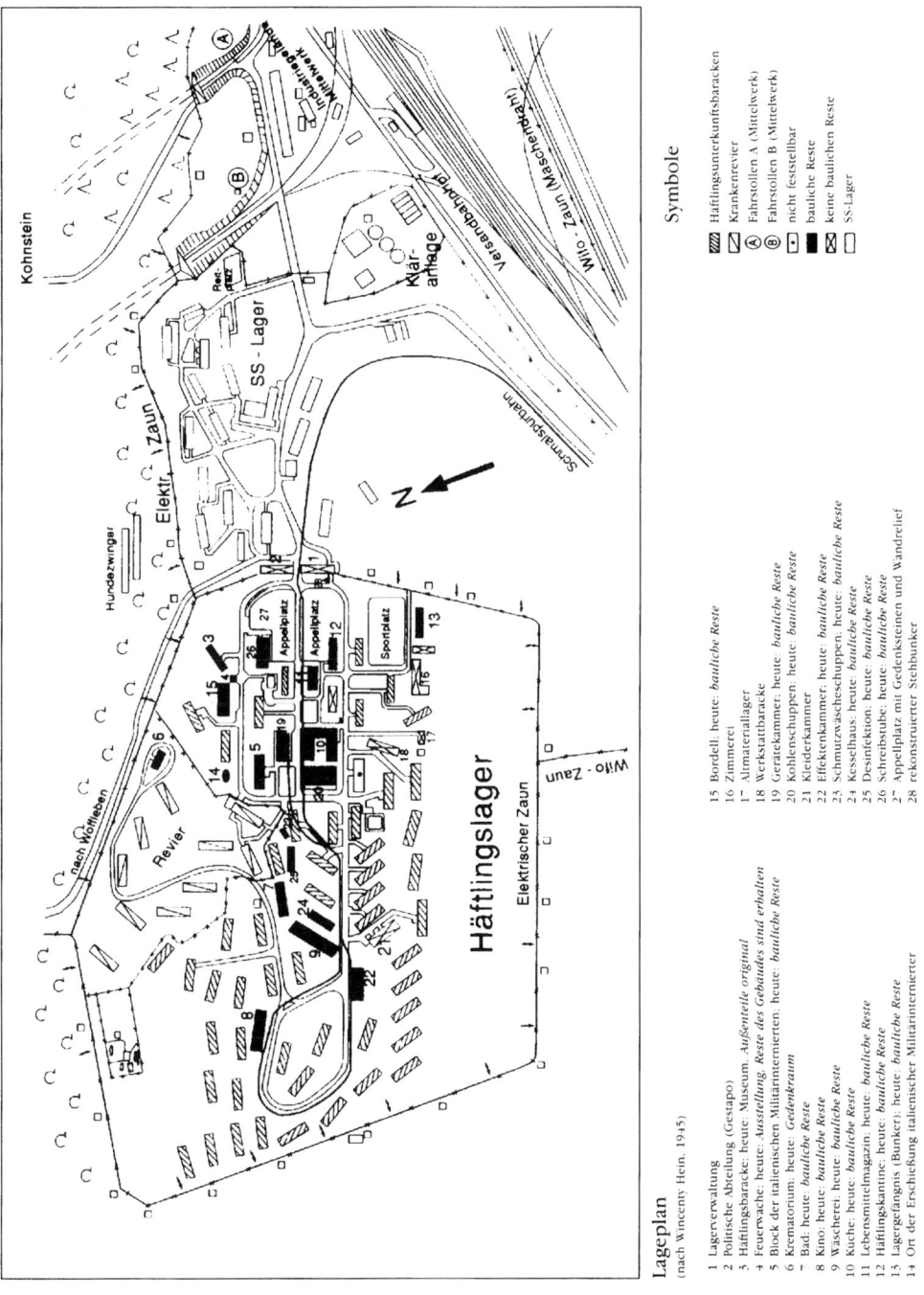

- Häftlingsunterkunftsbaracken
- Krankenrevier
- Ⓐ Fahrstollen A (Mittelwerk)
- Ⓑ Fahrstollen B (Mittelwerk)
- nicht feststellbar
- bauliche Reste
- keine baulichen Reste
- SS-Lager

neuer Häftlingskontingente einfach ersetzen konnte. Den Verantwortlichen ging es, ungeachtet aller menschlichen Opfer zum damaligen Zeitpunkt, allein um den Fortgang der Arbeiten und ein möglichst rasches Anlaufen der V-Waffenproduktion und um technokratische Effizienz.
Die eigentliche Verantwortung lag in diesem Zusammenhang weniger bei der SS, der beim Aufbau der unterirdischen Rüstungsfabrik im wesentlichen nur eine ausführende Rolle zukam, als bei dem leitenden Personal des „Mittelwerks“, dem die Steuerung der Fertigung sowie der Arbeitseinsatz der Häftlinge oblag bzw. bei den leitenden Peenemünder Technikern und Ingenieuren, die ständig auf die produktionstechnische Optimierung der von ihnen entwickelten „Wunderwaffe“ drängten.
Mit der Fertigstellung der unterirdischen Rüstungsanlagen und dem Anlaufen der A4-Produktion im Dezember 1943 setzte in der Führung des „Mittelwerks“ und des Rüstungsministeriums unter Speer, den neuen Anforderungen bzw. Bedingungen entsprechend, ein Perspektivenwechsel ein. Ihr Blick richtete sich von nun ab stärker auf die Sicherstellung bzw. möglichst schnelle Ausweitung der Produktion. Um ihren möglichst reibungslosen und effektiven Ablauf zu gewährleisten, sah man sich dazu veranlaßt, einige Veränderungen vorzunehmen. Da die Arbeitsabläufe in der Produktion eine gewisse Qualifizierung erforderten und die Häftlinge daher entsprechend angelernt werden mußten, sollte von jetzt ab die Häftlingsarbeitskraft längerfristig erhalten bleiben. Allein aus diesem Grund, nicht aus Menschlichkeit heraus, erfolgte im Zuge der anlaufenden Serienproduktion der V-Waffen ein forcierter Aufbau eines Häftlingsbarackenlagers. Nach und nach wurden die Häftlinge aus den Stollen dorthin umverlegt, wo sie eine relative Verbesserung der Lebens- und Arbeitsbedingungen erwarten konnten.
Der Umzug der Häftlinge in das Barackenlager erfolgte jedoch nicht zuletzt aus dem Bestreben heraus, die unterirdischen Stollenunterkünfte mit dem Beginn der Serienproduktion für Fabrikzwecke zu nutzen. Die Motive waren rein produktionstechnische Gründe.

Im Herbst 1944 und Winter 1945 wurden so die höchsten Produktionszahlen von fast 700 hergestellten Raketen erreicht, bevor am 8. September 1944 die erste V2 auf London niederging.
Mit dem Anlaufen der Serienproduktion und der damit verbundenen Verlegung der Häftlinge ins Lager kam es auch zu grundlegenden Veränderungen im Bereich der Organisation des Arbeitssystems bzw. des Arbeitstages. Ein immer größerer Teil der Häftlinge im Lager „Dora" kam unmittelbar in der Endmontage der V-Waffen zum Einsatz, während die Bauarbeiten in den Stollen in den Hintergrund traten.
Mehr als 60 Häftlingskommandos wurden nun im Bereich der Montage- und Transportarbeiten eingesetzt. In der Montage waren die Häftlinge bei der Herstellung elektrischer Geräte, beim Zellenbau, in der Presserei sowie in der Maschinenfertigung und damit in Bereichen qualifizierter Arbeit tätig. Wesentliche Teile der Arbeiten unmittelbar an der Rakete wurden somit von Häftlingen ausgeführt. Auch die Bereiche Werkserhaltung, Lagerwesen und Transport wurden weitgehend von Häftlingen abgesichert. Doch die hier geleisteten Arbeiten waren im Vergleich zum Arbeitseinsatz in der Montage mit erheblich größeren Strapazen verbunden und boten zudem weniger Schutz vor Mißhandlungen. Neben den verschiedenen im Stollen arbeitenden Kommandos, in denen die große Mehrheit der Häftlinge in „Dora" eingesetzt wurde, gab es auch eine Reihe von lagerinternen Kommandos, die in der Verwaltung und Lagerwirtschaft eingesetzt waren.
Das System des Terrors wurde den veränderten Bedingungen entsprechend modifiziert, blieb jedoch, solange die Produktion dadurch nicht in Mitleidenschaft gezogen wurde, grundsätzlich in Kraft. Das Strafsystem wurde dahingehend verändert, daß die Leitung des „Mittelwerks" versuchte, willkürliche Mißhandlungen zu unterbinden und Bestrafungen grundsätzlich aus dem Produktionsprozeß heraus in die Zeit nach der Rückkehr ins Lager zu verlegen. Der Umgang der Vorarbeiter und Kapos mit den Häftlingen scheint, für die angelernten, qualifizierten Arbeitskräfte, die nicht ohne Stö-

rung des Montageprozesses ersetzt werden konnten, erträglicher geworden zu sein. Doch kam es auch in der Phase der Serienproduktion wiederholt zu willkürlichen Mißhandlungen von Häftlingen. Zwar bot die Arbeit in der Montage einen gewissen Schutz von Übergriffen der SS, doch blieb man dort auch weiterhin deren Kontrolle und Willkür hilflos ausgesetzt.

Im August 1944 begann im Mittelwerk, parallel zu den anderen Fertigungsstätten im Reichsgebiet, die Herstellung der Flügelbombe Fi 103 (Propagandaname V1).

In den Kammern 44, 45 und 46, am Südende des Fahrstollens A wurden in einer mehretagigen Fertigungsanlage bis zu 3000 V1 monatlich am Fließband gefertigt.

Auch hier wurden in großer Anzahl Häftlinge in der Teile- und Endfertigung eingesetzt.

Ab Frühjahr 1945 begann die Verlegung weiterer Rüstungsprojekte in den Kohnstein und seine Umgebung. Zunächst war in einer Halle des Mittelwerkes die 0-Serie der Taifun-Fla-Rakete aufgenommen worden. Nachdem die Rote Armee kurz vor Stettin stand, wurde auch die Heeresversuchsanstalt Peenemünde unter dem Decknamen „Elektromechanische Werke Karlshagen" nach Bleicherode verlagert.

Im Zuge dieser Projekte und der mit ihnen verbundenen Bauvorhaben kam es seit dem Sommer 1944 zur Entstehung eines Komplexes neuer Konzentrationslager und Häftlingskommandos im Raum um Nordhausen. Der sogenannte „Mittelraum", war wie auch „Dora", zunächst dem KZ Buchenwald als Nebenlager bzw. Außenkommando unterstellt. Die beiden größten Nebenlager wurden in Ellrich (Deckname „Erich") und in Harzungen (Deckname „Hans") im Mai bzw. April 1944 eingerichtet und erreichten eine Belegstärke von bis zu 8000 bzw. 4000 Häftlingen.

Die Häftlinge beider Lager wurden zunächst nicht in der Produktion eingesetzt, sondern bei schweren Minier-, Bau- und Transportarbeiten. Der größte Teil von ihnen wurde beim Bau von neuen unterirdischen Stollenanlagen im östlichen Teil des Kohnsteins (Projekt B11) bzw. im Himmelberg bei Woffleben (Projekt B3) eingesetzt. Besonders das Lager in

Vorbereitung von A4-Raketen zum Abschuß

Ellrich, das auf dem Gelände einer stillgelegten Gipsfabrik in der Nähe des Bahnhofs eingerichtet wurde, war ständig überbelegt. Durch die unzureichende Verpflegungssituation, seine besonders schweren und unmenschlichen Arbeitsbedingungen und die skrupellose und brutale Herrschaft der kriminellen Häftlinge, die ihre Mithäftlinge mißhandelten und zur Arbeit antrieben, war dieses Lager besonders gefürchtet.

Neben den größten Lagern in Ellrich, Harzungen und seit Anfang 1945 auch in der Boelcke-Kaserne in Nordhausen, entstanden im Rahmen der Verlagerung weiterer SS-Häftlingsbaubrigaden in das Gebiet um Nordhausen im Sommer und Herbst 1944 eine Reihe kleinerer Nebenlager und Außenkommandos. Während die größeren dieser Lager und Kommandos eine durchschnittliche Stärke von 250 bis zu 1000 Häftlingen aufwiesen, zählten die kleineren Subkommandos oft nur einige Dutzend Häftlinge. Sie wurden zum größten Teil beim Bau von Straßen- und Eisenbahnstrecken (die der Schaffung einer besseren verkehrstechnischen Anbindung der unterirdischen Rüstungsanlagen und seiner Umgebung dienten) und bei der Erweiterung der unterirdischen Produktionsflächen im Kohnstein eingesetzt. Eine größere Anzahl von Subkommandos war zudem mit der Reparatur, der Wartung und Lagerung von V-Waffen und V-Waffen-Zubehör und Ersatzteilen beschäftigt.

Neben dem Lager „Dora", mit seinem im Oktober 1944 ca. 14 500 Häftlingen, hatte sich bis Ende 1944 ein Komplex von miteinander zusammenhängenden Lagern und Kommandos mit einer Stärke von ca. 19 000 Häftlingen herausgebildet, dessen Zentrum „Dora" und die mit ihm verbundene unterirdische Rüstungsproduktion im Kohnstein und seiner Umgebung bildete.

Dieser Lagerkomplex, der weitgehend territorial und homogen eigenständig funktionierte, wurde am 1. Oktober 1944 aus der Unterstellung aus dem KZ Buchenwald herausgelöst und zum Komplex „Mittelbau" verselbständigt.

Mit der Inangriffnahme weiterer Rüstungsprojekte im Mittelraum, besonders seit September 1944, kam es zu einem

V1 Fertigungslinie im Mittelwerk

Tankeinbau auf der Taktstraße im A-Stollen

sprunghaften Anstieg der Häftlingszahlen im KZ-Komplex Mittelbau. Von August 1944 bis Ende Dezember 1944 stiegen die Zahlen von 25 000 auf ca. 34 000.
Die Situation im KZ Mittelbau wurde durch die seit Ende 1944 in mehreren Transporten aus Großrosen und Auschwitz eintreffenden 15 000 Häftlinge immer katastrophaler. In der Endphase des Lagers häuften sich schließlich auch die Exekutionen angeblicher Saboteure und Verschwörer. Nachdem bereits im Zusammenhang mit den Verhaftungsaktionen vom November und Dezember 1944 zwischen dem 23. November und 23. Dezember 1944 insgesamt 21 Häftlinge in „Dora" durch den Strang exekutiert worden waren, setzte am 23. Februar 1945 eine Welle neuer Hinrichtungen ein, bei denen innerhalb weniger Tage mehrere Dutzend Häftlinge in den Stollen und auf dem Abstellplatz des Lagers umgebracht wurden. Im März erreichte die Zahl der so exekutierten Häftlinge mit 162 schließlich den Höhepunkt.
Bereits wenige Tage nach der „Evakuierung" des KZ-Lagers betraten am 11. April 1945 die ersten amerikanischen Soldaten das Lager und die Stollen.
Obwohl die Existenz der Stollen bereits vorher geheimdienstlich aufgeklärt war, verfügten die amerikanischen Streitkräfte nur über ungenügende konkrete Informationen. Die den alliierten Geheimdiensten zugänglichen Informationen über die Bedeutung des Mittelwerkes und seine Produkte sowie das technologische Niveau dieser Massenproduktion einer neuartigen Waffengeneration war von den zuständigen Beamten der englischen und amerikanischen Geheimdienststellen lange Zeit völlig falsch bewertet worden. Erst wenige Monate vor der Besetzung Mitteldeutschlands und nach den ersten größeren Raketenangriffen auf London wurden sich die Waffentechniker der alliierten Streitkräfte über die Funktion des Mittelwerkes neben der Heeresversuchsanstalt Peenemünde klar.
Die intakt zurückgelassenen unterirdischen Rüstungsanlagen des „Mittelwerkes" versetzten die Frontsoldaten in maßloses unverständliches Staunen und beeindruckten die nachfolgenden Spezialisten der US-Army derart, daß sie noch ohne

Zeichnung des italienischen Häftlings Carlo Slama „Erhängungen im Tunnel“

Befehl mit der Dokumentation und Bergung dieser unverhofften und z T. unbegreiflichen Kriegsbeute begannen. Bis Ende Juni 1945 werden von den Amerikanern etwa 100 komplette A-4-Raketen und wertvolle Dokumente sowie Raketenteile geborgen und abtransportiert. Die für die Konstruktion und die Herstellung der Rakete verantwortlichen Wissenschaftler, unter ihnen Wernher von Braun und Walter Dornberger, wurden von den Amerikanern, ungeachtet ihrer Mitverantwortung für den Tod vieler Tausend Häftlinge, unbestraft in die eigenen Dienste übernommen.
Als am 1. Juni 1945 die amerikanische Besatzungsmacht aus Thüringen abzog, wurden die unterirdischen Anlagen des „Mittelwerkes“ von Angehörigen der sowjetischen Armee besetzt und umgehend durch eine sowjetische Sonderkommission untersucht.
Im nahegelegenen Bleicherode, im sogenannten „Zentralwerk“, begannen einige Hundert deutscher Wissenschaftler unter Leitung sowjetischer Offiziere damit, aus den im Mittelwerk vorgefundenen Raketenteilen eine A4 zu rekonstruieren und die Konstruktionsunterlagen neu anzufertigen.
Im Oktober 1946, nachdem die Rekonstruktionsarbeiten weitgehend abgeschlossen waren, wurde dieses Werk aufgelöst und mit Teilen der Belegschaft, zumeist deutschen Wissenschaftlern, in die Sowjetunion verlagert. Nach der Demontage der unterirdischen Fabrikationsanlagen im Kohnstein zerstörten die sowjetischen Besatzungsbehörden 1947/48 durch Schleifsprengungen Teile der Stollenanlage. Außerdem sprengten sie die Eingänge der Fahrstollen auf beiden Seiten des Kohnsteins.
Das ehemalige Lager „Dora“ diente von November 1945 bis August 1946 als Quarantänelager für Umsiedler aus der Tschechoslowakei, bevor die Baracken im Herbst 1946 demontiert und als Behelfsunterkünfte u.a. in der schwer zerstörten Stadt Nordhausen wieder aufgestellt wurden. Lediglich das ehemalige Krematorium, die Feuerwache und zunächst auch der Arrestzellenbau („Bunker“) blieben erhalten. Letzterer wurde jedoch 1952 gegen den Widerstand überlebender Häftlinge auf Weisung der staatlichen Behörden abgerissen.

Nach der Sprengung der Stolleneinfahrten spielte der Kohnstein lange Zeit nur als Rohstoffquelle der Leunawerke Merseburg eine Rolle. Der im Krieg nur eingeschränkt betriebene Anhydrittagebau breitete sich in den sechziger und siebziger Jahren über die gesamte östliche Bergflanke aus und erfaßte auch die Stollenanlagen. Teile der 1944/45 von Häftlingen ausgeschachteten Anlage B 11 fielen in den siebziger Jahren dem Tagebau zum Opfer.
In der zum Ende des Krieges aufgefahrenen Anlage B 12 wurde in den sechziger Jahren ein Kühllager für Obst und Gemüse eingerichtet. Die Stollen des Mittelwerkes wurden wenig beachtet und waren nur Eingeweihten in ihrer ganzen Ausdehnung bekannt. Betreten wurden sie, wenn überhaupt, nur durch Angestellte der Bergsicherungsbehörden oder von Arbeitern des Tagebaubetriebes.
Seit den siebziger Jahren bemühte sich die Leitung der Gedenkstätte um eine Öffnung der Stollenanlage auf der Südseite des Kohnsteins. Immerhin lag der Ursprung des KZ Mittelbau in den unterirdischen Unterkünften in den Kammern 43 bis 46. Zunächst scheiterten die Bemühungen um eine Einbeziehung der Stollen in die Gedenkstätte an den wirtschaftlichen Interessen der Leuna-Werke. Erst 1988 begann man, einen neuen Zugangsstollen an der Südseite des Kohnsteins aufzufahren; die Arbeiten wurden jedoch aus finanziellen Gründen bald wieder eingestellt. Außerdem gingen nach wie vor Teile der Stollenanlage durch den Tagebau verloren.
Die politische Wende des Jahres 1989 brachte auch für die Gedenkstätte und den Kohnstein einschneidende Veränderungen. Aufgrund nationaler und internationaler Proteste gegen den Bergbau am Kohnstein sowie historischer und bergbauwissenschaftlicher Gutachten wurde die Forderung nach der Unterschutzstellung der Stollenanlage des ehemaligen Mittelwerkes immer lauter. Am 13. Dezember 1990 stellte das Kulturamt des Landkreises Nordhausen (untere Denkmalschutzbehörde) die Stollenanlage vorläufig unter Denkmalschutz. Das hinderte die Treuhandanstalt in Berlin allerdings nicht daran, die Bergbaurechte an einen Privatun-

Neu angelegter Zugang zum Stollensystem im Kohnstein, das unter Denkmalschutz steht.

Funde streng geheimer Waffensysteme in der unterirdischen Anlage Mittelwerk:
Turbopumpe für die Rakete A4 (oben) und Düsentriebwerk Jumo 004 einer Me 262 (unten)

Weitere Funde im Mittelwerk:
Brennkammer der Raktete A4 (oben) und
Geräteraum der Rakete A4 (unten)

Halle des Mittelwerkes, in der die Heckflossen der V2 hergestellt wurden

ternehmer zu verkaufen. Dieser intensivierte den Tagebau, wodurch innerhalb der Stollenanlage ernste Schäden entstanden. Schließlich fanden die vielfältigen Proteste aus dem In- und Ausland, insbesondere durch überlebende Häftlinge des Lagers, in der Landespolitik Gehör. Am 14. Oktober 1991 beschloß die Thüringer Landesregierung die „Denkmalwürdigkeit des Stollen-Kammer-Systems Mittelbau-Dora". Hilfreich für den Erhalt des Stollensystems war auch die Tätigkeit einer vom Land eingesetzten Historikerkommission für die Neukonzeption der Gedenkstätten Buchenwald und Mittelbau-Dora.

Am 16. November 1991 stellt sie in einem Entschluß fest, daß „die historische Spezifik des KZ-Mittelbau-Dora sich nur in Verbindung von Gedenkstätte des KL und Stollensystem erfassen" lasse. Dazu sei der vollständige Erhalt der Stollenanlage und die museale Nutzung eines Teils der Stollen erforderlich.

Nicht zuletzt aufgrund der Empfehlung der Historikerkommission wurden 1991 im Auftrag des Landkreises, in dessen Trägerschaft sich die Gedenkstätte seit 1990 befand, die 1988 eingestellten Arbeiten zur Auffahrung eines neuen Zugangsstollens wieder aufgenommen und 1994 abgeschlossen. Seit 1995 ist ein Teil der Stollenanlage für den allgemeinen Besucherverkehr im Rahmen von Führungen durch Gedenkstättenmitarbeiter zugänglich. Im gleichen Jahr wurde in einer rekonstruierten Unterkunftsbaracke im Lagergelände eine neue historische Ausstellung eröffnet, in der die engen Wechselwirkungen zwischen Konzentrationslager und unterirdischer Raketenfabrik anschaulich dargestellt werden. Seit 1999 wird die historische Ausstellung durch eine zusätzliche Informationsausstellung im Fahrstollen A ergänzt.
Seit der Aufnahme der Gedenkstätte in die Förderung durch den Bund im Jahr 2000 befindet sich die Gedenkstätte in einer Umgestaltungsphase. Bisher in ihrer Bedeutung vernachlässigte Teile des Lagergeländes (u. a. der ehemalige Lagerbahnhof und Hinrichtungsorte) sollen in ihrer Struktur kenntlich und für Besucher zugänglich gemacht werden. Die bisherige Museumsbaracke und das in den siebziger Jahren errichtete Verwaltungsgebäude sollen bis 2005 durch einen Neubau ersetzt werden, in dem Gedenkstättenmitarbeiter, Archiv, Bibliothek und Gruppenarbeitsräume ihren Platz haben werden. Den Kern des Gebäudes wird auf einer Fläche von etwa 500 qm eine neue Dauerausstellung bilden, die derzeit vorbereitet wird. Die vielfältigen Wechselbeziehungen zwischen den Einzellagern des KZ Mittelbau, seine Bedeutung als Modellfall der KZ-Zwangsarbeit und der Untertageverlagerung der Rüstungsindustrie sowie die Beziehung zu seinem gesellschaftlichen Umfeld sind wichtige, bisher vernachlässigte Themen, die in der neuen Ausstellung aufgegriffen werden sollen. Die historische Ausstellung von 1995 wird jedoch nicht verloren gehen, denn sie soll in die neue Dauerausstellung integriert werden. Damit ist sichergestellt, daß die Perspektive der Überlebenden, die 1995 für die Neugestaltung der Ausstellung bestimmend war, auch weiterhin präsent sein wird.

Unternehmen LACHS

Die Anfänge des unterirdischen Flugzeugwerkes Reichsmarschall Hermann Göring, kurz REIMAHG genannt, reichen weiter zurück, als die konzeptionelle Planung und Umsetzung des geheimen Rüstungswerkes mit dem Decknamen Lachs[1] und die Bildung des Jägerstabes zunächst vermuten lassen. Die Bildung des Jägerstabes als Organisationsinstrument am 1. März 1944 erfolgte als eine Reaktion auf den seit 1942 zunehmend sichtbar gewordenen Verlust der Luftherrschaft mit dem Ziel, die Defensivstrategie, in die die Luftstreitkräfte des Dritten Reiches, insbesondere seit 1942, geraten waren, zumindest partiell umzukehren.[2] Ziel und Aufgabe des Jägerstabes war es, in der Konzentration der Kommandoebene eine Bündelung der Kapazitäten und des strategischen Ansatzes zur schnellstmöglichsten Steigerung der Produktion von Jagdflugzeugen, der Organisation von erforderlichen Verlagerungen der Produktionsstätten der Flugzeugindustrie und der Beseitigung eingetretener Schäden zu organisieren. Auf zentraler Ebene der Ministerien und der Luftwaffe wurde damit eine Voraussetzung geschaffen, um die dringend benötigten Jagdflugzeuge und die Sicherung deren Produktion durch Dezentralisierung und Verlagerung in unterirdische bzw. bombensichere Objekte raschestens zu vollziehen.

Der Jägerstab war kein Planungsorgan, sondern ein Vollzugsorgan – er beendete die seit 1943 uneinheitlich geführte Strategiediskussion unter den Führungsorganen des Oberkommandos der Luftwaffe, dem Reichsministerium für Rüstung und Kriegswirtschaft (RMfRK) und den Spitzen der Flugzeugindustrie und deren Wirtschaftsorganisation. Dabei konnte er auf eine Reihe konstruktiver und produktionstechnischer Vorleistungen zurückgreifen, die allerdings auf der Grundlage der Blitzkriegsstrategie und der Breitenrüstung der deutschen Luftwaffe nicht ausreichend beachtet, gefördert und koordiniert waren. Dazu gehörte die Entwicklung von Raketen- und Strahlturbinenjägern und der dafür erforderli-

chen Triebwerke sowie deren militärisch neuartiger Ausrüstung.
Im Bereich der Instrumentalisierung der Rüstungswirtschaft sind neben dem RMfRK vor allem die Reichs- und Gauwirtschaftskammern, deren Industriegruppen und die Ringe von Bedeutung. Die so entwickelten Grundstrukturen ermöglichten durch Beibehaltung der Arbeitsebenen bei gleichzeitig zunehmender Konzentration der Leitungsebene, auch unter den erschwerten Bedingungen der Kriegsjahre ab 1943, noch Steigerungen und sicherten die Kriegsproduktion einschließlich deren kriegsbedingter Verlagerung. Hitler selbst hatte unter dem Eindruck der Flächenbombardements der RAF (Royal Air Force) bereits 1943 die Forderung nach Großbunkern erhoben, die von der Organisation Todt (OT) zum Schutz der Flugzeugindustrie errichtet werden sollten. Am 21. April 1944 befahl er neben den schon angelaufenen Schutzmaßnahmen den Bau von sechs solchen Bunkern.[3]
Auch der Jägerstab überholte sich durch Hitlers Weisungen vom Juni und August 1944, durch welche die gesamte Luftrüstung nochmals konzentriert und in die Hand des Rüstungsstabes im RMfRK gelegt wurde. Der Führererlaß vom 12. Oktober 1944 bestimmte zum Schwerpunkt der Luftrüstung die Fertigung von Hochleistungsflugzeugen. Verbunden mit dieser Weisung war die Bestimmung von Gauleiter Sauckel neben den Verantwortlichen der Messerschmitt-Flugzeugwerke zum Beauftragten für die Fertigung der Me 262.[4]
Die Voraussetzungen zur Errichtung der Betriebsgruppe REIMAHG innerhalb der Gustloff-Werke besitzen ihren Ursprung in der von der NSDAP Thüringens seit 1927 energisch und konsequent betriebenen Regionalpolitik. Fritz Sauckel stand der NSDAP seit 1927 als Gauleiter in Thüringen vor. Er hatte in diesem Amt Artur Dinter abgelöst, der sich zornig von der Partei trennte. Sauckel gehörte damit zur alten Garde der Gauleiter, die Hitlers besondere Zuwendung besaßen. Dazu kam, daß es unter Sauckels Führung der NSDAP 1929 und 1932 gelang, bei den Landtagswahlen in die Regierungsverantwortung zu gelangen bzw. sogar die Führung der Lan-

desregierung im August 1932 zu übernehmen. Beorderte Hitler noch 1930 seinen späteren Reichsinnenminister Dr. Wilhelm Frick nach Thüringen, um in der Regierungskoalition die wichtigen Ressorts Inneres und Volksbildung zu übernehmen, so verließ er sich bei der Regierungsbildung im August 1932 voll und ganz auf seinen Gauleiter Fritz Sauckel und verzichtete auf jede direkte Einflußnahme.[5] Sauckel seinerseits führte sein Amt ganz im machtpolitischen Interesse der Reichsleitung bzw. späteren Reichsführung der Nationalsozialisten und Hitlers. Sein Anspruch, Thüringen zum „Schutz- und Trutzgau des Führers" zu machen, entsprach dieser Erwartung. Dabei besaß er, eingebettet in die strukturellen Begriffe des autoritären Führerstaates, zugleich regionalpolitische Machtinteressen. Um diese zu sichern, war die von Sauckel unangefochten dominierte regionale Führung bemüht, ihre Einflußnahme auf alle Ebenen staatlicher Macht auszuweiten und zu verankern. Das drückte sich in der Machtkonzentration innerhalb der kleinen, ambitionierten Sauckel-Gruppe ebenso aus, wie im Bemühen um den Erhalt Thüringens überhaupt im Zusammenhang mit den Reichsreformplänen und bei der Sicherung regionaler Zuständigkeiten[6]. Die Machtstellung Sauckels als unbestrittener „Gaufürst" Thüringens wuchs mit seiner 1939 erfolgten Ernennung zum Reichsverteidigungskommissar für den Wehrbezirk IX Thüringen, der auch preußische, hessische und andere Gebietsteile einschloß[7]. Ihm schwebte vor, was aus seiner Korrespondenz mit Martin Mutschmann, dem Gauleiter und Reichsstatthalter Sachsens hervorgeht, die Grenzen des Wehrbezirkes nach dem Krieg als Gaugrenzen zu übernehmen[8]. Diesen regionalpolitischen Anspruch versuchte Sauckel schon vor 1939 im Zuge der gescheiterten Reichsreformpläne zu verankern, indem er sich um die Sicherung regionaler Machtstrukturen in allen gesellschaftlichen Bereichen bemühte. Ein Glied in dieser Kette bildete im Bereich der thüringischen Wirtschaft die Arisierung der Berlin-Suhler Waffen- und Fahrzeugwerke (Simson Suhl). Ohne formale Rechtsgrundlage, und drei Jahre früher als dieser Prozeß reichsweit vollzogen wurde, erzwang er die Übergabe des Betriebes von den jüdischen Besitzern. Das propagandistische Argument, das er auch gegenüber Hitler gebrauchte, die thüringische Waffenindustrie „judenfrei" und damit unabhängig zu machen, verbarg letztlich nur das eigentliche Ziel, in die regionale Rüstungsindustrie und deren Organisationsstrukturen einzudringen und damit neben dem finanziellen Nutzen Mitgestaltungsrechte auf allen Organisations- und Entscheidungsebenen zu erlangen. Hitler selbst verfügte 1936 die Einsetzung Sauckels als Stiftungsführer. Die Aufsicht der Stiftung übernahm ein Verwaltungsrat. Drei Mitglieder des fünfköpfigen Gremiums wurden von ihm in Abstimmung mit Hitlers Wirtschaftsberater SS-Obergruppenführer Wilhelm Keppler ernannt, zwei vom Heereswaffenamt. Der Vorsitz des Verwaltungsrates lag bis 1939 in der Hand des Gauwirtschaftsberaters Otto Eberhardt[9]. Bis 1943 bekleidete Dr. Walter Schieber[10] das Amt. Ihm folgte bis 1945 Staatsrat Otto Demme[11]. Als Generaldirektor des sich entwickelnden Rüstungsunternehmens fungierte Karl Beckurts. Die engen Beziehungen zu Keppler, zu Göring, zum Heereswaffenamt, die sowohl von Sauckel als auch von der Betriebsführung gepflegt wurden, erlaubten dem Unternehmen ein hohes Wachstum und festigten seine Bedeutung als Rüstungsbetrieb. Die Wilhelm-Gustloff-Stiftung, ab 1939 in Nationalsozialistische Industriestiftung „Gustloff-Werke" umbenannt, entwickelte sich zu einem wichtigen Rüstungsträger mit Führungsaufgaben in der Wirtschaftslenkung. Ab 1940 produzierte der Konzern ausschließlich Rüstungsgüter und Produktionsmittel für die Kriegswirtschaft. Zunehmend fehlende Arbeitskräfte wurden durch ausländische Fremdarbeiter und KZ-Häftlinge ersetzt[12]. Sauckel, seit dem 21. März 1942 Generalbevollmächtigter für den Arbeitseinsatz[13], hatte auch hier günstige Voraussetzungen. So verwundert es nicht, daß dieses nationalsozialistische Unternehmen 1944 mit der Errichtung einer unterirdischen Fabrik zur Jägerproduktion betraut wurde. Der Ankauf der AGO Flugzeugwerke in Oschersleben und die günstigen Voraussetzungen für ein solches Vorhaben bei Kahla/Großeutersdorf ermöglichten den Einstieg der Gustloff-Werke in diesen Bereich der Rüstung.

Ein entscheidendes Kriterium bestand dabei im Einfluß, den die Gustloff-Gruppe und Sauckel persönlich innerhalb der Entscheidungsorgane des Dritten Reiches durch den Ausbau der NS-Stiftung „Gustloff-Werke" inzwischen besaßen. Die Stiftung selbst bildete ein neues Modell der Betriebsführung gegenüber den etablierten Formen der Privatwirtschaft, was sich gleichfalls vorteilhaft auswirkte[14].

Als die „Gustloff-Werke" 1944 die REIMAHG gründeten, war dies einer der letzten Versuche zur Abwehr der drohenden Kriegsniederlage Deutschlands. Die Produktion des Hochleistungsflugzeuges Me 262 hatte inzwischen zusammen mit den Panzerabwehrgeschützen die höchste Dringlichkeitsstufe zur Fertigung kriegswichtiger Güter erhalten. Im Sommer 1943 beurteilte die Generalität, einschließlich der Spitzen Hitler und Göring, die Kriegslage trotz der erlittenen Verluste bei Stalingrad, am Kursker Bogen, der Kapitulation der Heeresgruppe Afrika und der Landung der Westalliierten auf Sizilien noch nicht als dramatisch. Ebenso unterschätzte die Führung die zunehmenden Bombardements deutscher Städte[15]. Die sich völlig verändernde strategische Lage und der unaufhaltsame Verlust deutscher Feuerkraft wurden nur taktisch begriffen. Die Rückgewinnung der verlorenen Schlagkraft durch Ersatzleistungen sollte Abhilfe schaffen. Für die Kriegswirtschaft bedeutete dies eine drastische Erhöhung der Lieferungen und kürzere Fertigungszeiten bei gleichzeitiger Einsparung von Personal und Materialien. Bei den Waffensystemen wurde aber der bewährten Technik der Vorrang gegenüber neuen Systemen eingeräumt.

Im Bereich der Luftwaffenstrategie und der Luftrüstung orientierte sich die deutsche Führung auf zwei Schwerpunkte. Zunächst sollten die britischen Nachtangriffe auf deutsche Städte und Kriegsanlagen wirkungsvoller bekämpft werden. Zum zweiten rechnete das OKW (Oberkommando der Wehrmacht) mit der Eröffnung einer zweiten Front, zu deren wirksamer Abwehr taktische Bomber („Blitzbomber") eingesetzt werden sollten. Diese Bomber sollten auch zur Verstärkung der Frontfliegerkräfte genutzt werden können. Zur Abwehr der Bomberflotten wurde vom Reichsluftfahrtministerium

(RLM) das Jägerprogramm aufgelegt, das eine enorme Steigerung der Fertigungszahlen der Me 109 vorsah, obwohl die Fachleute wußten, daß die Maschine sich technisch überholt hatte und auch der Massenfertigung und dem Einsatz Grenzen gesetzt waren. Im Bereich der Bombenflugzeuge fehlte ein „Blitzbomber" überhaupt, und bei den Schlachtflugzeugen wurde gleichfalls auf Verbesserung überalterter Modelle gesetzt.

Durch diese Maßnahmen überstieg im zweiten Halbjahr 1943 die Jägerproduktion erstmals die von Bombern – und das trotz erheblicher Versorgungsschwierigkeiten, doch mißlang der Versuch, aus der Defensive herauszukommen. Erst im Herbst 1943 wurde allmählich die Einsicht gewonnen, daß die gesamte Luftwaffenstrategie umgestellt werden muß. Ursprünglich hatte im Zuge der Blitzkriegsstrategie und des Rüstungsvorlaufes der deutschen Wehrmacht niemand in der Truppenführung mit Massenbombardements auf deutsche Städte gerechnet, wie sie im Sommer 1943 auf Hamburg und im November auf Berlin erfolgt waren[16]. Diese Angriffe offenbarten eine andere Form der Strategie und basierten auf neuer Technik im Militärflugwesen. Deshalb auch konnte nur mit neuer Strategie und Technik von deutscher Seite darauf geantwortet werden. Doch in der Gesamtstrategie hatten die Deutschen bis Mitte 1943 die Innovationen, die reichlich vorhanden waren, nicht sonderlich beachtet oder gar mit hoher Dringlichkeit entwickelt. Damit setzte unter den schwierigen Bedingungen der schon vollzogenen Kriegswende der Versuch ein, in einer Kraftaktion neue Waffensysteme zum unmittelbaren Kampfeinsatz zu bringen, eine Typenbereinigung zu betreiben und die Fertigungen zu konzentrieren. Die REIMAHG bildete dabei den Hoffnungsträger für die Fertigung der Jägerversion der Me 262. Vorgesehen war eine Fließbandfertigung mit hohen Ausstoßraten, wie sie bei den Messerschmitt-Werken nicht bestand.

* * *

Im Jägerbereich der Luftwaffe bildete die Me 109 mit ihren verschiedenen Varianten neben der später eingeführten FW 190 den Ausrüstungsstandard. Die Entwicklung der Me 109 hatte unter Prof. Willy Messerschmitt und Diplom-Ing. W. Rethel 1934 begonnen. Ein Jahr später fiel bereits in einem Vergleich mit anderen Typen die Entscheidung, die Bf 109 – so die ursprüngliche Bezeichnung nach den Bayerischen Flugzeugwerken – die 1938 von der Messerschmitt AG übernommen wurden, als Standardjäger der deutschen Luftwaffe einzuführen. Diese Entscheidung führte dazu, daß die Me 109 mit ihren verschiedenen Einsatzmustern zum meistgebauten Jäger des Zweiten Weltkrieges wurde. Sie führte aber auch dazu, daß eine Waffe, deren technische Grenzen sich bereits 1938/39 von der konstruktiven Seite her deutlich abzeichneten, zur dauerhaften Grundausrüstung der Luftwaffe avancierte[17]. Die damit verbundenen Fehleinschätzungen sollen hier nicht im einzelnen besprochen werden, sie umfassen die Bereiche der Strategie der Luftkriegsführung, der rüstungstechnischen Möglichkeiten und Neuerungen ebenso, wie rein zeitbedingte Veränderungen und Entscheidungszwänge, die sich im Bereich einer mehr offensiver oder defensiverer Luftkampfführung vollzogen. Die technischen Grenzen der Me 109 hatte Messerschmitt selbst mit seinem Rekordflugzeug Me 209 aufgezeigt. Damit verband sich die Erkenntnis, daß die Höherentwicklung neue Triebwerke und Zellen erforderte. Damit begann das Zeitalter der Raketen- und Turbinenstrahlflugzeuge.
Das erste strahlgetriebene Flugzeug der Welt absolvierte im Sommer 1939 seinen Erstflug. Es war die bei der Ernst Heinkel A. G. in Warnemünde gebaute He 178[18]. Messerschmitt beschritt mit seinen Ingenieuren ebenfalls diesen neuen Weg und begann 1938 die Entwicklungsarbeiten an einem eigenen Strahlflugzeug, dem P(rojekt) 1065, der späteren Me 262. Bereits nach einem Jahr waren die Entwicklungsarbeiten an der Zelle beendet. Es fehlte aber für weiterführende Schritte noch das Triebwerk sowie die notwendige Erteilung eines Auftrages durch das RLM. Die Auftragserteilung erfolgte 1941, nachdem eine Attrappe vorgestellt worden war. Zunächst

wurde der Bau von drei Versuchsmustern (V1–V3) genehmigt. Da noch kein funktionstüchtiges Triebwerk zur Verfügung stand, erfolgte die Erprobung des Flugzeuges vorerst mit einem Kolbenmotor Jumo 210 G. Der erfolgreiche Erstflug fand am 18. April 1941 statt. Der Erstflug mit zwei Turbinentriebwerken BMW 003 (und dem Kolbenmotor) erfolgte am 25. März 1942, und einige Monate später, am 18. Juli 1942, startete der Chefpilot der Messerschmitt AG Fritz Wendel vom Lechfeld bei Augsburg zum ersten rein strahlgetriebenen Flug. Die Maschine wurde dabei von zwei Jumo 004 Strahltriebwerken angetrieben und flog nach Aussagen des Testpiloten gut[19].

Obwohl die Entwicklungsarbeiten an der Me 262 von 1938 an, insbesondere die Entwicklung der erforderlichen Triebwerke, nicht als optimal bezeichnet werden können, hätte doch zu dieser Zeit die Fertigstellung und Truppeneinführung der Me 262 mit allen verfügbaren Mitteln vorangetrieben werden müssen. Statt dessen zögerten die Verantwortlichen im Luftfahrtministerium und verschleppten die notwendigen Entscheidungen um mehr als ein Jahr. Befürchtungen bestanden vor allem wegen der radikalen Umstellung der Fertigungsanlagen, der damit verbundenen Verzögerungen und Lieferverluste und der Probleme bei der Umschulung der Piloten. Andererseits hatte sich seit Kriegsbeginn die deutsche Luftwaffe von einem offensiven Kampfinstrument zunehmend zu einer defensiv orientierten Waffengattung gewandelt. Diese Wandlung bedeutete eine generelle Schwächung der deutschen Kampfkraft, welche durch weitere Verzögerungen mit jedem Tag noch weiter sank.

Erste Maßnahmen zur Verstärkung der Luftrüstung waren von Hitler und Göring zwar schon im Juni 1941 eingeleitet worden, doch forderten diese zunächst lediglich eine höhere Auslieferungsrate der Standardjäger. Generalfeldmarschall Erhard Milch und dem Generalluftzeugmeister Ernst Udet wurde die Durchsetzung dieses Führerbefehles übertragen. Beide bereisten die deutsche Luftfahrtindustrie, um sich ein eigenes Bild über die Verhältnisse und Möglichkeiten zu verschaffen. Am 7. August 1941 weilten sie auch bei Messer-

schmitt in Augsburg. Doch drängten sie vor allem auf höhere Ausstoßraten der Me 109 F[20].
Eine Wende bei der Beurteilung der Neuentwicklungen kam erst 1943 zustande. Am 22. Mai flog der General der Flieger Adolf Galland erstmals auf dem Versuchsgelände Lechfeld bei Augsburg eine Me 262 und war begeistert. Galland erkannte in dem neuen, strahlgetriebenen Jagdflugzeug sofort eine geeignete Waffe gegen die seit 1941 zunehmend von der britischen RAF und der amerikanischen USAF entwickelten strategischen Bombenangriffen auf Deutschland, denen weder mit den vorhandenen Jagdfliegerkräften noch mit der Flak beizukommen war. Entsprechend bemühte er sich beim RLM. Eine günstige Gelegenheit bot die am 26. November 1943 durchgeführte Vorstellung neuer Flugzeuge und Bewaffnung in Insterburg/Ostpreußen unter Anwesenheit Hitlers, Görings und weiterer staatlicher, militärischer und wirtschaftlicher Spitzenkräfte. Auch die Me 262 wurde vorgeführt. Die als Jagdflugzeug ausgelegte Maschine mit drei Maschinengewehren MG151/20 imponierte dem Reichskanzler. Hitler, der nach der Niederlage der 6. Armee bei Stalingrad und der großen Panzerschlacht im Kursker Bogen vor allem eine Stärkung der Frontfliegerkräfte sowie der taktischen Bomberverbände wünschte, richtete an Professor Messerschmitt die Frage, ob die Me 262 auch Bomben tragen könne.

Messerschmitt bejahte, was zur Folge hatte, daß der Führer entschied, die Me 262 soll nicht als Jäger, sondern als Blitzbomber gebaut werden. Eine folgenschwere Entscheidung, da die Maschine konstruktiv nicht als Bomber ausgelegt worden war. Allein durch die Zuladung der Bombenlast würde das Flugzeug ca. 200 km/h an Geschwindigkeit einbüßen und an Reichweite verlieren. Beides hätte die Vorteile der Maschine gegenüber feindlichen Jagdflugzeugen mehr als aufgehoben. Dazu kam, daß die Bombenaufhängung erst entwickelt werden mußte, was mindestens eine weitere Verzögerung von sechs Monaten mit sich brächte. General Adolf Galland und andere erfahrene Flugoffiziere versuchten noch, die Entscheidung Hitlers zu korrigieren, doch das gelang vorerst nicht. Das Flugzeug sollte zum Blitzbomber umgestaltet werden[21].

Die fortgesetzten Bombardements auf deutsche Städte und militärisch bedeutsame Industriegebiete erzwangen aber 1944 eine Verstärkung der Maßnahmen zum Schutz des deutschen Luftraumes und zum Objektschutz, da die bisherigen Entscheidungen keinen meßbaren strategischen Nutzen erbracht hatten. Es wurde immer offensichtlicher, daß geeignete Jagdfliegerkräfte über Deutschland den angloamerikanischen Bomberströmen entgegengestellt werden mußten; zudem genügte die Dezentralisierung der Fertigungsstätten von Jagdflugzeugen nicht als Schutzmaßnahme. Die 1943 noch uneinheitliche Auffassung bei der Luftwaffenführung, ob verstärkt defensiv oder offensiv gegen diese Luftangriffe vorzugehen sei, der auch Hitlers Entscheidung vom November 1943 zugeordnet werden muß, vereinheitlichte sich letztlich durch die nachgewiesene Erfolglosigkeit der Defensivmittel und führte zur Errichtung des Jägerstabes am 1. März 1944. Damit verbunden war eine Konzentration der Führungsebene zur Sicherung der Rüstungsproduktion von Jagdflugzeugen, was zuvor vom Luftwaffengeneralstab, dem Generalluftzeugmeister, dem Planungsamt mit Hauptausschüssen in einem Auftragsverfahren über mehrere Stufen organisiert war. Klar war auch, daß die Rüstungsindustrie gegenüber den zahlreichen Bombenangriffen in besonderer Weise geschützt werden mußte, um produzieren zu können. Die Pläne zur Dezentralisierung der Industriestandorte ebenso wie zur Verbunkerung bzw. zur Errichtung unterirdischer Produktionsstätten in alten Bergwerksstollen lagen schon längere Zeit bereit. Angestrebt wurde die bombensichere Unterbringung ganzer Fabriken[22]. Und das war die Stunde Sauckels und der Nationalsozialistischen Industriestiftung „Gustloff-Werke“, deren Stiftungsführer er war. Saukkel unterbreitete Reichsmarschall Hermann Göring am 8. März 1944 in einem Brief den Vorschlag, innerhalb der Gustloff-Werke die Jägerfertigung mit größter Intensität in Thüringen aufzunehmen. Göring stimmte den Plänen Sauckels zu. Das Werk sollte gemäß den Weisungen Hitlers bom-

Ein über Deutschland abgeworfenes Flugblatt der Allierten

bensicher in den Stollen der Porzellansandgrube der Kahla Porzellan AG bei Großeutersdorf untergebracht werden[23]. Für diese Grube hatten sich zuvor schon andere Firmen und Stellen, so die Firmen Junkers und Zeiss, das Heeresbekleidungsamt, die Luftwaffe und die Organisation Todt interessiert, doch kam es zu keinen konkreten Maßnahmen[24]. Damit verfügte Sauckel über ein geeignetes Objekt, und durch seine Funktionen auch über die ausreichende Macht, die Porzellansandgrube in kürzester Zeit zu einer Rüstungsfabrik für Jagdflugzeuge ausbauen zu lassen. Was noch fehlte, waren die technischen und finanziellen Voraussetzungen zur Errichtung dieser Fabrikationsanlage. Beide Probleme wurden bis Anfang Juni 1944 gelöst. Die Gustloff-Werke erwarben mit wirksamer Unterstützung Görings, Milchs, Speers und anderer von der AEG die AGO-Flugzeugwerke Oschersleben und überführten Teilbereiche der 18 übernommenen Betriebs- und Fabrikstätten in die neu entstandene Betriebsgruppe REIMAHG, die wiederum innerhalb der Nationalsozialistischen Industriestiftung „Gustloff-Werke“ als GmbH bestand[25]. Die Übernahme der AGO vollzog sich nahezu reibungslos. Die Kriegslage und die schon eingetretenen Fliegerschäden im Flugzeugwerk Oschersleben bewirkten dies ebenso, wie die Interessenlage Sauckels im Sinne der Festigung seiner Machtstellung; selbstverständlich spielten dabei auch wirtschaftliche Interessen der in der Stiftung vereinigten Interessengruppen eine große Rolle. So gesehen überraschte es nicht, daß es der Stiftungsführung gelang, für das Vorhaben REIMAHG erhebliche finanzielle Mittel aus der Staatskasse zu erhalten. Der gesamte Investitionsaufwand wurde von der Generaldirektion der Gustloff-Werke auf etwa 50 Mio. RM geschätzt. Davon sollte das Reich den Erwerb der Liegenschaften und den Gesamtausbau der Stollen des Walpersberges und der Anlage bei Hadmersleben tragen. Vom Reich würde die Stiftung dann die Anlagen pachtweise übernehmen[26].

Mit der Übernahme der AGO-Flugzeugwerke GmbH Oschersleben verfügten die Gustloff-Werke über die notwendige Fertigungstechnik und zugleich über die Aufträge zur Fertigung,

Über der Front abgeworfenes Flugblatt, das die Luftüberlegenheit der Alliierten demonstriert.

denn die AGO-Werke produzierten den Jäger FW 190 und die TA 152. Der Ausbau der Porzellansandgrube bei Kahla/Großeutersdorf war schon vor der Entscheidung zur Übernahme der AGO-Werke gefallen und hatte bereits am 11. April 1944 begonnen. Zunächst wurde daran gedacht, die Produktion der FW 190 bzw. der TA 152 nach dem Walpersberg bei Kahla zu verlegen, doch da das in Oschersleben stark gefährdete Werk bereits zum Teil in das Bergwerk Hadmersleben ausgelagert worden war, wurde mit der FW-Gruppe die Beibehaltung der vorgesehenen Produktionsstandorte vereinbart. In Großeutersdorf sollte dagegen im September mit einer Teilproduktion (Rumpf- und Flächenbau) für die TA 152 begonnen werden, die dann zunehmend bis zur kompletten Fertigung ausgebaut werden sollte. Dieses Vorhaben wurde jedoch aufgrund einer Führerentscheidung vom Jägerstab gestoppt, und Sauckel erteilte dem Betriebsführer Roloff am 17. Oktober 1944 den Auftrag, umgehend die Voraussetzungen zur Produktion der Me 262 zu schaffen. Vorausgegangen war diesem Auftrag der Führererlaß über den sofortigen Bau von Hochleistungsflugzeugen und Sauckels Ernennung zum Beauftragten für den Produktionsstandort Kahla/Großeutersdorf. Dazu gehörte die sofortige Verlegung aller verbliebenen Betriebsteile der AGO nach Kahla/Großeutersdorf und nach Hadmersleben in die bombensicheren Stollenanlagen. Die schon angelaufenen Maßnahmen zur Montage und Teilfertigung der TA 152 wurden aufgehoben, die schon installierten Fertigungsanlagen wurden an andere Unternehmen, die die Produktion übernahmen, abgegeben. Die Betriebsgruppe REIMAHG konzentrierte ihre gesamten Aktivitäten nunmehr ausschließlich auf die Fertigung der Me 262 einschließlich der umfangreichen Hilfeleistungen und Zulieferungen der Messerschmitt AG. Unter den gegebenen Verhältnissen gab es nur ein Ziel: schnellstmöglicher Anlauf der Fertigung. Für den Monat April des Jahres 1945 wurde ein Ausstoß von 1250 Maschinen vorgesehen. Das bedeutete, daß innerhalb eines halben Jahres die Fertigung bei gleichzeitig fortlaufendem Ausbau des Stollenwerks, produktionsfähig gemacht werden sollte, wobei das Produktionsvolumen zudem deutlich über dem der Messerschmitt-Werke liegen sollte. Nach erfolgreichem Serienanlauf sah die Planung weiter vor, die gesamte M 262-Fertigung in das Stollenwerk Lachs zu verlegen, da die Messerschmitt-Werke gegen Bombenangriffe unzureichend geschützt waren und zugleich durch die dezentrale Lage der Fabrikbereiche keine Fließfertigung aufgezogen werden konnte. Um diese Zielstellung erreichen zu können, standen alle Maßnahmen unter dem Diktat der Zeit.

Den Standardjäger der deutschen Luftwaffe bildete, wie schon erwähnt, die Me 109. Diese solide und vielseitige Maschine wurde einschließlich der verschiedenen Varianten mit 30 573 Stück zum meistgebauten Jäger des Zweiten Weltkrieges. Mit den zunehmenden Veränderungen der Luftkriegsführung zwischen 1940 und 1943 überholte sich die Me 109. Auch die später eingeführten FW 190 und die TA 152, die bessere Flugleistungen erzielten, genügten den veränderten Erfordernissen der Kriegsführung nur bedingt. Mit der Einführung der Raketen- und Turbinenstrahlflugzeuge sollte eine erneute Überlegenheit der deutschen Jäger erreicht werden. Auf diesem Gebiet der angewandten Forschung besaß Deutschland gegenüber Großbritannien, den USA und der Sowjetunion einen Entwicklungsvorsprung. Die He 176, das erste flugfähige Raketenflugzeug, absolvierte im Juni 1939 ihren Erstflug. Die Höchstgeschwindigkeit betrug 750 km/h und die Reisegeschwindigkeit 710[27]. Damit lag schon bei diesem Versuchsflugzeug die Maximalgeschwindigkeit deutlich über der der Me 109 F, die 635 km/h betrug. Nur einen Monat später, am 27. August, startete die He 178, das erste strahlgetriebene Flugzeug der Welt, zum Erstflug. Bei Messerschmitt liefen seit Herbst 1938 erste Entwicklungsarbeiten für das P(rojekt) 1065, das vom RLM unter der Nummer Me 262 registriert wurde. Die Entwicklungsarbeiten endeten 1941. Es folgte die Erprobung und Aufrüstung des Flugzeuges. Im Sommer 1943 hatte auch diese Phase ihren Abschluß gefunden, so daß der erste Strahljäger der Welt in die Serienproduktion hätte übernommen werden können.

Das RMfRK begann 1943 systematisch mit der Auflistung verfügbarer unterirdischer Hohlräume. Dem mitteldeutschen Raum mit seinen verschiedenen Stollenwerken kam dabei aufgrund günstiger geologischer und standortbedingter Voraussetzungen eine besondere Bedeutung zu. Dazu kam eine gut entwickelte und dicht vernetzte Infrastruktur. Mehrere hundert solcher Anlagen wurden letztlich vom RMfRK erfaßt. Nicht alle Anlagen erwiesen sich als brauchbar, da die Zeit drängte und die bergbautechnischen Anpassungen ohne großen Zeitverlust vorgenommen werden mußten. Die Verantwortlichen entschieden sich deshalb parallel zum Bau von Großbunkern vor allem zur Nutzung alter Stollenanlagen, die für größere Werke mit sperrigen Produkten relativ leicht ausgeweitet werden konnten.
Im Raum Jena–Sitzendorf–Eisfeld–Lehesten–Pößneck wurden wenigstens 41 vorhandene Untertageanlagen erfaßt, von denen 24 bestimmten Unternehmen zugeteilt wurden. Weniger als 10 davon erreichten die Produktionsreife. Unter diesen war das REIMAHG-Werk im Walpersberg bei Kahla-Großeutersdorf eindeutig die größte unterirdische Stollenanlage. Zwei weitere Stollenwerke gehörten noch zur REIMAHG, einmal die Anlage in den Anhydrit-Steinbrüchen von Krölpa mit dem Decknamen Pikrit, in dem auf einer Fertigungsfläche von 60 000 m^2 das Arado-Werk Brandenburg mit der Produktion des Schnellbombers Ar 234 untergebracht werden sollte, und das Eisenerzbergwerk bei Großkamsdorf mit dem Decknamen Schneehase, wo die Fabrikation des Triebwerkes für die Me 262 vom Typ BMW 003 erfolgen sollte, dessen Einbau anstelle des Jumo 004 bereits konzeptionell vorgeplant war.
Der Baubeginn am Walpersberg erfolgte am 11. April 1944. Die Bauausführung lag in der Hand der REIMAHG-Bau GmbH, die als Tochterunternehmen der REIMAHG-Gruppe innerhalb der Gustloff-Werke für diesen Zweck gebildet wurde. Die REIMAHG-Bau entstand als Generalauftragnehmer gegenüber dem Staat als Generalauftraggeber und Investitionsträger des Bauvorhabens, getrennt von der Fertigung. Die AGO-Flugzeugwerke gingen zum Teil in den Bereich Techni-

Teile der Außenbauwerke der REIMAHG am Südhang des Walpersberges, im Hintergrund das Blockhaus des Gauleiters Fritz Sauckel.

sche Oberleitung/Fertigung FW 190, TA 152 und Me 262 auf. Zum Geschäftsführer der REIMAHG-Bau ernannte Fritz Sauckel Staatsrat Otto Demme. Diesem unterstand die Bauleitung und die Technische Oberleitung gleichermaßen, da der Ausbau des Walpersberges parallel mit der Errichtung der Fertigungsanlagen verbunden wurde. Die gesamte Ausbaukonzeption, die allerdings nicht durchgehend eingehalten wurde, sah von Anfang an vor, die Flugzeugproduktion unmittelbar in einem Gleitverfahren an die Baufertigstellung anzukoppeln und zunehmend zur Serienproduktion überzugehen. Mit Hilfe dieses Organisationsschemas konnte eine maximale Abstimmung zwischen den beiden Organisationsbereichen erreicht werden, um flexibel auf alle Erfordernisse und Veränderungen reagieren zu können. Die unmittelbare Projektleitung war dem Weimarer Architekten Ernst Flemming übertragen. Ihm unterstanden alle 96 bekannten Firmen, die am Baugeschehen beteiligt waren. Neben den Planungsunterlagen und logistischen Vorbereitungen begannen die praktischen Arbeiten mit der Errichtung von Barackenlagern und Unterkünften für zunächst 15 000 Arbeitskräfte, davon etwa 10 000 ausländische Fremdarbeiter und ca. 80 Häftlinge. Zugleich begannen auch die eigentlichen Baumaßnahmen am und im Walpersberg. Als Zeitzeuge beschreibt der damalige Stadtbaumeister Kahlas, Albert Meyer, den Arbeitsverlauf mit den Worten: „Geradezu typisch für die REIMAHG war dabei, daß die Arbeiten an allen Plätzen überall zugleich begannen und kaum etwas wirklich fertiggestellt wurde.“[29] Im großen ganzen trifft diese Charakterisierung zu. Die erbrachten Bauleistungen waren dennoch ernorm. Zwar kam es nicht mehr zur Serienfertigung, doch mit der Fertigung ist begonnen worden. Am 21. Februar 1945 gegen 13.35 Uhr startete die erste Me 262 aus der REIMAHG-Produktion, und bis Kriegsende wurden weitere 26 Maschinen geliefert.[30]

Der Walpersberg, genauer gesagt das alte, beim Bergamt als Porzellansandsgrube Großeutersdorf registrierte Bergwerk der Kahla Porzellan AG, bestand aus einem Netz von mehr oder weniger rechtwinklig zueinander verlaufender Stollen

von etwa 3,50 m Breite und 4 m Höhe auf einer Sohle mit zwei Zugängen und einem Luftschacht[31]. Dazu kamen nun in der Planung zum Ausbau neu anzulegende Stollen, die an das alte System im Norden und Westen angegliedert wurden und die Größe der alten Grube deutlich überstiegen. Das alte Stollennetz sollte zunächst begradigt und die Stollen auf 5 Meter verbreitert werden. Vorgesehen waren bei diesen Baumaßnahmen auch Sicherungen und die Betonierung der Sohle. Gleichzeitig sollten mehrere neue Zugänge von außen geschaffen und zur Komplettierung des alten Grubennetzes etwa 12 neue Stollen in regelmäßigen Abständen voneinander zwischen 100 und 200 Metern vorgetrieben werden. Das dabei entstehende Netz wurde durch fünf durchgehende, allerdings durch die vorgegebenen alten Stollen nicht überall geradlinig verlaufende Verbindungsstollen zusammengefügt. An der westlichen Begrenzung des alten und im Nordteil ergänzten Systems wurde mit dem Stollen 21 der Berg erstmals in ungebrochener Linie, von Nord nach Süd verlaufend, in einer Länge von 460 Metern durchschlagen. Von diesem Stollen an sollten der Planung nach weitere 59 parallel verlaufende Stollen angelegt werden; dazu die fünf in der Berglängsachse verlaufenden Verkehrsstollen – drei geradlinige in der Mittelachse und zwei seitliche, die den Biegungen der Berghänge mehr oder weniger folgten – um ein Verbundnetz entstehen zu lassen. Um den Berg waren vorerst 27 Zugänge zu den äußeren Verkehrsstollen vorgesehen, die das Parallelstollensystem wie eine Ellipse umschlossen. Die Anzahl der geplanten Zugänge wurde später noch aufgestockt.
Realisiert wurden acht Zugänge, sieben dem Dehnatal zugewandt, einer (Stollen 21) auf der Seite des Reinstädter Grundes[32]. Außerhalb des Walpersberges, quasi als Gegenstück zur inneren Ellipse, war eine Zufahrtsstraße vorgesehen, die nur in wenigen Teilstücken ausgeführt wurde, und alle geplanten Zugänge miteinander verbinden sollte.
Nach dem vorläufigen Plan vom 25. Juli 1944 sollten die neuen Stollen ab Nr. 21 bis Nr. 34 sechs Meter Breite und etwa vier Meter Höhe erhalten. Einige Stollen sollten bis neun,

andere bis fünfzehn Meter aufgeweitet werden, um Fertigungsstraßen aufnehmen zu können. Diese größeren Stollen wurden von vornherein als Kran- und Montagehallen konzipiert. Allerdings verzögerte sich der Ausbau gegenüber der Vorplanung. Eine Zwischenbilanz vom 31. Dezember 1944 weist für die Halle 33 (Stollen) eine Erschließungslänge von 50 Metern und für die Halle 34 von rd. 125 Meter aus; für die Hallen 35 und 36 existierten vorerst nur Richtstollen mit gut 150 Metern Länge. Die tägliche Vortriebsleistung dürfte pro Tag bei den großen Hallen nicht über zwei Meter betragen haben, sofern Sicherungsmaßnahmen erforderlich wurden. Damit verzögerte sich die Inbetriebnahme gerade dieser Montageflächen gegenüber der Planung um einige Monate, obwohl an mehreren Stellen zugleich gearbeitet wurde.

Mit der Fertigstellung der unterirdischen Fabrik sollte eine Arbeitsfläche von rund 150 000 Quadratmetern für die Rüstungsgüterproduktion bereitstehen. Das Stollensystem selbst umfaßte dabei eine Strecke von rund 30 Kilometern. Die gesamten Stollenkilometer, die im Walpersberg während der elfmonatigen Bauphase, ob als Voll- oder Teilausbruch oder als Begradigungsarbeit erbracht wurden, betrugen ca. 15 Kilometer.

Der Vortrieb gestaltete sich unerwartet problematisch, weil zahlreiche Angriffspunkte, in Protokollen[33] ist von 35 die Rede, den zügigeren Ausbau verhinderten. Eine unangenehme Erscheinung verband sich mit den Schießgasen der vielen Sprengungen, die zum Teil unkontrolliert durch die Stollen zogen, weil nach keinem einheitlichen Schema das Vortriebs- und Bewetterungsplanes gearbeitet wurde und der Durchtrieb, um eine natürliche Bewetterung zu erhalten, zu lange dauerte. Der Einbau der erforderlichen Ventilatoren zur Bewetterung, die bereits geliefert vor Ort bereitstanden, verzögerte sich aufgrund der gesetzten Prioritäten.

Die so entstandenen schweren, zum Teil kaum erträglichen Arbeitsbedingungen fanden bei der Bau- und Betriebsleitung kaum Beachtung, betrafen sie doch vor allem die ausländischen Arbeitskräfte.

Das Stollensystem wurde bei weitem nicht vollendet, ausgenommen des Teils, der zur Fertigung der Me 262 vorgesehen war und die Maschinen und Anlagen aufnahm. Er umfaßte die Stollen der alten Porzellansandgrube bis zur Halle 36. Im ursprünglichen Teil der Anlage, von Stollen 1 bis 20, betrug die Fertigungsfläche mindestens 15 000, im Bereich der Stollen 21 bis 36 (Kranhalle) ca. 59 900 und in dem nördlich davon ansetzenden Stollensystem nochmals 11 500 Quadratmeter.

Für die anderen Teile des weit größeren Stollensystems einschließlich der „Alten Melzerschen Sandgrube", die gleichfalls in die Ausbauplanung einbezogen war, also für die Stollen ab 37, wären noch viele Arbeitsmonate bis zur Fertigstellung vonnöten gewesen. Lediglich die Arbeiten innerhalb der Stollen der „Alten Melzerschen Sandgrube" waren einigermaßen vorangekommen. Diese geplanten Flächen sollten andere Fertigungen oder Fremdfirmen aufnehmen.

Im Stollensystem untergebracht wurden im Verlauf der Fertigstellung neben einigen Verwaltungs- und Unterkunftsräumen vor allem Werkstätten für Grob- und Feinmechanik, die Schmiede, die Klempnerei, eine Tischlerei, eine Sattlerei, das Maschinenhaus, drei Glühöfen, Magazine für Bleche, Hölzer, Farben und sonstige Materialien sowie für Betriebsstoffe. Außerdem befand sich eine große, vollständig geflieste Betriebsküche mit den erforderlichen Nebenräumen, ein Speisesaal und Wasch- und Toilettenanlagen untertage[34]. Die Belüftung aller dieser Räume blieb unabhängig von der Belegung ein ungelöstes Problem. Dagegen wurden einige der Werkstätten zum Schutz vor herabrieselndem Sand mit einem Deckenfutter aus Betonformsteinen versehen. Dies war nötig, da die Stollen entgegen der urspünglichen Annahme viele Einschlüsse und Schichten aufwiesen, die durch die erheblichen Erschütterungen und fortlaufenden Sprengungen immer wieder Rieselungen bewirkten.

Die REIMAHG umfaßte neben den untertägigen Anlagen zugleich viele übertägige Bauten und Anlagen, die zur Betreibung der Fabrik notwendig waren oder als Notbauten zur Beschleunigung der Inbetriebnahme errichtet wurden. Zum

Komplex der geplanten Bauten gehörten der Flugplatz, die Bahnanschlüsse sowie einige Straßenverbindungen. Von den Hochbauten sind die Bunker und die Lager zur Unterbringung der REIMAHG-Arbeiter regulär vorgesehene Komplexe mit den entsprechenden Nebenanlagen, während die großen Montagehallen zu den Provisorien gehörten. Dazu kamen Materiallager und Gebäude in Kahla und den umliegenden Ortschaften, die von der REIMAHG belegt wurden.

Ursprünglich waren von den Planern der Anlagen mehrere Flugplätze in der Umgebung des Walpersberges vorgesehen, deren Rollbahn 1200 x 30 Meter betonierte Fläche betragen sollte. Aber für dieses Vorhaben fanden sich keine geologisch geeigneten Flächen in der hügeligen Landschaft des mittleren Saaletales. Als Ersatzmöglichkeit kam nur das Plateau des Walpersberges in Frage. Die dortigen Verhältnisse waren allerdings ebenfalls alles andere als optimal. Zunächst mußte der dortige Wald vollständig gerodet werden. Es folgten umfangreiche Planierungsarbeiten auf der gerodeten Fläche von ca. 1000 x 30 Meter. Die Randzonen wurden mit Feinsplitt abgedeckt. Für den Start der Me 262 war diese Piste zu kurz, obendrein fiel sie an beiden Enden flach ab, weshalb die Bahn von den Piloten beim Start nicht richtig eingesehen und nur mit Startraketen verlassen werden konnte. Eine Landung der Me 262 auf dieser Bahn war nicht mehr möglich. Für die Werkspiloten ein hohes Risiko, da die Triebwerke nicht immer einwandfrei arbeiteten und die Rollstrecke bis zum Abheben der Maschine etwa 800 Meter betrug.

Um die fertig montierten Flugzeuge zur Startbahn zu bringen, wo sie endgültig für den Abflug ausgerüstet wurden, sah die Planung einen doppelgleisigen Schrägaufzug vor. Der Aufzug befand sich etwa 200 Meter entfernt von dem die Montagehalle verschließenden Bunker. Er besaß eine waagerechte Plattform, die bis auf die Höhe der die Stolleneingänge verbindenden Straße abgesenkt werden konnte und so die Flugzeuge auf die etwa 80 Meter höher liegende betonierte Startbahn beförderte. Am oberen Ende des Schräg-

Schrägaufzug zur Startpiste am südlichen Hang des Walpersbergs

Blick auf einen Teil der Rollbahn über der unterirdischen Flugzeugfabrik und die seitlich der Startbahn befindliche Anfahrrampe für den Schrägaufzug

aufzuges, in einer Bucht zwischen diesem und der Piste, wurden die Flugzeuge betankt und der Prüflauf der Triebwerke vorgenommen. Außerdem befand sich an dieser Stelle eine Kompensierscheibe für die Kompaßanlagen. Hier wurden die Maschinen unmittelbar zum Erstflug vorbereitet, der sie nach dem 130 Kilometer entfernten Zerbst führte, wo die Flugzeuge endgültig für den Einsatz mit Munition, Funk- und Radargeräten ausgerüstet und weiter eingeflogen wurden. Außerdem wurden die Waffen eingeschossen, was später in einer noch im Bau befindlichen Montagehalle der REIMAHG erfolgen sollte.
Der Bahnanschluß gehörte zu den wichtigsten Bauvorhaben der REIMAHG, weil der überwiegende Teil der Baustellenversorgung ebenso wie die Anlieferung von Flugzeugteilen über die Bahn abgewickelt werden mußte. Drei Bahnprojekte gab es. Alle drei Projekte wurden auch begonnen, keines völlig beendet. Abzweige von der Bahnstrecke Großheringen–Saalfeld wurden einmal in Orlamünde und Kahla vorgesehen. Die Südanbindung von Orlamünde bildete die Hauptversorgungslinie, während der Nordanschluß zum Reinstädter Grund, der als Schmalspurbahn ausgeführt werden sollte, ab Februar 1945 ohne koordinierte Planung mit ersten Vorarbeiten seinen Anfang nahm. Als drittes Projekt sah der Bauplan eine 4 bis 5 km lange Schmalspurbahn vor, die als Betriebsbahn ein inneres Verbundsystem bildete. Dieses Netz wurde bereits für die Bauarbeiten auf dem Plateau, in den Stollen und zwischen den Zugängen genutzt. Die Hauptbahnlinie von Orlamünde aus verlief in einem flachen Bogen über die Reichsstraße 88 und endete am Berg. Ab der Reichsstraße 88 mußte ein Damm für die Bahntrasse aufgeworfen und zwei Brücken über das Dehnatal geschlagen werden. Umfangreiche Bauleistungen erfolgten im Bahnhofsbereich von Orlamünde und im Haltestellenbereich Großeutersdorf, um Verlade-, Lager- und Abstellkapazitäten zu schaffen.
Für die REIMAHG war ein eigener Güterbereich in Orlamünde und ein Güterbahnhof in Großeutersdorf vorgesehen. Zum Kriegsende war keine der Anlagen wirklich vollendet.

Die Schmalspurbahn war aber betriebsfähig, in Teilstücken bis Großeutersdorf[35].
Die Hochbauten der REIMAHG müssen in mehrere Kategorien aufgeteilt werden. Zum einen gehörten die für die Produktion des Werkes notwendigen Montagehallen, Bunker und Nebengebäude zu dieser Gruppe, darüber hinaus aber auch das gesamte Lagersystem zur Unterbringung der benötigten Arbeitskräfte. Außerdem wurden von der REIMAHG-Führung eine Reihe von vorhandenen Gebäuden in Kahla und den Umlandgemeinden beschlagnahmt und für besondere Zwecke genutzt.
Außerhalb des Berges standen unmittelbar auf den Geländeflächen der Großeutersdorfer Flur bis hin zum Walpersberg eine Reihe von Baracken der Werkleitung und der zahlreich vertretenen Baubetriebe. Zum Baustab gehörten die Werksleitung, das Bau- und Vermessungsamt, die Wirtschafts- und Personalabteilung, die Post- und Postzensurstelle sowie die Unterkünfte für das technische Leitungspersonal und eine Krankenbaracke. Dazu kamen die fünf großen Montagehallen von je 100 x 20 Metern, die zusätzlich aufgestellt und einbetoniert wurden, um den Montagebetrieb vorerst bis zur Fertigstellung der Montagehallen im Stollensystem aufnehmen zu können. Diese Hallen waren aber nicht bombensicher. Ferner befand sich auf dieser Seite des Berges ein Wohnbunker mit zwei Meter starken Wänden und Decken in Eisenbetonausführung mit 76 Zimmern und einem Saal. Die Zimmer waren für die militärische Bewachung des Werkes als Unterkünfte für 280 SA-Männer, 80 Mann der flämischen SS und für die zahlreichen Funktionsträger der NSDAP, der Gestapo und der Werksorganisationen (Deutsche Arbeitsfront, Feuerwehr, Luftschutz, Volkssturm) vorgesehen.
Der Aufbau des Werkes Kahla/Großeutersdorf wurde praktisch in einer Bewegung begonnen. Mit der Sicherung der Unterkünfte für die ersten Arbeitskräfte begannen die Arbeiten sowohl am Werk selbst als auch an den Unterkünften und Transportwegen. Immer wenn ein Teilbereich fertiggestellt worden war, wurde er vollständig in Besitz genommen und die Arbeit setzte sich auf höherem Niveau fort. Die ge-

samten Bauleistungen begannen mit der Schaffung der Unterkünfte für die erste Etappe der Arbeiten. Diese umfaßten die Baustellenerrichtung und den Baubeginn. Die Bautätigkeit setzte im April 1944 mit der Anweisung des NSDAP-Kreisleiters Müller aus Jena ein, das von der DAF verwaltete „Volkshaus Rosengarten“ in Kahla in kürzester Frist zur Aufnahme von 500 italienischen Arbeitskräften herzurichten. Das erforderliche Material wurde geliefert. Die Bereitstellung hatte innerhalb von zwei Tagen zu erfolgen. Dieser Termin wurde mehr schlecht als recht gehalten. Das Lager Rosengarten war damit das erste Zwangsarbeiterlager der REIMAHG. Für den hohen Arbeitskräftebedarf waren weitere acht Lager (1 bis 7) mit je 1000 Schlafplätzen für Zwangarbeiter und vier Lager (A bis D) für ständig benötigte deutsche Arbeitskräfte in der gleichen Größe vorgesehen. Dazu kam für russische Kriegsgefangene ein Zeltlager bei Bibra (Lager 8) und das Lager E, das ebenfalls für Zwangsarbeiter hergerichtet wurde. Weitere Unterkünfte befanden sich in Kahla, Orlamünde, Kleindembach und anderen Umlandgemeinden[36]. Nicht alle Fremdarbeiter bewohnten die Lager. Ein kleiner Teil, zumeist Personen, die schon kurz nach Kriegsbeginn mit ihren Familien kamen, besaßen Privatquartiere oder bewohnten Gästezimmer in verschiedenen Gasthäusern.

Die Zwangsarbeiter bewohnten einfache Barackenlager, während die Unterkünfte für die deutschen Arbeitskräfte als Massivbauten ausgeführt werden sollten. Alle Lager verfügten über eine eigene Küche. Geplant waren neben den Wohnunterkünften auch Sanitär- und Gemeinschaftsräume sowie Werkstätten für Kleinreparaturen. Diese Grundausstattung bildete ein Rudiment der ursprünglichen Stiftungsgrundsätze. Die Lager für Zwangsarbeiter 1 bis 8 und E wurden vollständig fertiggestellt und waren voll belegt. Die für die deutschen Arbeitskräfte vorgesehenen Lager A bis D waren dagegen sehr unterschiedlich vorangekommen: Alle Gebäude des Lagers A waren rohbaufertig, während im Lager C die Bauarbeiten noch nicht begonnen hatten; bei den Lagern B und D befanden sich einzelne Gebäude im Rohbau. Aus diesem

Grunde wurden die deutschen Arbeitskräfte, sofern sie nicht in Provisorien der Firmen, beim Baustab oder im Stollen Unterkunft fanden, in Kahla und auf die umliegenden Ortschaften verteilt und zwangseinquartiert. Die REIMAHG, die ein eigenes Wohnungsamt besaß, nutzte ihre besondere Stellung rücksichtslos aus und nahm eine Reihe von Gebäuden auf der Grundlage des Reichsleistungsgesetzes in ihren Besitz. In Kahla waren dies u. a. die alte Schule, wo sich die Verwaltung einquartierte, Teile der Oberen Fabrik, die zu Wohnungen ausgebaut worden waren, in denen nun ca. 150 Angehörige der SA, der OT und der Gestapo Unterkunft fanden. Für Gauleiter und RStH Sauckel wurde auf dem Walpersberg ein nordisches Blockhaus errichtet, das nach 1945 abgetragen werden mußte. Darüber hinaus entstanden eine Vielzahl von kleinen Magazinen und Lagern für Material und Lebensmittel, zum Teil in öffentlichen Gebäuden der umliegenden Ortschaften, zum Teil durch Errichtung weiterer Baracken, so auf dem Sportplatz Kahlas, dessen Spielfläche für diesen Zweck überdacht wurde.
Große Probleme bei der hohen Konzentration von Menschen in solchen Massenlagern verursachte die Trinkwasser- und Abwasserversorgung sowie der Seuchenschutz. Desinfektionen gehörten deshalb zu den Lagerbauten. Das Trinkwasserproblem, schon für die Bewohner der Stadt Kahla nicht optimal gelöst, wurde von der REIMAHG-Verwaltung ebenso wie das Abwasserproblem nicht ausreichend bewältigt. Der Standort der Lager 4 bis 7 im Leubengrund dürfte u. a. deshalb gewählt worden sein, weil auf andere Weise die Trinkwasserversorgung nicht ausreichend hätte erfolgen können. Obwohl Kläranlagen für die Abwässer vorgesehen waren und einige Anlagen bereits errichtet wurden, erfolgte die Einleitung der Abwässer vorerst direkt in die Saale bzw. in die Saalbäche. Wo die Ableitung aufgrund fehlender Kanäle oder Bäche und Bauverzögerungen nicht möglich wurde, blieben Provisorien die einzige Möglichkeit. Damit stieg freilich die Seuchen- und Infektionsgefahr[37]. Viele der körperlich geschwächten Fremdarbeiter und Häftlinge erkrankten an Ruhr und Typhus, eine fast immer tödliche Gefahr.

Als Sauckel von Göring und Milch, ebenso von Speer, die Zusage und entsprechende Unterstützung zur Errichtung der REIMAHG erhielt, war allen Beteiligten klar, daß eine so große Aufgabe eine hohe Arbeitskräftezahl erforderte. Sauckel in seiner Funktion als Generalbevollmächtigter für den Arbeitseinsatz bot als einziger die Gewähr, dieses Heer an Arbeitskräften mobilisieren zu können. Darüber hinaus bestanden kaum Möglichkeiten, abgesehen von der Organisation Todt und dem Arbeitseinsatz von Häftlingen aus Konzentrationslagern. Das Arbeitskräftepotential, auch in den zunehmend schrumpfenden Besatzungsgebieten, hatte sich nahezu erschöpft. Sauckel hatte in mehreren Wellen der deutschen Industrie bereits Zwangsarbeiter aus allen besetzten Ländern seit 1942 zugeführt. Dennoch, gemäß einer Weisung Hitlers und nach eigenem Verständnis der Aufgabe, leitete Sauckel der REIMAHG ausreichend Zwangsarbeiter zu. Die REIMAHG-Arbeiter rekrutierten sich aus vier Gruppen: den deutschen Arbeitskräften, ausländischen Fremd- bzw. Zwangsarbeitern, Häftlingen aus dem Konzentrationslager Buchenwald und aus Mädchen und Jungen vom BDM und der HJ, die für Arbeitseinsätze herangezogen wurden. Nach einer amtlichen Mitteilung[38] beschäftigte die REIMAHG am 30. 12. 1944:

Arbeitsstätten	Deutsche	Ausländer
Untertage	660	2450
Übertage	600	2400
Startbahn	60	900
Bahnbau	30	500
Siedlungsbau	500	1600
Lagerverwaltung	320	1200
Fertigung	600	1100
	2770	+ 10 150
		= 12 920

Die REIMAHG-Lager

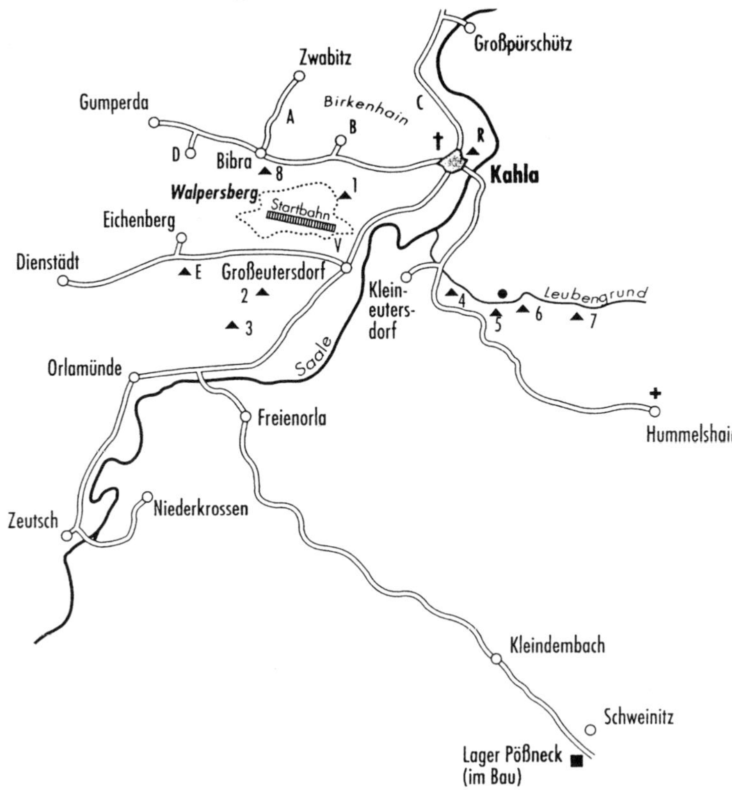

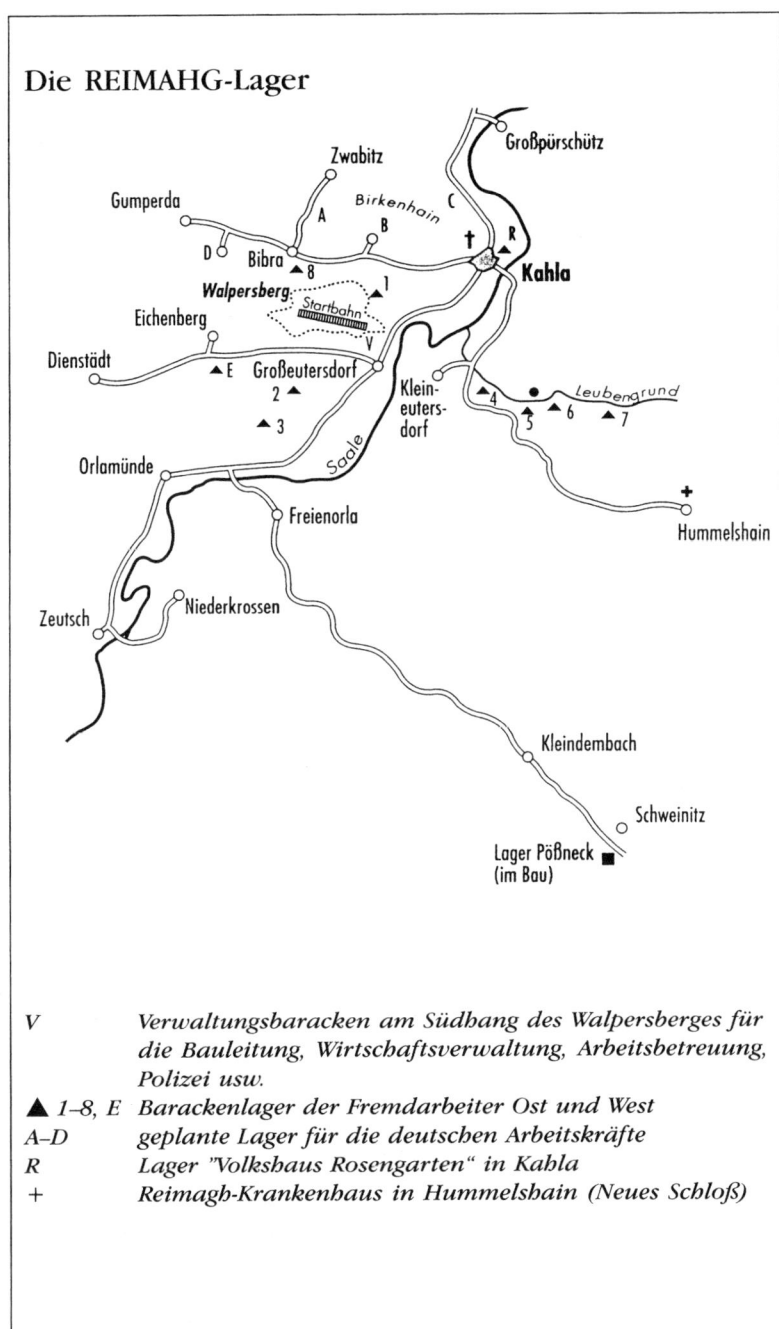

V	*Verwaltungsbaracken am Südhang des Walpersberges für die Bauleitung, Wirtschaftsverwaltung, Arbeitsbetreuung, Polizei usw.*
▲ *1–8, E*	*Barackenlager der Fremdarbeiter Ost und West*
A–D	*geplante Lager für die deutschen Arbeitskräfte*
R	*Lager "Volkshaus Rosengarten" in Kahla*
+	*Reimagh-Krankenhaus in Hummelshain (Neues Schloß)*

Die deutschen Arbeiter waren zumeist Fachkräfte der hier tätigen Firmen, sowohl beim Bau als auch bei der Montage und in den Werkstätten. Außerdem bestand der gesamte Planungs- und Verwaltungsapparat aus deutschem Personal (ausgenommen bestimmte Bereiche der Ausländerbetreuung und Mitverwaltung der Lager) sowie die Wach- und Sicherheitsorgane, wobei Wachaufgaben zusätzlich von einer 80köpfigen Mannschaft flämischer SS wahrgenommen wurden. Die übergroße Zahl der hier eingesetzten Arbeitskräfte, hauptsächlich im Baustellen- und Versorgungsbereich, umfaßte ausländische Zwangsarbeiter aus Polen, Belgien, Holland, der Ukraine, Kroatien, Slowenien, Lettland, Estland, Italien, Frankreich und anderen Ländern. Die genauen Zahlen sind nicht bekannt, doch kann angenommen werden, daß ca. 15 000 Zwangsarbeiter[39] bei der REIMAHG beschäftigt waren und die Anzahl der Deutschen bis zu 5000 betrug.
Als dritte Gruppe wurden Jugendliche eingesetzt, was die komplizierte Arbeitskräftelage verdeutlicht. Diese Einsätze können nur als ein letztes Mittel verstanden werden. Bekannt sind Arbeitseinsätze von Hundertschaften aus Jena und Pößneck. Zumeist arbeiteten diese Jugendlichen in mehrtägigen Einsätzen, da die ursprünglich praktizierten An- und Rücktransporte mit zu hohen Strapazen für die jungen Menschen verbunden waren[40].
Die Arbeitsbedingungen bei der REIMAHG waren allgemein sehr schwer und die Ernährung außerordentlich schlecht. Der Arbeitstag betrug mindestens 10 Stunden, wobei die Zwangsarbeiter zum Teil einen Anmarschweg von bis zu sechs Kilometern zur Arbeitstelle zurücklegen mußten. Der Arbeitstag begann um 6.00 Uhr[41]. Die Folgen der zum Teil brutalen Arbeitsantreiberei, der Schwere der Arbeit, der schlechten Ernährung und der schon geschilderten unhygienischen Verhältnissen in den Lagern führte zu Erkrankungen und einer hohen Sterberate. Dazu kamen die Toten, die durch verrohtes Wachpersonal und brutale Methoden der Disziplinierung ihr Leben verloren. Standesamtlich beurkundet wurden 991 Todesfälle, darunter 442 Italiener, 146 Belgier, 123 Slowaken und 105 Sowjetbürger. Allerdings wurden nicht alle

Reste der Anlage der REIMAHG-Werke bei Großeutersdorf

Opfer der REIMAHG ordnungsgemäß erfaßt, so daß die Gesamtzahl der Verstorbenen höher liegt. Es muß jedoch in diesem Zusammenhang darauf hingewiesen werden, daß die von Häftlingen geschätzte Gesamtzahl der Todesfälle von 5000 bis 6000 deutlich zu hoch ansetzt[42].
Gegen eine so hohe Zahl spricht die Aufnahmefähigkeit der Lager, die offizielle Sterbestatistik, die ein deutliches Anwachsen der Todesfälle ab Januar mit dem Höhepunkt im März ausweist, und die Schwierigkeiten bei der Beschaffung und Einarbeitung neuer Fremdarbeiter. Schon 1943 wurde sichtbar, daß die Bereitstellung von Fremdarbeitern für die deutsche Industrie im Absinken war. Zu diesem Zeitpunkt arbeiteten bereits mehr als 6 Millionen Ausländer in deutschen Fabriken; zum Ende des Krieges lag diese Zahl um ca. 1 Million höher, also über 7 Millionen.[43] Sauckel selbst orientierte deshalb bereits im Januar 1943 die Gauleiter in einer Besprechung auf eine langfristige Ausschöpfung des Arbeitsvermögens. „Da wir aber die fremden Arbeitskräfte", so sagte er, „jahrelang brauchen und deren Einsatz sogar sehr begrenzt ist, kann ich sie nicht kurzfristig ausbeuten und ihr Arbeitsvermögen nicht verwirtschaften lassen."[44] Dazu kommt, daß über die bekannten Grabstätten (Einzel- und Massengräber) hinaus keine weiteren Grabanlagen entdeckt wurden. Da die REIMAHG für ihre Toten einen eigenen Friedhof mit eigenem Friedhofspersonal besaß, wären solche Anlagen nicht unbekannt geblieben. Die REIMAHG gehörte nicht zu den Vernichtungslagern der SS. Die brutalen Übergriffe der Wachmannschaften auf eine Reihe von Fremdarbeitern müssen als Einzelfälle, und damit anders als die Methoden der SS beurteilt werden. Gerade die Kriegswichtigkeit der REIMAHG und die Schwierigkeit, neue Arbeitskräfte mobilisieren zu können, stand dem entgegen. Auch Sauckel, obwohl als „Fronvogt" Europas bekannt, verfügte, wie schon angeführt, nur noch über geringe Möglichkeiten. Die Arbeitskraft mußte erhalten werden, so gut es ging. Die Verhältnisse waren freilich schlecht.
Die REIMAHG unterhielt für die Fremdarbeiter einen eigenen Friedhof, der in Kahla oberhalb des städtischen Fried-

hofs angelegt wurde. Lediglich die ersten etwa 30 Verstorbenen erhielten ein ordentliches Begräbnis mit Sarg und ein Einzelgrab. Dann wurden Massengräber angelegt, die jeweils etwa 15 Leichen aufnahmen. Mit der Beerdigung der Verstorbenen waren in Kahla ständig als Friedhofskommando 35 russische Männer und 50 russische Frauen beschäftigt. Täglich wurden die Verstorbenen mit LKWs aus den verschiedenen Lagern angefahren, um bestattet zu werden. Die Lagerung der Leichen erfolgte bis zur Errichtung einer eigenen, provisorischen Leichenhalle in der Friedhofskapelle Kahlas. Das Kahlaer Standesamt beurkundete 309 Sterbefälle der REIMAHG. Auf dem REIMAHG-Friedhof in Kahla, heute Gedenkstätte, fanden über 650 Fremdarbeiter, vor allem Italiener und Jugoslawen, aber auch Sowjetbürger, Polen, Belgier, Holländer und Franzosen ihre letzte Ruhestätte. Auch in den Umlandgemeinden bestattete die REIMAHG ihre Toten, so in Hummelshain und Großeutersdorf, Eichenberg, Knau und Langendembach.[45] Um die würdelose Form der Beisetzung gab es mehrfach Auseinandersetzungen mit den Verantwortlichen der REIMAHG und der Stadt Kahla. Allerdings ohne Erfolg. Lediglich die Aufstellung eines Schildes „Das Betreten des Reimahg-Friedhofes ist verboten" wurde erreicht. Tags darauf stand handschriftlich darunter: „Unsere Schande!"[46]

* * *

Bereits im Sommer 1944, der Baubeginn lag gerade drei Monate zurück, wurden auf englischen Luftbildaufnahmen erstmals die Veränderungen um den Walpersberg festgestellt. Die großen Schürfe und Halden am, um und auf dem Berg ohne jegliche Tarnmaßnahmen in den hellgelben, weithin leuchtenden Sandstein, führten im August durch überfliegende Feindverbände dazu. Es folgten regelmäßige Überflüge mit Luftbildaufklärern, deren Aufnahmen in den zentralen Auswertungsstellen aufmerksam geprüft wurden. Vorerst war zwar klar, daß es sich um ein unterirdisches Bauvorha-

ben handeln dürfte, unklar blieb hingegen der Zweck. Dieser wurde erst am 19. März 1945 enttarnt, als die Luftaufnahmen zwei abgestellte Me 262 erkennen ließen. Der Anlauf zur Montage der Me 262 hatte im Januar mit Unterstützung von Fachleuten der Messerschmitt AG begonnen, und im Februar kamen die ersten Maschinen zur Auslieferung. Insgesamt produziert wurden bis zum April 27 Me 262. Weitere fünf Maschinen wurden nach der Besetzung des Werkes für die USA aus den zahlreich vorhandenen Teilen zusammengebaut[47]. Von der Firma Messerschmitt wurden allein in ihren Produktionshallen 1433 Me 262 gefertigt, wovon aber nur ein kleinerer Teil direkt zum Einsatz kam.
Durch die Luftaufklärung[48] waren die Amerikaner noch vor ihrem Einmarsch in Kahla genauestens über die REIMAHG informiert. Sie kannten die Ausdehnung der Anlage einschließlich der vielen umliegenden Lager für die Arbeitskräfte und Hilfsdienste. Zu einer Bombardierung kam es jedoch nicht mehr, wie es der Stadt Nordhausen am 3. April widerfuhr, ganze acht Tage vor dem Einmarsch der Amerikaner. Dieser Bombenangriff galt dem Mittelwerk, wo die V 2 hergestellt wurde. Getroffen wurden die Stadt und ihre Bewohner. Ca. 8800 Menschen fielen den Bomben zum Opfer, davon etwa 1000 KZ-Häftlinge; 49 % des Wohnungsbestandes fiel in Trümmer. Militärisch hatte dieses Bombardement keinen Sinn, wie schon im Fall von Dresden oder Jena im Februar und März 1945. Kahla und den umliegenden Ortschaften blieb dieses schwere Schicksal erspart. Hier kam es letzlich zu keinen großen Kampfhandlungen. Zudem wurde, dank der verantwortungsvollen Handlung einzelner Personen, ein teuflischer Plan verhindert, der die REIMAHG wirklich zu einem Vernichtungswerk hätte werden lassen: die erwogene Massentötung der Zwangsarbeiter.
Ende März/Anfang April 1945 fragte der Kreisleiter der NSDAP bei dem Inhaber der Kahlaer Löwen-Apotheke Joachim Kärsten nach, ob größere Mengen Zyankali vorhanden seien[49]. Kärsten verneinte. Möglicherweise sollte mit dem Gift eine größere Vernichtungsaktion an den Häftlingen und Teilen der Zwangsarbeiter vorgenommen werden.

Eine der englischen Luftaufnahmen vom 19. März 1945, die den Stollenbau als Produktionsstandort der Me 262 enthüllten. Zwei Maschinen befinden sich am oberen Ende des Schrägaufzuges, eine unten.

Wenige Tage vor dem Einmarsch der Amerikaner wurde es aber nochmals ernst. Der Jenaer Stadtkommandant gab den Befehl an das Volkssturmbataillon der REIMAHG, dem der Major der Luftwaffe Georg Potzler, ein gebürtiger Kahlaer, vorstand, die Ausländer „unschädlich" zu machen. Geplant war, die Ausländer in die Stollen zu treiben und anschließend die Eingänge zu sprengen. Potzler folgte diesem Befehl nicht. Daraufhin entschloß sich die Führung zur Evakuierung der Fremdarbeiter und Häftlinge. Ein Teil trat den Weg an. Anfangs wurden die Kolonnen von Angehörigen der SS begleitet, später von Männern des Volkssturms. Auch diese letzte Aktion kostete noch vielen Menschen das Leben, bevor am 12. April 1945 in den Nachmittagsstunden die Amerikaner einrückten und die REIMAHG besetzten[50].
Von den deutschen Verwaltungskräften versuchten jene, die besonders belastet waren, sich in Sicherheit vor den Amerikanern, vor allem aber vor dem Zorn der Fremdarbeiter zu bringen, nachdem am 11. April „Feindalarm" gegeben worden war. Sie packten ihre Autos mit Lebensmitteln voll und verschwanden fluchtartig – mit und ohne Anhang. Zuvor hatten diese Leute „befehlsgemäß" alle Unterlagen über die REIMAHG vernichtet oder zur Verbrennung in den Öfen der Porzellanfabrik Kahla abgegeben. Von den zahlreichen Akten blieb nur wenig erhalten. Um diese Reste kümmerten sich die Amerikaner während ihrer Anwesenheit in Thüringen bis zum 1. Juli 1945 besonders. Die Zuständigkeit dafür lag bei der eigens dazu aufgebauten Organisation CIOS[51] (Combined Intelligence Objectives Subcommittee), die mit der Sammlung von wissenschaftlichen Daten über den Forschungsstand deutscher Hochtechnologie betraut war. Der Auftrag lautete: „We take the brain!" – Wir nehmen das Gehirn. Bevorzugte Objekte von CIOS im mitteldeutschen Raum waren das Mittelwerk im Kohnstein, die Junkers Flugzeugwerke Dessau, die Sibel-Flugzeugwerke in Halle und das Askania-Flugzeugwerk bei Morsleben sowie die Leuna-Werke bei Merseburg, das Buna-Werk bei Bitterfeld, Zeiss in Jena und natürlich die REIMAHG. Dem für die REIMAHG verantwortlichen Team gelang es letztlich auch, neben der Doku-

„Die Me 262, der erste im Fronteinsatz gestandene ‚Turbinenjäger' der Welt. Ca. 850 km/std. schnell. Es war als wenn Engel schieben würden. Das interessanteste Flugzeug, das ich je flog." Auszug aus der persönlichen Chronik des Flugkapitäns und Chefpiloten der Serien-Einfliegerei der Messerschmitt AG bis Mai 1945, Helmut Kaden, der diesen Turbinenjäger einst flog.

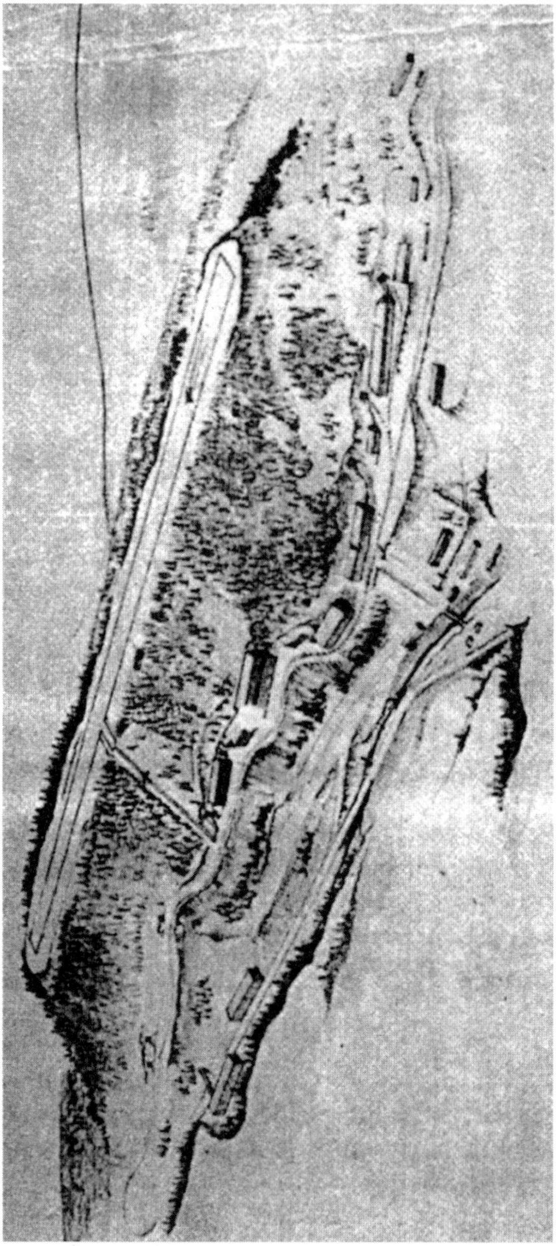

Der Walpersberg mit den Außenanlagen des unterirdischen Flugzeugwerkes REIMAHG. Englische Rekonstruktionszeichnung als Ergebnis der Luftaufklärung 1945.

mentation der Stollenanlage, Bauunterlagen über das Werk und die Me 262 aufzufinden[52]. Dazu kamen die fünf nachträglich gebauten Me 262 und einige Maschinen, die sie direkt von den Messerschmitt-Werken übernahmen.
Was die Amerikaner zurückließen, übernahm die Sowjetunion. Die Armeeführung stellte mit ihrer Ankunft am 4. Juli das gesamte Werk unter ihre Kontrolle und betrachtete es als Kriegsbeute. Nicht nur die Rüstungsgüter, sondern auch die zahlreich vorhandenen Baumaschinen und Ausrüstungen, die Grubentechnik und Transportmittel wechselten den Besitzer. Auch die mehr als 140 Baracken wurden zum Teil von der Sowjetarmee konfisziert, ein kleiner Teil wurde später von der deutschen Verwaltung übernommen und verkauft.
Die Demontage und der Abbruch des Werkes dauerte etwa fünf bis sechs Jahre. Häufig erfolgten in dieser Zeit Sprengungen von REIMAHG-Bauten, die kompliziert und teuer waren. Das Stollensystem wurde dabei nicht zerstört, sondern vermauert. Mitte der siebziger Jahre wurde es von der Nationalen Volksarmee zusammen mit anderen Objekten (Rothenstein) zur militärischen Nachnutzung in dic Planung aufgenommen. Die Aufwältigungsarbeiten begannen durch die zuständige Bergsicherung Ende der 70er Jahre.
Der Nutzungsbereich untertage umfaßte einen Teil der alten Stollenanlage. Neben den eigentlichen Lagerstollen waren verschiedene Räume wie Küche, Sanitäranlagen und Mannschaftsräume vorhanden. Eine Klimaanlage sorgte für einwandfreie Frischluft und gleichmäßige Temperierung. Die ungenutzten Stollenteile wurden vermauert. Die in die Anlage einbezogenen Mundlöcher werden heute durch schwere Stahltore gesichert. Als das Objekt im Zuge der deutschen Einheit an die Bundeswehr überging, wurde das Lagergut entfernt. Seit dem 31. Dezember 1997 verwaltet das Bundesvermögensamt das Objekt, nachdem es die Bundeswehr als Depot für Ausrüstungsgegenstände aus wirtschaftlichen Gründen aufgab.

Der verbotene Wald

Hinter den letzten Häusern von Gehren, in Richtung Gräfinau-Angstedt, liegen beiderseits der Straße ausgedehnte Waldflächen, die bei oberflächlicher Betrachtung keine Besonderheiten erkennen lassen. Es handelt sich hier um den Esbachforst, der eingebettet ist zwischen den Tälern der Ilm und der Wohlrose.

Der in diesem Waldgebiet liegende Esbachteich mit seinen einzigartigen Beständen der weißen Seerose lockt jährlich tausende Besucher an, die sich an dieser floristischen Schönheit erfreuen. Bereits 1939 wurde ein Teil des Gebietes mit dem Seerosenteich zum Landschaftsschutzgebiet erklärt.

Das hat die Nazis jedoch nicht davon abgehalten, ausgerechnet in diesem Forstgebiet, unmittelbar vor den Toren der Stadt Gehren, eines der größten Sondermunitionsdepots des Dritten Reiches einzurichten. Planungsunterlagen aus dem Jahre 1939 belegen seit dieser Zeit eine entsprechende Vorbereitung. Die Größe des Geländes wurde durch die zuständige Feldzeuginspektion zum damaligen Zeitpunkt mit 200 ha ausgewiesen. Südwestlich von Traßdorf sollte ein weiteres Munitionslager mit einem Geländebedarf von 120 ha entstehen. Die Planung sah vor, beide Depots durch eine Feldbahnstrecke miteinander zu verbinden.

Im Jahre 1941 wurde mit dem Aufbau der Munitionsanstalt im Esbachforst begonnen. Für die Bewohner der Orte wurden die Straßenzufahrten zum Waldgebiet über Nacht gesperrt.

Offensichtlich im Zusammenhang stehend mit der Errichtung des Sonderlagers S III sowie den Baumaßnahmen im Bereich Jonastal, erfolgte die Auslagerung der Munitionsbestände der Muna Crawinkel in das vorbereitete Objekt nach Gehren. Die nicht geheimzuhaltenden Vorgänge ließen auch die Gerüchteküche brodeln. In den umliegenden Orten machte sich auch die Angst breit über das, was passieren würde, wenn Bomberverbände oder Tiefflieger das riesige Munitionslager angreifen.

Hans Seeber, Feuerwerker der damaligen Luftwaffe, hatte den Auftrag, ab Frühjahr 1941 das zur Munitionsanstalt Crawinkel gehörende Luftmunitionslager in Gehren mit aufzubauen. Als er seinen Dienst im Luftmunitionslager Gehren aufnahm, hatte er zwangsläufig bereits einschlägige Erfahrungen im Umgang mit Bomben sammeln können. Als junger Soldat zum Feuerwerker ausgebildet, mußte er bereits in Düsseldorf und anderen Städten, unter Einsatz seines Lebens, die während der Luftangriffe nicht explodierten Bomben entschärfen. Auch während seines Dienstes in Gehren wurde er kurzzeitig zur Entschärfung von Blindgängern in das Gebiet zwischen Gotha und Erfurt abkommandiert.
In dem zur Luftmunitionsanstalt Crawinkel gehörenden Luftmunitionslager Gehren wurde anfangs nur fertiggefüllte Bombenabwurfmunition gelagert. Dazu gehörten etwa 20 000 Stück der geheimen 1000-kg-Bombe BM 1000, bekannt unter der Bezeichnung „Mausi". Diese hochexplosive Bombenmine mußte vom Flugzeug aus mit dem Fallschirm abgeworfen werden. Dazu gab es in Gehren ein Fallschirmlager, das in der Kirche untergebracht war. Die riesigen Fallschirme bestanden aus einem Stoff, der sich dann im Salzwasser selbst aufgelöst hat. Die BM 1000 Bombenmine „Mausi" war mit einem komplizierten Zündmechanismus ausgestattet, der entsprechend seiner Einstellung entweder durch elektromagnetische oder Schallwellen, die von in der Nähe befindlichen Schiffen ausgingen, zur Explosion gebracht wurde.
Einem noch größeren Geheimhaltungsgrad unterlag die äußerlich von der Bombenmine „Mausi" nicht zu unterscheidende „Killermine". Davon wurden im Munitionslager Gehren höchstens 40 Stück gelagert. Sie waren mit einem hochwirksamen Sprengstoff ausgestattet. Die in Esbach gelagerten Zementbomben dienten zu Übungszwecken. Bomben dieser Art sollen bei ihrem Einsatz auf Rotterdam Beton zum Schmelzen gebracht haben.
Etwa Mitte 1944 erhielt Hans Seeber den Befehl des Generalfeldmarschalls Kesselring übermittelt, das Luftmunitionslager Gehren für den Ernstfall zur Sprengung vorzuberei-

ten. Der Oberfeuerwerker Hans Seeber bewies in dieser Situation viel Mut, als er mit Hilmar Heubach aus Altenfeld aus einer Vielzahl von Bomben die Zündkapsel entfernte. Später wurde dieser Befehl wieder aufgehoben. Entgegen anders lautender Behauptungen wurden weder Kampfstoffmunition noch deren Geschoßhülsen in Esbach gelagert.
Im gesamten Luftmunitionslager gab es keine festen Gebäude. Die Bomben wurden im Freien aufgestapelt und gelagert. Auch ein Bahnanschluß war nicht vorhanden. Der Antransport der Bomben erfolgte mit LKW's.
Im Jahre 1944 mußte die Lagerfläche erheblich erweitert werden. Sie betrug zum Kriegsende etwa 300 ha. Diese Maßnahme machte sich durch die Verlegung der Luftminenanstalt Xanten/Niederrhein nach Gehren Ende 1944 erforderlich. Zwei Eisenbahnzüge mit je 30 Waggons, beladen mit der „Superbombe Mausi" wurden auf Gleisen in Ilmenau/Grenzhammer abgestellt. Die hochexplosive Fracht wurde dann mit LKW's nach Gehren gebracht. Verstärkt trafen Anfang 1945 ausgelagerte Bombenbestände der Luftmunitionsanstalt Crawinkel im Esbachgebiet ein. Die errichteten Bombenstapel mußten wegen der immer größeren Munitionsmengen enger gestellt werden, wodurch die Sicherheitsabstände kleiner wurden. Dadurch erhöhte sich zwangsläufig die Explosionsgefahr durch Luftangriffe.
Um die Bombenstapel gegen die Entdeckung aus der Luft einigermaßen zu sichern, wurden die Gipfel der Bäume über den Bombenstapeln zusammengebunden.
Wie gefährlich hingegen die Einwohner der Orte um das Luftmunitionslager Gehren und die dort beschäftigten Militärangehörigen lebten, sollen einige Beispiele deutlich machen. So fielen am 2. Januar 1944 bei einem Flugzeugangriff zahlreiche Brandbomben in den Esbachforst, wo es wie durch ein Wunder zu keinen ernsthaften Schäden kam. Am 28. Mai 1944 wurde das Stadtgebiet von Gehren angegriffen, ohne daß Bomben in das Munitionslager fielen. Am 28. Juli 1944 kam es schließlich im Einzugsbereich des Esbacher Forstes zu einem Luftkampf, in dem zwei deutsche Jagdflugzeuge abgeschossen wurden.

Wache des Luftmunitionslagers Gehren

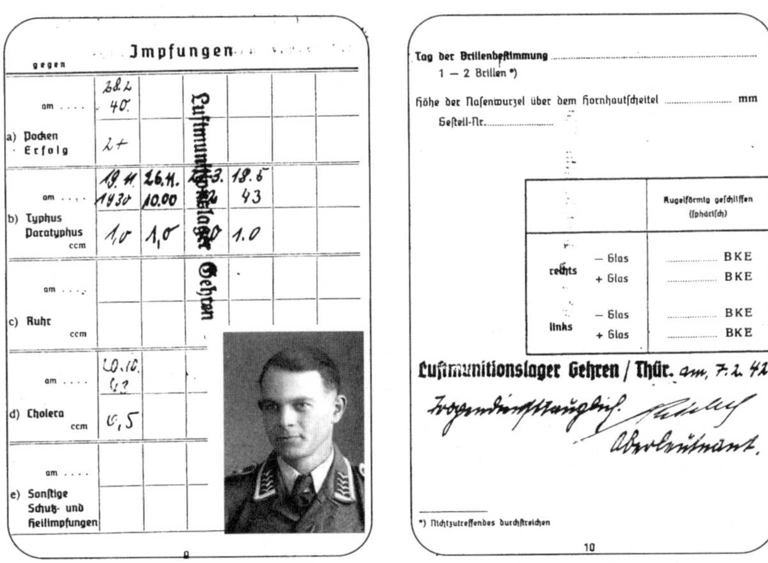

Impfungen

gegen						
a) Pocken — am	28.2. 40					
Erfolg	2+					
b) Typhus Paratyphus — am	19.11. 1940	26.11. 10.00	[illegible]3. 42	18.5. 43		
ccm	1,0	1,0	[illegible]	1.0		
c) Ruhr — am						
ccm						
d) Cholera — am	10.10. 42					
ccm	0,5					
e) Sonstige Schutz- und Heilimpfungen — am						

Luftmunitionslager Gehren

9

Tag der Brillenbestimmung ....

1 – 2 Brillen *)

Höhe der Nasenwurzel über dem Hornhautscheitel .... mm

Gestell-Nr. ....

		Kugelförmig geschliffen (sphärisch)
rechts	– Glas	.... BKE
	+ Glas	.... BKE
links	– Glas	.... BKE
	+ Glas	.... BKE

Luftmunitionslager Gehren / Thür. am, 7.2.42

Truppendiensttauglich. [Unterschrift]

Oberleutnant.

*) Nichtzutreffendes durchstreichen

10

Seite 9/10 des Soldbuches von Hans Seeber, nebst Paßbild

Gegen Ende des Krieges waren die Munitionsbestände nochmals stark angestiegen, da im Esbach nunmehr auch Beutemunition, MG-Munition des Heeres sowie Granaten gelagert wurden. Reichlich vorhanden war auch Schießbaumwolle der Charge 18 und 36.
Leere Munitionskisten in der Größe heutiger Hohlblocksteine wurden an mehreren Stellen manchmal bis zu 20 Meter hoch gestapelt. Dadurch entstand der Eindruck, daß an dieser Stelle Munitionshallen stehen würden.
Nachdem Ilmenau schon am 26. März 1945 zur Frontstadt erklärt wurde und dadurch am 4. April 1945, ebenso wie Arnstadt, Tieffliegerangriffen ausgesetzt war, beschossen die über Stützerbach und Manebach vorrückenden Amerikaner die Stadt am 8. April mit Artillerie. Die Stadt Gehren wurde am 4. April 1945 zum Kampfgebiet erklärt und mußte zur Verteidigung hergerichtet werden.
Äußerst kritisch wurde die Situation am 9. April 1945, als Tieffliege mit Bordwaffen in die Bombenstapel hineinschossen und es dadurch zu starken Detonationen kam, die in Gehren zu Gebäudeschäden führten. Bis kurz vor Einmarsch der Amerikaner hatten Angehörige des Luftmunitionslagers Zündanlagen der „BM 1000-Mausi" in eine nahegelegene Sandgrube gebracht und verbrannt. Auch wurden Einzelsprengungen zur Vernichtung von Munition vorgenommen. Durch einen Waldbrand im Esbachforst kam es am 10. April 1945 zur Explosion ganzer Bombenstapel. Die Gefahr erhöhte sich noch, da die vorrückenden Amerikaner die Stadt Gehren mit Artillerie beschossen. Am 11. April 1945 erfolgte schließlich die kampflose Übergabe der Stadt.
Herr Hans Seeber, der in den letzten Wochen des Krieges zur Versenkung von Giftgasmunition in die Elbe abkommandiert war und Ende Mai 1945 zurückkam, machte ausdrücklich darauf aufmerksam, daß es nach Rücknahme des „Kesselring-Befehles" keinen neuen Befehl gab, das Luftmunitionslager insgesamt zu sprengen. Schon damals hatte Herr Hans Seeber Erkundigungen darüber eingezogen, wie es sich tatsächlich verhalten hat. Er brachte folgendes in Erfahrung:

„In den letzten Kriegstagen hatten sich deutsche Soldaten in der Nähe von Gehren in einer Hütte versteckt. Da sie der Hunger plagte, ging einer von ihnen auch in das Luftmunitionslager, um nach etwas Eßbarem zu suchen. Hier wurde er von anderen Personen gesehen und vom Bürgermeister schließlich zur Sache befragt. Diesem erzählte er, daß er Sprengkabel durchgeschnitten habe, um eine Gesamtsprengung des Luftmunitionslagers zu verhindern. Der Bürgermeister soll diese Soldaten dann aus Dankbarkeit für diese Tat zur weiteren Flucht verholfen haben."
In dem, in der 3. Auflage meines Buches ohne Wertung übernommenen Artikel aus dem „Freien Wort" Suhl vom 22. Mai 1993, unter der Überschrift „Soldat verhinderte vor 47 Jahren deutsches Hiroshima" wird u.a. ausgeführt: „Das Gewissen eines deutschen Soldaten und der Mut eines Bürgermeisters und seiner Getreuen haben ein Hiroshima auf deutscher Erde verhindert. Experten haben errechnet, daß im Umkreis von 18 Kilometern alles Leben ausgelöscht worden wäre. Der Name des Soldaten: Wahrscheinlich Ing.-Major Jann, heute Pensionär, irgendwo im Rheinland."
Herr Hans Seeber hat in einer Gegendarstellung an das „Freie Wort" vom 29. 5. 1993 u.a. wörtlich geschrieben: „Ich habe als Feuerwerker der Luftwaffe das Luftmunitionslager Außenlager Gehren (d. L. Muna-Crawinkel) im Frühjahr 1941 aufgebaut, nach dem Krieg auf Befehl der Roten Armee sprengen müssen. Nun noch zu dem angeblichen Retter Ing.-Major Jann. Hier handelt es sich um meinen Schwiegervater, Kfz.-Ing. und Major d. R., Erich Jahn. Er hatte aber mit dem Munitionslager nichts zu tun. Er war 1945 Vorgesetzter des Volkssturms in Gehren. Als die zurückweichenden Soldaten am Ortsausgang in der Schobse Fichten fällten und über die Straße als Panzersperren legten, hat E. Jahn, kurz vor Einmarsch der Amerikaner diese Sperren mit einigen Gehrenern beseitigt. Er wurde genauso wie Herr Leutenberg u.a. von einem Kommando der Wehrmacht wegen Befehlsverweigerung gesucht."
Die Menschen, die es zu ehren gilt und denen die Einwohner der Stadt Gehren soviel zu verdanken haben, leben of-

fensichtlich unbemerkt noch unter ihnen. Zu ihnen gehört auch Hans Seeber, der als rühriger KFZ-Meister in Gehren bekannt ist. Inzwischen im Rentenalter, ist er wohl der einzige Zeitzeuge, der exakte Angaben zu den Vorgängen im Luftmunitionslager Gehren in den Jahren von 1941 bis 1947 machen kann.

Bis zum 2. Juli 1945 war Gehren von den amerikanischen Streitkräften besetzt. Am 5. Juli 1945 trafen dann Einheiten der Roten Armee ein, die auch den Esbachforst besetzten. In den Tagen zwischen dem Abzug der Amerikaner und dem Eintreffen der Sowjets nutzten die Einwohner der umliegenden Orte die Situation aus, um sich mit allem aus dem Munitionslager zu versorgen, was für sie irgendwie brauchbar war.

In einer Munitionsstatistik vom 23. März 1946 werden insgesamt 31 129 Stück Bomben aufgeführt, die noch im Esbach lagerten.

Die angegebene Stückzahl setzt sich aus folgenden vorgefundenen Bombentypen zusammen:

4 969	Stück	Minenbomben „Mausi“	à	1000 kg
387	Stück	Minenbomben	à	250 kg
2 990	Stück	Flammbomben	à	250 kg
1 570	Stück	Übungsrauchbomben	à	250 kg
2 465	Stück	Brandbomben	à	250 kg
1 730	Stück	Flammbomben (leer)	à	500 kg
12 650	Stück	Sprengbomben	à	50 kg
1 900	Stück	Brandbomben	à	50 kg
2 318	Stück	Brandbomben (leer)	à	50 kg
10	Stück	Zementbomben	à	500 kg
40	Stück	Zementbomben	à	250 kg
100	Stück	Zementbomben	à	100 kg.

Die Auflistung enthält keine Munition unter einem Gewicht von 50 kg. Die im Forstgebiet eingelagerten Granaten sowie die Munition für Handfeuerwaffen wurden nicht berücksichtigt. Die Sowjetische Militäradministration hatte sehr schnell in Erfahrung gebracht, daß Hans Seeber als Feuerwerker

im Luftmunitionslager Gehren tätig war und daß er die Wirkungsweise der im Esbacher Forst lagernden Bomben kannte.
Seine Erfahrungen bei der Entschärfung von Bombenblindgängern veranlaßte die sowjetische Militärbehörden einmal mehr, ihn zur Vernichtung der Bombenbestände heranzuziehen.
So mußte Hans Seeber schließlich, diesmal auf Befehl der Roten Armee, die nicht ungefährlichen Sprengungen der Bomben vornehmen.
Er hat diese Arbeit unter Aufsicht des sowjetischen Militärs verrichtet. Eine Weigerung hätte Hans Seeber wahrscheinlich mit seinem Leben bezahlen müssen. Noch heute vertritt er jedoch die Auffassung, daß es einfacher gewesen wäre, die Sprengstoffe aus den Bomben zu entfernen.
In mehreren Gesprächen bis an den Rand der Möglichkeit gehend, hat Hans Seeber versucht, den für die Sprengung verantwortlichen Major der Roten Armee davon zu überzeugen. Es war wohl die Angst vor Sabotage und andere für die sowjetischen Militärs unabwägbare Kriterien, so weiß Herr Seeber zu berichten, die diese zu einem prinzipiellen Nein veranlaßten.
Ab Mai 1946 mußte im Esbach gesprengt werden. Wurden anfangs nur einzelne Bomben zur Explosion gebracht, mußten schließlich immer mehr Bomben gleichzeitig in den so entstandenen Sprenglöchern vernichtet werden. So entstanden im Forstgebiet tiefe Kraterlandschaften, die heute zwar verwachsen, aber noch gut sichtbar sind. Es passierte auch, daß Bomben nicht explodierten und verschüttet wurden, oder Sprengkörper und ganze Bomben weiträumig im Gebiet verteilt wurden.
Ab Juni 1946 mußten über einen längeren Zeitraum hin Einwohner der Stadt Gehren sowie der Gemeinden Langewiesen, Jesuborn und Möhrenbach Aufräumarbeiten auf dem Gelände des Luftmunitionslagers durchführen. Es wurde nachdrücklich darauf hingewiesen, daß diese Aufgaben vor allen anderen Arbeitspflichten den Vorrang hatten. Entschuldigungen ließ man nicht gelten.

Die Arbeiten wurden jedoch entlohnt. Die Lohnlisten trugen die Bezeichnung D-27 Munitionslager Seerose.
Die vorhandenen Bombenbestände wurden noch dadurch aufgestockt, daß Einwohner der Stadt Gehren, die im Besitz eines Kraftfahrzeuges waren, dazu verpflichtet wurden, Bomben von Crawinkel nach Gehren zu transportieren.
Die durch Sprengungen vernichteten Bombenfüllungen haben an bestimmten Stellen zu einer Bodenkontamination geführt. Diese gehört ebenso wie die noch im Boden verborgene Munition oder deren Reste zu den Altlasten, die noch über Jahre hin ein Gefährdungspotential darstellen.
In Fortschreibung wurden die Munitionsmengen statistisch erfaßt, die vom 28. Januar 1954 bis 19. Juni 1964, auf einer Fläche von 215 ha im Bereich des ehemaligen Luftmunitionslagers Gehren geborgen wurden.

Handfeuerwaffenmunition	521 570	Stück
Granaten bis zu 5 cm	33	Stück
Sprengstoff	370	g
Phosphorbomben zu 70 und 250 kg	5190	Stück
Zementbomben 70 kg	206	Stück
Sprengbomben 250 kg	4	Stück
Minenbomben 1000 kg	150	Stück
Bombenzünder	20 781	Stück.

Daraus ist ersichtlich, daß trotz der 1946/47 durchgeführten Sprengungen noch große Mengen an Munition gefunden wurden.
Die Menge der ursprünglich im Esbacher Forst gelagerten Munition ist nicht nachweisbar. Zu keiner Zeit wurde jedoch Kampfstoffmunition geborgen oder Spuren davon festgestellt. Bis in die heutige Zeit hinein sind jedoch noch Einsätze des Bombenräumdienstes im Esbacher Forst notwendig.

Gebäudekomplex am Rande des Esbachforstes, einst Leitstelle des Luftmunitionslagers Gebren mit Straße, die durch dieses Gebiet führt.

Der Großraum Jonastal, Hitlers geheimes Hightech–Zentrum?

Die Erstveröffentlichung meines Buches liegt bereits einige Jahre zurück. Ich hatte nach den ersten Auflagen unter dem Kapitel „Dem Rätsel Jonastal weiter nachgespürt" die interessierten Leser mit dem Stand der damaligen Forschungsergebnisse vertraut gemacht und auf das Vorhandensein weiterer streng geheimer unterirdischer Objekte verwiesen, jedoch auch die mögliche politische Zielrichtung umrissen, die mit dem Ausbau und der Inbetriebnahme der Objekte durch die Führung des Dritten Reiches, in der Phase ihres Untergangs, angestrebt wurde.
Unter dem Kapitel „Atomreaktorlabor Stadtilm" ist nachzulesen, daß die der Weltöffentlichkeit bekannt gegebenen Erklärungen der im Zeitraum vom 1. Mai bis 30. September 1945 in England internierten führenden Wissenschaftler des deutschen Kernforschungsprojektes zum Inhalt hatte, daß das untergegangene Deutsche Reich nur an einer Atomenergie liefernden Apparatur zu wissenschaftlichen Zwecken gearbeitet und geforscht habe. Es ist auffällig, daß die deutschen Kernphysiker ihre Erklärung nach dem menschenverachtenden Einsatz der Kernwaffen durch die USA in Japan abgeben mußten um den Presseberichten entgegenzutreten, wonach Deutschland über atomare Waffen verfügen würde bzw. an deren Bau beteiligt war. Die USA wäre politisch isoliert gewesen und moralisch verachtet worden, wenn sich z. B. herausgestellt hätte, daß die eingesetzte Atombomben tatsächlich Hitlers Geheimwaffen waren.
Es drängt sich auf, von der Situation auszugehen, daß sich die internierten Wissenschaftler in einer Zwangssituation befanden und die ihre Freilassung und künftige wissenschaftliche Betätigung unter Besatzungshoheit von ihrem Schweigen abhängig war.
Eigene, weitergehende Forschungen und Recherchen haben inzwischen zu dem Ergebnis geführt, daß Hitler durchaus über einsatzbereite Atomwaffen verfügt habe dürfte und daß

an entsprechenden Abschuß- oder Trägermitteln gearbeitet wurde.
Wenn Hitler tatsächlich nicht über derartige Waffen verfügt hätte, wäre es äußerst widersinnig zu befehlen, das Vorhandensein derartiger Waffensysteme den zuständigen Zonenbefehlshabern bei Androhung härtester Strafen zu melden.
Im Regierungsblatt für das Land Thüringen, Teil III: Gesetze und Befehle der SMA, Nr. 2 vom 1. März 1947 wurde das Gesetz Nr. 43 vom Dezember 1946 (Verbot der Herstellung der Einfuhr, der Ausfuhr, der Beförderung und Lagerung von Kriegsmaterial) veröffentlicht. Unter Gruppe I. des vorgenannten Gesetzes wird u.a. wörtlich ausgeführt:
„(a) Sämtliche Waffen, einschließlich atomischer Kriegsführungsmittel oder Vorrichtungen aller Kaliber und Arten, die geeignet sind, tödliche oder vernichtende Geschosse Flüssigkeiten, Gase oder toxische Stoffe voranzutreiben sowie die dazugehörigen Lafetten und Gestelle.
Gruppe VIII
(a) Raketentreibstoffe
Wasserstoff – Peroxyd von mehr als 37 Prozent Konzentration, Hydrazin - Hydrat, Menthylnytrat."
Geht man von der Existenz der Atombomben oder anderer atomarer Sprengmittel aus ist zu klären, wo diese hergestellt und gelagert wurden. Ist vielleicht in Stadtilm, der Wirkungsstätte von Dr. Diebner und anderer hochrangiger Wissenschaftler am Kriegsende der Schlüssel zur Problemlösung zu suchen? Da es nicht vorstellbar ist, daß Hitler Forschungen zu friedlichen Zwecken betreiben ließ, kann es auch kein Zufall sein, daß der später für die USA tätige Raketenspezialist Professor Dr. Stuhlinger mit seinem Team und dem der Kernphysiker um Dr. Kurt Diebner zusammengearbeitet hat.
Eine Antwort darauf geben die Autoren Edgar Mayer und Thomas Mehner in ihrem Buch „Geheime Reichssache: Thüringen und die deutsche Atombombe", die vom Bau einer „Thüringer Atombombe" unter Federführung von Dr. Kurt Diebner ausgehen. Eine dieser Bomben soll mit unterkritischer Masse am 4. März 1945 auf dem Truppenübungsplatz Ohrdruf südlich von Röhrensee zur Detonation gebracht worden

sein. Es wird darauf verwiesen, daß die Explosion der Bombe Hunderten von Häftlingen, aber auch Wissenschaftlern und anderen beteiligten Personen das Leben gekostet hat. Als möglicher Ort der Lagerung der Atombomben und der Herstellung ihrer Funktionsfähigkeit vermuten die vorgenannte Buchautoren u.a. unterirdische Anlagen westlich von Arnstadt. Auch andere Areale in Thüringen sind als Standorte zur Lagerung der Nukleartechnik im Gespräch.

Durch Zeugenaussagen belegt und aus Luftbildaufnahmen ersichtlich soll aus dem Bereich der Muna Rudisleben (Polte 2) unweit der Wachsenburg neben Raketen des Typs A9/A10 – zumindest eine Interkontinentalrakete der Bezeichnung V 101 abgeschossen worden sein. Die Autoren verweisen hier insbesondere auf den Abschuß einer Großrakete am 16.03.1945.

Bezogen auf den Stand der Raketentechnik der am Ende des Krieges in Deutschland ereicht wurde und deren Entwicklungen sich die Siegermächte zunutze gemacht haben, gehe auch ich, unabhängig von bekannten Standorten der Fabrikation und der Erprobung davon aus, daß mit der A4 die Entwicklung keinesfalls abgeschlossen war. Obwohl kaum vorstellbar kann ich durch entsprechende Schriftstücke belegen, daß der neben Werner von Braun wohl bekannteste Raketenspezialist Dipl. Ing. Rudolf Nebel bereits 1931 Weltraumraketen erprobt hat. Aus mir vorliegenden Unterlagen ergibt sich ferner, daß vor dem Machtantritt Hitlers deutsche Raketenforscher eng mit den amerikanischen Raketenspezialisten der America Interplanetary Society zusammengewirkt haben.

Doch zurück zum Jonastal! Insgesamt ist hier das Vorhandensein von 25 Stollen belegt, die fast alle querschlägig miteinander verbunden sind und die ich alle persönlich befahren und untersucht habe. Mayer und Mehner aber auch andere Buchautoren gehen davon aus, daß sich neben der bekannten Stollenanlage weitere zugesprengte bzw. verdeckt angelegte Stollen befinden müssen. Harald Fäth verweist in seinem Buch „Geheime Kommandosache – S III Jonastal und die Siegeswaffenproduktion" darauf, daß im Jonastal im Vergleich mit anderen Stollensystemen, ein Zulieferstollen mit großem Eingangsbereich fehlt und deshalb ein solcher vorhanden sein

muß. Mayer und Mehner sind überzeugt, daß neben der bekannten Stollenanlage in Richtung Arnstadt die Stollen 26 bis 31 liegen.
Ich habe den infrage kommenden Bereich mehrfach untersucht, zumal er jetzt abgeholzt zugänglich ist, jedoch keine Ansätze für das Vorhandensein weiterer Stollen gefunden.
Es ist jedoch tatsächlich nicht auszuschließen, daß noch weitere Stollen existieren, zumal während des von mir beschriebenen Einsatzes der Höhlenforscher 1965, staatliche Stellen der DDR nach weiteren unterirdischen Anlagen u.a. auf der gegenüberliegende Seite der bekannten Objekte gesucht haben. An eine Stollenanbindung anderer unterirdischer Objekte ist zu denken.
In die Tiefe gehende Geländeeingriffe beiderseits der Straße sind erkennbar, und ein Indiz für bauliche Maßnahmen. Insoweit mag man es mir nachsehen, daß ich mich hier, wie andere Autoren, auf dem Glatteis der Spekulation bewege.
Die politische und militärische Bedeutung des Großraumes Jonastal mit dem Truppenübungsplatz und den nachgewiesenen Geheimobjekten hingegen steht wohl außer Frage. Es hätte sonst wohl auch keinen Sinn gemacht, auf dem Truppenübungsplatz Ohrdruf die modernste und zugleich teuerste Nachrichtenzentrale Hitlers, das Amt 10, zu errichten.
Der ehemalige Bundeswehr-Kommandant des Truppenübungsplatzes Dieter Zeigert verweist in seinem Buch „Hitlers letztes Refugium" darauf, daß die US – Streitkräfte den Wert der Anlage mit 10 Millionen Dollar beziffert haben.
Am Nachrichtenamt 800 wurde bereits gearbeitet. Jedoch ergeben sich zu dessen Standort ungeklärte Fragen, die sich auch auf unterirdische Anlagen im Bereich des Eulenberges und des Tambruchs auf dem Truppenübungsplatz, der Roten Hütte, des Bielsteins sowie der Muna Rudisleben (Polte 2), beziehen.
Die Natter, eine der sogenannten Wunderwaffen, wurde am Ende des Krieges in Gräfenroda gebaut. Sie sollte vom Truppenübungsplatz Ohrdruf wahrscheinlich auch bemannt zum Einsatz kommen. Die Natter, ein in Holzbauweise gefertigter und bemannter Flugkörper, mit einem Geschoßkopf versehen

war in der Lage, innerhalb einer Minute 10 000 m Höhe zu erreichen und einen Bomberverband im Sturzflug mit einer Salve von 24 bis 33 Raketengeschossen anzugreifen. Durch Ausnutzung kinetischer Energie konnte die Natter wieder hochgezogen und zum Rammstoß eingesetzt werden, zuvor mußte jedoch ihr Heckteil mit dem Piloten abgesprengt werden.
Von der Wirkung dieser Waffe erhoffte man sich wahre Wunder. Wegen der Bedeutung dieses Waffensystems trat die SS als Auftraggeber in Erscheinung. Dem SS-Obergruppenführer und General der Waffen-SS, Dr. Hans Kammler, wurde der Oberbefehl über die Natterentwicklung übertragen.
Mit ihr erfolgte der erste bemannte Raketenstart der Welt überhaupt. Aus geheimen Unterlagen ergibt sich, daß im März 1945 die Verlagerung der Produktion der Natter, einschließlich der Überführung der geheimen Konstruktionsunterlagen, nach „Waldhausen" erfolgte. Damit war der Ort Gräfenroda und speziell das holzverarbeitende Werk Kühn & Leffler, die spätere Möbel GmbH Gräfenroda, gemeint. Auf dem nahegelegenen Truppenübungsplatz Ohrdruf sollten Seilstartversuche durchgeführt werden.
Eine weitere Geheimwaffe war die zum Bau vorgesehene Schneidseil-Schleuder, mit der feindlichen Flugzeuge zum Absturz gebracht werden sollten. Entsprechende Unterlagen darüber waren ebenfalls in Gräfenroda eingelagert.
Insgesamt erschließt sich für die Geschichts- und Technologiegesellschaft Großraum Jonastal e.V., die sich eine sachbezogene Aufklärung und Erforschung der komplizierten und sensiblen Geschichte des Großraumes Jonastal auf die Fahnen geschrieben hat, eine Betätigung über viele Jahre hinaus.

Fischzüge der Sieger

Operation BACKFIRE – „Fehlzündung“ oder „Rück-Schlag“?.

Am 02.Oktober 1945 steigt nach zwei mißglückten Versuchen erstmals nach dem Zweiten Weltkrieg wieder eine strategische Fernkampfrakete vom Typ A 4, als V 2 bekannt, in die Stratosphäre auf. Gestartet wurde sie vom acht Kilometer vor Cuxhafen liegenden Kruppschen Marineartillerie-Schießplatz Altenwalde. Weitere Starts folgen am 04. und am 15. Oktober. Das waren die letzten Europa-Starts, denn die nächsten Raketen dieser Typenreihe hoben von amerikanischem Boden (White Sands und Huntsville) sowie im asiatischen Teil der UdSSR (Kapustin Jar) ab.
Die Startmannschaft in Altenwalde bestand aus Angehörigen der Wehrmacht-„Division z. b. V.“, darunter ihrer Heeres-Artillerie-Abteilung 836, deren Soldaten von September 1944 bis März 1945 für den Beschuß u. a. von London, Paris, Lille, Brüssel, Maastricht und Antwerpen eingesetzt waren. Insgesamt trafen 3 225 A 4/V 2 diese und weitere Wohnorte. Nunmehr wurden sie, die die damals modernste strategische Fernkampfwaffe bedienten, als „disarmed german personnel“, „entwaffnetes deutsches Personal“ in britischen Diensten, geführt.
Zur Mannschaft gehörten auch Mitarbeiter der vormaligen Heeresversuchanstalt (HVA) Peenemünde auf Usedom, wo im militärischen Auftrage seit 1929 in Berlin-Tegel und in Kummersdorf-West unweit Berlins, seit 1936 die strategische Raketenwaffe entwickelt worden war. Über 100 „Peenemünder“, darunter der Chef der Raketenentwicklung des Heeres und Kommandeur der HVA Peenemünde, Generalmajor Walter Dornberger und der Produktionschef von 1943–1945 für die A 4/V 2 in der eigens zur Raketenproduktion geschaffenen größten unterirdischen KZ-Fabrik DORA-Mittelwerk GmbH im Kohnstein bei Niedersachswerfen Arthur Rudolph, dessen Lebensweg im Rhöndorf Stepfershausen begann, die-

nen ebenso wie Dieter Huzel, Prüfstandleiter und Direktionsassistent Wernher von Brauns, des Technischen Leiters der Raketenentwicklung, den neuen britischen Herrn.
Insgesamt sind es zum Sommer fast 600 deutsche Raketenfachleute, die im britischen „Versuchskommando Altenwalde“ zusamengefaßt worden sind, da die Briten in ihren Gefangenen- und Internierungslagern systematisch weitere Fachkräfte auskämmen. Das Schießen leitet Oberst Wolfgang Weber, zuvor Kommandeur der erwähnten Heeresartillerie-Abteilung 836.
Gegen Mittag des 01.Mai 1945, die Division ist mit weiteren „zusammengekehrten“ Verbänden angetreten, die Reichshauptstadt Berlin zu „entsetzen“, hatte ein Divisionsbefehl verlangt, sich sofort aus der Front zu lösen und einen Konzentrierungsraum an der Elbe zu beziehen, der sich bereits in amerikanischer Hand befand. Oberst Weber über den Sinn dieses Frontwechsels: „Der Wunsch, das wertvolle Menschenmaterial und Spezialwissen – dabei in erster Linie die praktischen Erfahrungen – nicht der Vernichtung preiszugeben“.(1)
Der größte Teil der Division mit dem „Spezialwissen“ landet in einem Auffanglager der US-Army bei Herford. Handverlesen und über Zwischenstationen werden annähernd 100 Mann als Sonderkommando schließlich an die Briten übergeben und nach Altenwalde verlegt. Sie erhalten doppelten Wehrsold und Sonderverpflegung. Mitte Mai 1945 beginnen theoretische Vorarbeiten für erneute Schießen, nunmehr unter britischem Kommando. Dieter Huzel, (NSDAP seit Mai 1933, Mitgliedsnummer: 3 230 143) berichtet,(2) daß es der ursprüngliche Auftrag gewesen sei, „schwarz auf weiß niederzuschreiben, was an unseren Arbeiten in Peenemünde bemerkenswert gewesen war“. Huzels Mitwirkung an der „gründlichen Bewertung und Dokumentierung“ der Ergebnisse der Raketenforschung im Dritten Reich für die Briten kontrastiert mit einer von ihm im Auftrage Wernher von Brauns durchgeführten Geheimaktion. Als Rückversicherung für die Zukunft, für die Wernher von Braun bereits Ende 1944 über neutrale Vermittler Kontakte zu amerikanischen Gewährsleuten in der Schweiz geknüpft haben soll, hat Huzel,

Stolleneingang der Grube „Georg Friedrich“ in Dörnten bei Goslar, wo Dieter Huzel im April 1945 13 Tonnen Geheimakten des Peenemünder Archivs einlagerte.

rechte Hand von Brauns, zwischen 01. und 06. April 1945 bei Nacht und Nebel annähernd 13 Tonnen Grundlagendokumente der Raketenforschung und -produktion in der Pulverkammer der Georg-Friedrich-Grube versteckt und den Eingang zugesprengt. Dieser Schacht beim Dorf Dörnten unweit Goslars lag, wie sich erwies, in der britischen Besatzungszone. Die Amerikaner hatten jedoch vom Versteck, dessen Geheimnis außer Huzel lediglich noch vier Männer kannten, als erste erfahren. Sie entführten ihrem engsten Verbündeten die kompletten Ergebnisse der Peenemünder Raketenforschung und die Technologie der Fließbandfertigung strategischer Raketen in der KZ-Fabrik im Kohnstein vor der Nase. Dieter Huzel war den Briten von den Amerikaner „ausgeliehen" worden. Seine Behauptung, daß die umfangreichen Berichte über „Backfire" die teils schriftlich, teils auf Filmen „erstellt wurden", „umfassender als alles gewesen (seien), was in deutschen Akten enthalten war", darf mit Fug und Recht bezweifelt werden.
Die Briten, die in Altenwalde ursprünglich 30 Raketenstarts hatten absolvieren wollen und die versuchten, eine Raketenproduktion in britischer Regie im Sommer 1945 aufzubauen, mußten sich mit der Montage von acht Raketen bescheiden, von denen drei technisch erfolgreich gestartet wurden. Sie belassen es bei den Versuchen von Sommer und Herbst 1945. Von namhaften deutschen Raketenforschern gerät allein Walter Riedel (auch „Papa" Riedel oder Riedel II genannt), einer der ersten Mitarbeiter Wernher von Brauns, nach Großbritannien. Dorthin geht auch Helmuth Walter (1900–1980), Kieler Unternehmer-Forscher, der auf zahlreichen Rüstungsgebieten zu Hause ist und im Krieg ein Rüstungsunternehmen von über 5000 Mitarbeitern besaß. Zu seinen Entwicklungen gehört der Antrieb für den Jäger Me 163, der 1941 als erstes Flugzeug eine Spitzengeschwindigkeit von über 1 000 Kilometer/Stunde erreicht. Er baute Startschleudern für die Flugbombe Fi 103/V 1 und Treibstoff-Förderpumpen für die A 4. Ein Walter-U-Boot-Antrieb ermöglicht Rekordgeschwindigkeiten von mehr als 28 Knoten. Nach Arbeiten für Großbritannien wird er in den USA Entwick-

lungsdirektor und Vizepräsident der Rüstungsfirma Worthington Corporation. In Großbritannien verhindert die öffentliche Meinung den Einsatz der gleichen Konstrukteure, Ingenieure und Militärs in England, die die Raketen entworfen und verschossen haben, die auf der Insel 8938 Tote und 24524 Verwundete forderten. Großbritannien verläßt sich überwiegend auf die Führungsmacht USA, betreibt in Westcott, Bughamshire, eine Raketenentwicklung zur Luftabwehr und für die Landkriegführung im operativ-taktischen Rahmen. Auch ein Raketenschießplatz in Australien wird dafür genutzt. Jedoch erst im August 1995 gibt das Imperial War Museum in London die erbeuteten und insgeheim ausgewerteten Originalakten der Kommando- und Einsatzebenen von V 1 und V 2 an das Bundesarchiv/Militärarchiv in Freiburg i. Br. ab. Ihre deutschen „Hiwis" geben die Briten bereits im Herbst 1945 an die Amerikaner zurück. Eine amerikanische Militärmaschine fliegt die erste Gruppe von 12 Personen Ende Oktober aus Cuxhaven nach München, da in Bayern jene deutschen Raketenforscher zusammengeführt werden, die für einen Einsatz in den USA vorgesehen sind, darunter Dieter Huzel. Walter Dornberger, der nur mit Rücksicht auf seine künftige Verwendung einem britischen Kriegsverbrecherprozeß entgeht, holen amerikanische Behörden nicht zuletzt auf Betreiben des bereits dort befindlichen Wernher von Braun zwei Jahre später in die USA. Naht- wie skrupellos dient er der US-Air Force als Berater von 1947 bis 1950 und anschließend dem amerikanischen Rüstungsunternehmen Bell Aircraft Corporation, dessen Vizepräsident er von 1959 bis 1965 war, so wie er zuvor von August 1914 bis Mai 1945 im kaiserlichen Heer, in Reichswehr und Wehrmacht gedient und dabei drei wesensverschiedene Eide geschworen hat.

„A la francaise..."

Im komfortablen Hotel „Wittelsbacher Hof" zu Bad Kissingen weilen im Sommer 1945, das „Versuchskommando Altenwalde“ hat seine theoretische und praktische Arbeit aufgenommen, gut bewachte „Gäste“. Die amerikanische Besatzungsmacht hat hier über 120 deutsche Wissenschaftler, einige mit Familienangehörigen, interniert, deren Erfahrungen in der Rüstungsforschung ausgenutzt werden sollen. Unter ihnen Mitarbeiter des renommierten Braunschweiger Instituts für Aeronautische Forschungen. Die französischen Verbündeten, denen ein US-amerikanisches Sonderkommando im Rahmen der Geheimoperation „Alsos“ zuvorgekommen war und in Hechingen, das in der französischen Besatzungszone lag, am 24.April 1945 die wesentlichen Ergebnisse der deutschen Atomforschung einschließlich deren führenden Köpfe für sich gesichert hatte, wobei die amerikanischen Fachleute bald herausfanden, daß die deutschen Forscher keine Konkurrenz für das amerikanische Atombombenprogramm sein würden und deshalb die gesamte Gesellschaft in das britische Internierungslager Farmhall einlieferten, versuchten nunmehr ihrerseits in Bad Kissingen nach Frankreich zu holen, was für die französische Rüstungsindustrie von Nutzen sein könnte. Drei französiche Offiziere hatten die Raketenstarts des Sonderkommandos Altenwalde als Gäste beobachtet. Frankreich nahm die Triebwerkkonstrukteure Eugen Sänger und Helmut von Zborowski, den Mitarbeiterstab des Ballistischen Instituts von Hubert Schardin aus Berlin-Gatow, Sitz der Luftkriegsakademie des Dritten Reiches, Schardin selbst führend nicht nur in der Ballistik sondern u. a. auch der Hochgeschwindigkeitsphotographie, in seine Dienste. Außerdem folgte dem französischen Ruf Heinrich Hertel, zuvor Leiter der Forschungsabteilung von Junckers.

Daß von Zborowski (SS-Nr.: 382 449) ein Ziehkind des Reichsführers der SS Heinrich Himmler war, dem Generalfeldmarschall Ehrhard Milch am 18. Februar bestätigte, daß auch er von Zborowski „für einen unserer besten jüngeren Konstrukteure“ halte (3) störte die Franzosen nicht. Hauptsturmführer von Zborowski hatte Himmler Anfang 1942 alle Rechte und Ansprüche hinsichtlich seiner Erfindungen, u. a. dem Patent „Raketentriebwerk Z 25646“, übertragen. 1933 war er aus

Österreich, „ins Reich" gekommen und wurde hier, seinem Zeugnis zufolge, „von der Partei bei den Bayrischen Motorenwerken als Ingenieur untergebracht". Eugen Sänger (1905–1964) war wie der BMW- und SS-Mann von Zborowski ein früher Anhänger der NSDAP/Hitlerbewegung in Österreich. In Wien gehörte er der SS-Fliegerstaffel an.(4) Auch er besaß Patente für Raketentriebwerke. 1936 hat er im Auftrage des faschistischen Reichsluftfahrtministeriums in Trauen (Lüneburger Heide) ein Raketenforschungsinstitut aufgebaut, in dem auch von Zborowski zeitweise tätig war. Er arbeitete u. a. im Krieg an einem Fernbomberprojekt für Luftangriffe auf New York und an der Entwicklung von Staustrahljägern. In Frankreich dient er als Berater des französischen Luftfahrtministeriums dem Arsenal de 1'Aeronautique Paris-Chatillon. Der Abfangjäger „Griffon" ist eine seiner „französischen" Konstruktionen. Nach dem Ausscheiden aus französischen Diensten nahm Eugen Sänger Anfang der sechziger Jahre ein ägyptisches Angebot an. Er hielt Vorlesungen zur Raumfahrttechnik in Kairo und beteiligte sich mit anderen deutschen Ingenieuren an der Entwicklung einer zweistufigen ägyptischen Rakete, die eine Gipfelhöhe von 480 Kilometern erreichen konnte. Die ägyptische Regierung besoldete Sängers Leistungen mit 600 000 DM. Der Widerstand Israels, gegen das sich die ägyptischen Raketenpläne richteten, zwangen ihn, seine Arbeit für Ägypten einzustellen.

OSOAVIACHIM – Sowjetische Beutekommissionen greifen zu

Am 13.Juli 1944 lenkte der britische Premier Winston Churchill in einer streng geheimen und persönlichen Botschaft(5) Stalins Aufmerksamkeit auf die Erprobungsschießen mit den in Peenemünde entwickelten Fernkampfraketen vom Typ A 4 auf dem SS-Truppenübungsplatz „Heidelager" in Südostpolen, der den zusätzlichen Tarnnamen „Artillerie-Zielfeld Blizna" erhalten hatte. Der Raketenschießplatz, auf dem zwischen Herbst 1943 und Sommer 1944 die A 4-Reihe erprobt wurde, lag im Angriffsstreifen der großen sowjetischen Sommeroffensive 1944. Churchill bat um Informationen über den technischen Stand der Raketenentwicklungen. Stalin versicherte seinem Verbündeten, die Angelegenheit unter persönliche Kontrolle nehmen zu wollen. Mitte Oktober kehrten britische Fachleute vom „Artillerie-Zielfeld Blizna" „mit wertvollen Informationen nach England zurück". Was die Briten nicht wußten: Bevor sie gemeinsam mit sowjetischen Fachleuten das Versuchsgelände untersuchen konnten, hatte die sowjetische Seite u. a. ein komplettes Raketentriebwerk der A 4 nach Moskau geschafft. Im hermetisch abgeschirmten Auditorium maximum des Nautschny Issledowatelski Instituts 1 (NII 1) konnten künftige Mitglieder sowjetischer Beutekommissionen erstaunt feststellen, daß sie etwas sahen, was es nach ihrem Erkenntnisstand (die UdSSR stellte Triebwerke mit einer Schubkraft von annähernd 1500 Kilogramm her) gar nicht geben konnte: Ein Flüssigkeitsraketentriebwerk mit einer Schubkraft von 25 Tonnen, das Triebwerk der Peenemünder A 4.(6)

Eine der ersten Beutekommissionen der UdSSR entsandte im April 1945 der Volkskommissar für Flugzeugindustrie Alexej Schachurin nach Deutschland. Chef der Kommission war der General Nikolai Petrow, Leiter des Forschungsinstituts für Flugzeugausrüstungen. Mitglieder der ersten Kommission waren u.a.Boris Tschertok und Tschistjakow. Da das NII 1 ebenfalls zum Dienstbereich Schachurins gehörte, schickte dieser eine weitere Kommission unter dem General Andrej Sokolow. In ihr waren Fachleute der Feststoffraketenforschung zusammengefaßt, darunter Jurij Pobjedonoszew, Michail Rjasanski, Jewgeni Boguslawski und Wladimir Barmin sowie Georgi Tjulin, allesamt mit Verdiensten um die Entwicklung bzw. die Produktion der „Stalinorgel"/„Katjuscha". Juri Pobedonoszew erklärte 1971 im Gespräch: „Die deutschen Geheimnisse haben wir weder geraubt noch insgeheim gekauft oder durch Betrug erschlichen. Für sie ist der volle Preis mit dem Blut unserer Soldaten bezahlt worden. Das ist unsere rechtmäßige Kriegsbeute gewesen. Ich wüßte nicht, warum sie unsere patriotischen Gefühle als Sieger verringern sollte". Weitere Gruppen künftiger Raketenfachleute nahmen die Arbeit in Deutschland auf. Unter ihnen Isajew, Nikolai Piljugin, Wassili Mischin sowie Leonid Woskresenski. Erst am 8.September 1945 traf Sergej Korolow, später „Vater der sowjetischen Raumfahrt" genannt, in Berlin ein. Er wohnte in der damaligen Bismarck-Straße in Oberschöneweide (jetzt Kilianistraße). Zuvor war er jahrelang inhaftiert gewesen. In Haft arbeitete er in einer „Scharaschka", einem Konstruktionsbüro (KB) unter Lagerbedingungen. Sein Aufgabengebiet: Raketenantrieb bei Flugzeugen, zuletzt in einem KB in Kasan. Verkleidet als Hauptmann und als „persönlicher Chauffeur" des Generals Andrej Sokolow beobachtete er die Raketenstarts auf dem Schießplatz Altenwalde.

Im Mai 1945 war in Berlin die „Technische Kommission für Raketentechnik" gebildet worden. Ihre strukturelle und räumliche Nähe zur SWAG/SMAD (Sowjetische Militärverwaltung in Deutschland) mit Sitz in Berlin-Karlshorst sowie ihr direkter Zugriff auf alle Raketenforschungseinrichtungen und -produktionsbetriebe in Berlin, Peenemünde, Lehesten und die unterirdische Raketenfabrikationsstätte im Kohnstein erleichterte vieles. Die „Geschäftsführung" der Kommission lag bei Georgi Tjulin. Insgesamt waren zum Sommerausgang 1945 bereits über 100 künftige sowjetische Raketenfachleute in der Besatzungszone tätig. Unter ihnen auch Sergo Berija, Sohn des obersten Geheimdienstchefs der UdSSR Lawrenti Berija. Die von L. Berija geleitete Erste Hauptverwaltung beim Rat der Volkskommissare/Ministerrat arbeitete an der Brechung des amerikanischen Atombombenmonopols. Sohn Sergo, der in Stalins Auftrag die Gespräche Churchills und Roosevelts in Teheran und Jalta abgehört hatte, stieg nach Kriegsende in die Entwicklung sowjetischer Raketen auf der Grundlage deutscher Vorarbeiten ein.

Die UdSSR brachte unverzüglich nach dem Abzug der amerikanischen Truppen aus Thüringen die unterbrochene Raketenforschung und -produktion wieder in Gang. Tschertok bildete als erstes das Raketen-Bau-Institut RABE und sammelte deutsche Fachleute. Bald sind 200 von ihnen am Werk.

Sie sind froh Arbeit in ihren Spezialberufen zu finden, besonders jedoch über die Sonderzuteilungen an Weißbrot, Butter und Speck, mit dem man nicht nur Mäuse fängt. Ähnlich haben die Briten in Altenwalde gehandelt, ähnlich gehen die Amerikaner im bayrischen Landshut vor, wo „ihre" deutschen Fachleute in einer Wohnsiedlung zusammengeführt werden und das Recht haben, in einem Army-Shop einkaufen zu können. Bereits Ende Juli 1945 laufen an mehreren Orten des Südharzes die Vorbereitungen zur Montage der Fernkampfraketen vom Typ A 4. Die Reste der von den Amerikanern zurückgelassenen Raketenteile werden zusammengetragen, überprüft, vervollständigt. Entwicklungslabors, Prüffelder, Fertigungs- und Produktionsanlagen werden instandgesetzt und in Betrieb genommen. In Peenemünde wird nicht nur demontiert, was von den Luftangriffen der Alliierten noch übrig ist, sondern z. B. auch der Prüfstand 9 rekonstruiert. In Polen, der Tschechoslowakei und in Österreich werden wissenschaftliche Dokumentationen, Konstruktionszeichnungen Produktionsunterlagen usw. gesucht und gefunden. Nach Inspektion durch den sowjetischen Rüstungsminister Dmitri Ustinow in Thüringen wird das Institut Nordhausen gegründet, RABE ihm angegliedert. Kurze Zeit später entsteht das „Zentralwerk" in dem im Herbst 1946 über 5000 deutsche Wissenschaftler, Facharbeiter und Ingenieure, unter ihnen der aus Judenbach bei Sonneberg stammende Erich Apel, der spätere Chef der Plankommission der DDR,(7) beschäftigt sind. Generaldirektor dieses modernsten Rüstungsbetriebes wird Helmut Gröttrup, ein exzellenter Fachmann für Raketensteuerung. Hier arbeitet auch Sergej Koroljow, der in 13 Bänden die Grunderfahrungen des deutschen Entwicklungsstandes dokumentiert. Die besondere Aufmerksamkeit der sowjetischen Raketenfachleute gilt der Entwicklung des Peenemünder Projektes einer zweistufigen Fernkampfrakete vom Typ A 9/A 10. Bisher hatte sie erst auf dem Reißbrett Gestalt angenommen, in den nächsten Jahren würde das weiterentwickelte Projekt der Frühform einer interkontinentalen Rakete erstmals New York oder Washington in den Wirkungsbereich einer von Europa aus gestarteten Rakete

bringen. Als Gröttrup, bereits interniert, Ustinow fragt, wann die deutschen Raketenforscher heimkehren dürfen, anwortet dieser: „Wenn sie eine Rakete gebaut haben, die die Erde umfliegen kann".
Der einmalige Entwicklungsstand in Thüringen hat bereits ein Jahr nach Kriegsende weitreichende Konsequenzen. Am 13. Mai 1946 faßte der Ministerrat der UdSSR im Kreml zu Moskau den Beschluß Nr. 1017-419ss.[(8)], der „Fragen der Raketenrüstung" gilt. Sie werden zur „wichtigsten Aufgabe" der Regierungspolitik erklärt. Gebildet wird eine Sonderkommission unter Georgi Malenkow. Ihr gehören neben anderen Dmitri Ustinow, Iwan Serow, Stellvertreter des Innenministers und von Juni 1945 bis November 1946 auch Stellvertreter des Chefs der SMAD sowie Wissenschaftler wie Axel Berg, Direktor des Instituts für Funktechnik und Elektronik der Akademie der Wissenschaften, an. Eine der Aufgaben der Sonderkommission ist die umfassende und ständige Bewertung aller Schlüsselfragen der Raketenforschung, -entwicklung und -produktion. Sie hat Stalin Programme und Pläne vorzulegen, die die Priorität der UdSSR in Fragen der Raketenrüstung sichern sollen. Die Sonderkommision hat das Recht, alle Forschungseinrichtungen, Regierungsbehörden und Betriebe im gesamten Macht- und Einflußbereich mit Aufgaben der Raketenrüstung zu beauflagen, und die Verwirklichung zu kontrollieren. Kein anderes Gremium ist berechtigt, Informationen zur Raketenrüstung einzuholen, geschweige denn Aufträge der Sonderkommission zu verändern. Sie verfügt über unbegrenzte Vollmachten bei der Verwirklichung ihres Auftrages. Sind doch die ins Auge gefaßten Raketen die potentiellen Träger der parallel entwikkelten Kernwaffen. Als erstes verlangt Stalin einen Plan der Forschungs- und Entwicklungsvorhaben für den Zeitraum 1946 bis 1948. Besonders ausführlich bestimmt der Beschluß die Aufgaben zur Raketenrüstung der UdSSR in Deutschland. Damit fußte der Moskauer Beschluß auf einer soliden Basis. Er fixierte nicht einen Null- und Ausgangspunkt der Entwicklung, sondern leitete eine neue Etappe ein, die auf einer knapp zwei Jahrzehnte zurückreichenden Tradition der Ra-

ketenwaffenentwicklung in Deutschland beruhte. Zu den Aufgaben der Sonderkommission gehörte es, „die vollständige technische Dokumentation und Prototypen von... ‚V 2', ‚Wasserfall', ‚Rheintochter' sowie ‚Schmetterling' zu rekonstruieren". Obwohl nicht genannt, gehört auch die Luftabwehrrakete „Taifun" dazu. Somit ging es um strategische und Boden-Luft-Raketentypen. Sergo Berija berichtet, daß Stalin 1950 seine Absicht eines sowjetischen Raketeneinsatzes gegen die amerikanischen Landungstruppen bei Pusan während des Koreakriegs aufgab, nachdem Berija dargelegt hatte, daß die sowjetische Raketenrüstung nicht in der Lage sei, die Luftverteidigung gegen angedrohte amerikanische Atombomberangriffe zu sichern.(9) 1945 waren jedem deutschen Fachmann sowjetische Wissenschaftler und Ingenieure beigegeben, die einzuarbeiten waren. Wiederherzustellen waren in der Sowjetischen Besatzungszone weitere Prüfstände und Laboreinrichtungen zur Forschung und Entwicklung der deutschen Raketen, gesichert wurde die Ausbildung „von Kadern sowjetischer Spezialisten, um sie zu befähigen, Forschungen und Erprobungen" zu betreiben und sich mit der Produktionstechnologie vertraut zu machen. Für diese Aufgaben wird Naum Nosowski, von 1940 bis 1947 Chef der Ersten Hauptverwaltung des Rüstungsministeriums der UdSSR, verantwortlich gemacht, deshalb von allen anderen Aufgaben entbunden und ebenfalls nach Deutschland abkommandiert. Als Gehilfen beigegeben werden ihm die Generalmajore Nikolai Kusnezow und Lew Gaidukow, ersterer Stellvertreter des Chefs der Hauptverwaltung Artillerie im Verteidigungsministerium der UdSSR und hier ab 1949 Chef für Raketenrüstung in dieser Dienststelle, letzterer mit Erfahrungen der Garde-Minenwerfer der Sowjetarmee. Der im März 1946 als Erster Stellvertreter des Verteidigungsministers der UdSSR eingesetzte Nikolai Bulganin hat unter den in Deutschland befindlichen Besatzungstruppen der UdSSR eine erste militärische Formation im Verband der Artillerie zu bilden, der nach entsprechender Ausbildung der Verschuß der rekonstruierten A 4/V 2 übertragen werden soll. Leiter der Verschuß-Gruppe ist kurzzeitig Sergej Koroljow, den jedoch Leonid Woskresenski ablöst. Hinsichtlich der bereits zur Arbeit herangezogenen deutschen Raketenfachleute wird nicht nur entschieden, sie besser als bisher zu entlohnen und sie monatlich mit jeweils 1 000 Sonderrationen der Kategorie 1 und weiteren 3 000 der Kategorie 2 zu versorgen, sondern auch, sie „gegen Ende 1946 aus Deutschland in die UdSSR zu überführen". Für sie und ihre Familien waren bis Oktober 1946 Wohnungen vorzubereiten, ein Auftrag, für den der Vorsitzende der Staatlichen Plankommission, Nikolai Wosnesenski geradezustehen hat. Der Sonderkommission werden für ihre Arbeiten in Deutschland 70 Millionen Mark zur Verfügung gestellt. Für weitere 2 Millionen Dollar kann sie in den USA Forschungsausrüstungen kaufen. Sie erhält auch das Recht, in Deutschland spezielle Forschungseinrichtungen für die Raketenrüstung herstellen zu lassen, unabhängig davon, daß die gesamten nach Kriegsschluß noch vorhandenen und nicht von den USA in die Vereinigten Staaten verbrachten Raketen und Forschungseinrichtungen entweder als Kriegsbeute oder als Reparationsleistung demontiert und in die UdSSR verbracht werden. Als Reparationen bzw. als Kriegsbeute gehen komplett alle Ausrüstungen aus Peenemünde, Lehesten, aus dem Kohnstein und den Zulieferbetrieben in die UdSSR. Ist doch bereits in Jalta (Februar 1945) von Churchill, Roosevelt und Stalin festgelegt worden, „alle spezialisierten Rüstungsbetriebe" „hauptsächlich unter dem Gesichtspunkt der militärisch-ökonomischen Abrüstung Deutschlands" zu „entnehmen".[10] Sowohl die Anlagen im Kohnstein als auch im Oertelsbruch und andernorts werden nach der Demontage gesprengt. Nikolai Bulganin, dem auch der Auftrag erteilt worden ist, einen Vorschlag für die Auswahl und den Bau des „Zentralen Staatlichen Raketenschießplatzes" vorzulegen, schlägt ein ostwärts der Wolga bei Kapustin Jar sich hinziehendes Steppengebiet vor, wo ab 18.Oktober 1947 12 rekonstruierte V 2-Raketen unter Beteiligung ehemaliger Peenemünder, dabei auch Helmut Gröttrup, gestartet werden. Bis Ende der 50er Jahre heben hier unter der Bezeichnung R 1 (edinitschka) bis R 7 und R 7A (siedmorka), die zehn Jahre danach den ersten

Sowjetische Fernrakete R 1, die modifizierte A 4/V 2, auf dem Startfeld Kapustin Jar; der Erststart einer rekonstruierten A 4/V 2 erfolgte zuvor an gleicher Stelle am 18. Oktober 1947.

Weltraumsateliten „Sputnik“ auf eine Erdumlaufbahn bringt, sowie die R 12 und andere weiterentwickelte Prototypen der deutschen Raketenforschung ab. Serow und der Oberkommandierende der Sowjetischen Besatzungsstreitkräfte in Deutschland Wassili Sokolowski hatten der Sonderkommission nicht nur alle von dieser für notwendig erachteten Arbeits- und Lebensbedingungen zu sichern und die den Potsdamer Beschlüssen zuwiderlaufende Weiterführung der Raketenforschung und -produktion in Deutschland abzuschirmen, sondern Serow oblag auch die Vorbereitung der Internierung der für die Weiterführung der Arbeit in der UdSSR ausgewählten Fachleute und ihrer Familien. Dieser Teil der Operation OSOAVIACHIM, dem Gegenstück zu den Operationen „Overcast“ und „Paperclip“ der USA, beginnt am Abend des 20.Oktober 1946 im „Bleicheroder Kreml“, dem Hauptsitz des sowjetischen „Zentralwerks“ zur Raketenforschung und -produktion in Deutschland mit einer Arbeitsbesprechung. An die Besprechung schließt sich ein Empfang an, der erst nach Mitternacht zu Ende geht. In den frühen Morgenstunden greifen die Operativgruppen Serows zu. Annähernd 170 deutsche Fachleute werden mit ihren Familien und ihrem Hab und Gut (Frau Gröttrup führt nicht nur ihren BMW, sondern auch zwei Milchkühe mit) in die UdSSR verbracht, wo sie anfangs in Moskau und in den folgenden Jahren auf der Insel Gorodomlija im Seeliger-See unweit der Stadt Kalinin/Twer, auf halbem Wege zwischen Moskau und Leningrad, interniert bleiben und den geforderten Beitrag zur Raketenrüstung der UdSSR leisten, von der es im letzten Punkt des eingangs zitierten Beschlusses hieß: „Die Arbeiten zur Entwicklung der Raketentechnik sind wichtigste Staatsaufgabe.“ Anfang der fünfziger Jahre werden die ersten regulären Raketentruppenteile der Sowjetarmee aufgestellt. Am 17. Dezember 1959 bestätigt das Präsidium des Zentralkomitees der KPdSU den Beschluß des Ministerrates der UdSSR über die Bildung des neuen Befehlsbereichs eines Oberkommandierenden der Raketenstreitkräfte im Verteidigungsministerium der UdSSR. Im Zeichen des kalten Krieges wird auch der Weltraum zum potentiellen

Kriegsschauplatz. Seine ersten Opfer sind neben dem im Dezember 1959 ernannten Oberkommandierenden der Strategischen Raketentruppen Mitrofan Nedelin 56 Soldaten und Offiziere sowie 17 Raketenkonstrukteure, als auf dem Startplatz Baikonur die erste als Kernwaffenträger entwickelte interkontinentale Rakete (Typenbezeichnung R 16) am 24.Oktober 1960 auf dem Startplatz explodiert [11].
*1994 waren im Verband der 1946 gegründeten „Raketen-Kosmos-Korporation ‚Energija'" , die den Namen S. Korolows trägt, mehr als 20 000 Mitarbeiter beschäftigt. Das Unternehmen, eine AG, zu der annähernd 200 Konstruktionsbüros, Betriebe u. ä. gehören, befindet sich zu 80 % in Rußland, der Rest in der Ukraine, Belorußland und in Kasachstan. Derzeitiger Generaldirektor ist Juri Semonow, seine Vorgänger waren Korolow, Mischin und Gluschko, deren Wirken 1945/46 mit Thüringen verbunden ist.

„Overcast" und „Paperclip" – die USA sahnen ab

Am 2.Mai 1945 begaben sich der wissenschaftliche und der militärische Leiter der deutschen Raketenrüstung, Wernher von Braun und Walter Dornberger, letzterer in Zivil, mit ihrem engsten Mitarbeiterstab im österreichischen Reutte in amerikanische Hand. Die im Vorjahr geknüpfte Verbindung zu den USA hielt. Hartmut Küchen, seit September 1943 Leiter des wichtigsten Prüfstandes P 7 in Peenemünde, bewertet die durch von Braun und Dornberger initiierte und ab Frühjahr 1945 schrittweise, jedoch konsequent verfolgte Verlegung wichtiger Personen und Schlüsseltechniken in die Räume, von denen erwartet bzw. gewußt wurde, daß sie Besatzungszonen der Westallierten werden würden; sie habe das Ziel verfolgt, das Fernraketenprojekt in den Hafen einzusteuern, „in den es von seiner Natur, Größe und Zukunftsträchtigkeit auch hingehörte, in die USA".[12] Amerikanische Offiziere des Militärtechnischen Nachrichtendienstes (AOTI), unter ihnen Major Robert B.Staver, und der in gleicher Richtung wirkenden Sondereinheit Combined Intelligence Subcommitee (CIOS) hatten unmittelbar nach der Befreiung des Konzentrationslager und des Mittelwerks bei Nordhausen am 11. April sich einen Überblick über den Leistungs- und den Zustand verschafft. Der Chef der Aufklärung der 3.US-Infanteriedivision Castillo beschreibt seinen Eindruck von der Rüstungsstätte im Kohnstein am 11.April 1945: „Eine phantastische Folge von Werkstätten, Laboratorien, mit hypermodernen Anlagen ausgerüstete Arbeitssäle... In der Mitte... ein großes Fließbband. Alles war tadellos intakt. Lange Reihen fast fertiger Rakten mit freiliegenden, blitzblanken Triebwerken füllten den Saal". Unter dem Datum des 8. Mai 1945 ausgefertigt lag bald eine knappe Darstellung des Oberleutnants M.S.Hochmuth aus dem „Ordnance Technical Intelligence Team No. 1", der Army OTI, einer Sondereinheit zur Aufspürung technischer Leistungen Nazideutschlands, über die Produktionsstätte im Kohnstein vor. „Hier wurden hunderte V 2 in verschiedenen Fertigungsstadien auf einer Fließstrecke gefunden... Das ‚Mittelwerk' soll die größte unterirdische Fabrikationsstätte der Welt sein." [(13)] Noch im Mai 1945 verschaffen sich auch amerikanische Politiker, Kongreßabgeordnete, durch einen Besuch des Mittelwerks einen Eindruck von der Anlage. Als der sowjetische Oberst Jurij Pobjedonoszew während des Versuchsschießens in Altenwalde den Oberleutnant Hochmuth fragt, ob die Raketen aus dem Kohnstein bereits in „White Sands" eingetroffen sind und einen gemeinsamen Besuch dort vorschlägt, bleibt dieser vor Erstaunen die Antwort schuldig. Hatte doch die US-Army unverzüglich nach der Einnahme des Werkes nicht nur mit dem Abtransport der ebenfalls im Kohnstein gefertigten Versionen der Fi 103/V 1, sowie der Düsenjäger, sondern vor allem mit dem Abtransport von Raketen und Raketenteilen begonnen. In einer Geheimaktion wurden über 100 komplette Raketen sowie Triebwerke, Heckteile, Steuerungssysteme usw. in neun Tagen auf den Weg gebracht. Das Gros der Raketenforscher und -konstrukteure wird zwischen 29. September 1945, in diesem Monat reist von Braun mit fünfzehn Gefährten als erster ein, bis Februar 1946 in die USA verbracht. Die Familien folgen ab 1947. Ende Mai 1945 brachten die Amerikaner, I.Charles Stewart vom Geheimdienst hat von Braun unter seine Fittiche genommen, diesen ein letztes Mal zum Kohnstein und in dessen Umgebung, wo er zurückgebliebene Ingenieure etc. animiert, sich mit amerikanischen Sondertransporten in eine westliche Besatzungszone zu begeben. Einer der Sonderzüge fährt von Leutenberg bei Saalfeld ab, er wird auch von den Ingenieuren der unterirdischen Düsenjägerproduktion der Me 262 im Walpersberg bei Kahla benutzt. Bis 22.Mai 1945 erreichten 341 Güterwagen beladen mit der Kriegsbeute aus dem Kohnstein den Hafen Antwerpen, der noch von den Spuren des Beschusses mit 1610 A 4/V 2 gezeichnet ist. 16 Truppentransporter bringen die Ladung in den Hafen von New Orleans. Von dort aus gehen die Raketen auf das Versuchsgelände White Sands/New Mexiko. Ein Jahr später, am 10.Mai 1946, startet von hier aus die erste der Raketen. Am Start beteiligt auch hier „alte Peenemünder". Anfang 1946 hatten im nicht allzuentfernt von White Sands gelegenen Fort Bliss 118 Peenemünder ihren Dienst für die USA aufgenommen. Ihr Tagessold betrug anfangs sechs Dollar und ihre Bewegungsfreiheit ist auf die militärischen Areale beschränkt. Bis zum Abschluß (1951) der Verschußserie, der als Kriegsbeute in die USA verbrachten A 4, werden, zuletzt auf dem neuen Testgelände in Huntsville, 67 Raketen gestartet. Der Peenemünder Ingenieur Rudolf Daniel beschafft in amerikanischem Auftrag zwischen September 1945 bis April 1952 weitere Unterlagen und Teile der A 4 und besonders der A 9. Die Arbeiten von Brauns, der in Huntsville wie zuvor in Peenemünde Technischer Leiter ist und dem letztendlich hier 6000 Mitarbeiter unterstehen, sind Teil der amerikanischen Rüstung. Die „Redstone", eine Boden-Boden-Rakete mit einer Reichweite von 300 Kilometern, die auch als Kernwaffenträger genutzt werden kann, gehört zur Standardausrüstung der US-Army in den 50er Jahren. Auf Peenemünder Erfahrungen beruhen die Mittelstreckenraketen „Pershing" und „Jupiter" sowie die Boden-Luft-Rakete „Nike-Zeus". Obwohl „Paperclip" offiziell am 30. September 1947 eingestellt wurde, ging die Abwerbung deutscher Forscher in die USA weiter. Am 11. November 1954,

nachdem der militärische Beitrag der Peenmünder für die amerikanische Raketenrüstung offensichtlich geworden war, wurden annähernd 100 von ihnen in Birmingham (Alabama) als US-amerikanische Staatsbürger vereidigt. Sie hatten nicht nur einen neuen Waffentyp initiert, sondern den USA auch Entwicklungskosten in dreistelliger Millionenhöhe eingespart.
Oberst Holger Toftoy und Major Robert Staver hatten ab 1945 „die deutschen Wissenschaftler" gesucht und oft auch gefunden, die den USA um „Jahre voraus" waren und aus deren technischen Erfolgen die USA lernten. Keiner von ihnen ist anfangs im Besitz von Aufenthaltspapieren, verbieten doch Gesetze die Einreise von Kriegsverbrechern, SS-Angehörigen, Mitgliedern der NSDAP. Army und Geheimdienst umgehen diese Bestimmungen. Sie holen erst später die Zustimmung des Präsidenten Truman ein. Major Staver störte die Vergangenheit der Luft- und Raumfahrtfachleute, die im Kohnstein über Leichen von über 20 000 KZ-Häftlingen gegangen waren, die bei der Produktion der V 1 und der V 2 sowie weiterer Rüstungsgüter den Tod gefunden oder die zu Tode gebracht worden waren, der Flugmediziner, die in Konzentrationslagern Versuche an Kriegsgefangenen oder Häftlingen durchgeführt hatten, nicht im geringsten: „Ihre künftige wissenschaftliche Bedeutung wiegt schwerer als ihre heutige Kriegsschuld". Das im Juli 1945 in Washington genehmigte Unternehmen „Paperclip", genannt nach den Büroklammern, die die Unterlagen der Gesuchten und Gefundenen zusammenhielten, ermöglichte, unabhängig von der bewußten oder unbewußten Einbindung der deutschen Raketenforscher in die faschistische Kriegspolitik und -ideologie, deren Verbringung und Nutzung in den USA. So ist Wernher von Braun nicht nur als Technischer Leiter in Peenemünde mitbeteiligt an der Einrichtung eines KZ in F1 gewesen und hatte nicht nur die KZ-Fabrik im Kohnstein mit konzipiert, sondern im KZ Buchenwald auch selbst Häftlinge für die Arbeit im Kohnstein ausgesucht und beim Kommandanten des Lagers Pister angefordert.(14) Die USA nehmen auch Arthur Rudolph in ihre Dienste, obwohl der diesen verneh-

mende amerikanische Geheimdienstoffizier Rudolph so charakterisiert hat: „100 % Nazi, gefährlicher Typ, Sicherheitsbedrohung, schlage Internierung vor". 1984 gab Rudolph seine amerikanische Staatsbürgerschaft zurück und wechselte in die Bundesrepublik, um einer verspäteten Anklage der amerikanischen Justizbehörde seiner Beteiligung an Kriegsverbrechen wegen, zu entgehen. In die USA kam auch Kurt Debus. Er hatte im Auftrage von Brauns seinen mobilen P 7-Schießzug den Westallierten entgegengeführt, war SS-Offizier seit 1940 und denunzierte 1942 einen Wissenschaftler-Kollegen. Der US-amerikanische Vernehmer: „Debus... war nach seinem Eid als SS-Mann verpflichtet, ihre Unterhaltung bei der Gestapo zu melden". Der seinem Eid verpflichtete Debus wurde in den USA an der Seite von Brauns Direktor von Cape Canaveral.
Die USA verhielten sich gegenüber Kriegsverbrechen und Nazivergangenheit nicht anders, als die UdSSR oder Frankreich und Großbritannien – wenn sie sich einen Vorteil im heraufziehenden kalten Krieg davon versprachen. Generalmajor Hugh Knerr, stellvertretender Oberbefehlshaber der US-Air Force in Europa: „Wenn wir nicht die Gelegenheit nutzen, uns des Apparats und der Gehirne zu bemächtigen, die dies alles entwickelt haben, und diese Kombination sofort wieder einsetzen, werden wir... Jahre zurückbleiben".

Anmerkungen

Kapitel: Thüringen im Dritten Reich/Sauckels „Trutzgau“

Blaich, Fritz
Wirtschaft und Rüstung im „Dritten Reich“, Pädagogischer Verlag Schwamm-Bagel GmbH, Düsseldorf 1987

Brunzel, Ulrich
Zusammengestellte Dokumentationen, Eigenarchiv

Bullock, Alan
Hitler. Eine Studie über Tyrannei, Düsseldorf 1960

Dietmar, Udo
„Häftling X... in der Hölle auf Erden“, Weimar 1946
Thüringer Volksverlag GmbH, Weimar 1946

Flemming, Thomas/Steinhage, Axel/Strunk, Peter
Chronik 1945. Tag für Tag in Wort und Bild, Chronikverlag, Dortmund 1988

Fest, Joachim
Hitler. Eine Biografie, Verlag Ullstein GmbH, Frankfurt, Berlin,Wien 1974

John, Jürgen
Thüringen in nationalsozialistischer Zeit
Thüringen, Blätter der Landeskunde
Herausgeber: Landeszentrale für politische Bildung Thüringen
Druck GmbH Arnstadt 1994

Jonscher, Reinhard
Kleine thüringische Geschichte, Jenzig-Verlag Gabriele Köhler, Jena 1993

Junk, Ursula
KZ Buchenwald aushalten, wir eilen euch zu Hilfe,
Befreier erinnern sich (Film)

Müller, Klaus W./Schilling, Willy
Deckname LACHS – Die Geschichte der unterirdischen Fertigung der Me 262 im Walpersberg bei Kahla 1944/1945, Heinrich-Jung-Verlagsgesellschaft mbH, 3. Auflage, Zella-Mehlis 1996

KL Buchenwald
Thüringer Volksverlag 1946

Nonnenbruch, Fritz
Der verstärkte Kriegseinsatz der Heimat, in: Völkischer Beobachter,
Nr. 37 vom 8. 2. 1943

Patze, Hans/Schlesinger, Walter
Geschichte Thüringens, Böhlau-Verlag Köln, Wien 1978, S. 527–565

Sauckel, Fritz
Dank des Trutzgaues Thüringen an den Führer, – Offener Brief –,
Weimar 30. 1. 1943

Wahl, Volker
Mitteldeutschland im Frühjahr 1945 – Das Ende des Dritten Reiches und die amerikanische Besetzung Thüringens, in: Das neue Heimatbuch 1995/96, Heinrich-Jung-Verlagsgesellschaft mbH, 1. Auflage, Zella-Mehlis 1996, S. 74–85

Wistrich, Robert
Wer war wer im Dritten Reich?, Frankfurt/M. 1987

„Völkischer Beobachter", Ausgabe Thüringen, Jg. 1943–45,
Archiv Ulrich Brunzel

Kapitel: Geheime Kommandosachen/Geheimnisvolles Jonastal

Brunzel, Ulrich
Stollen des Grauens, „Fundgrube", Verlag des Kulturbundes 1966

Brunzel, Ulrich
Geheimobjekt des Teufels und Todesstollen im Jonastal, veröffentlicht in der Bezirkspresse Suhl und Erfurt, 1966/67

Brunzel, Ulrich
Sammlung von Zeugenaussagen, Eigenarchiv Brunzel, Ulrich
Zusammengestellte Dokumentation, Eigenarchiv

Brunzel, Ulrich
Sammlung von Zeitdokumenten, Katasterunterlagen zu Höhlen, Bergwerken und unterirdischen Objekten in Südthüringen, 1961–1972

Brunzel, Ulrich
Aufzeichnungen und Protokolle der Jonastaluntersuchungen 1965/66

Fitzke, Franz/Hosny, Halim
Olga – Das letzte Führerhauptquartier, Film des ZDF

Höhne, Heinz
Der Orden unter dem Totenkopf., Gondrom Verlag, Bindlach, 1990

Overesch, Manfred
Das III. Reich 1939–1945, Weltbildverlag, Augsburg 1991

Pfitzmeier, H./Glass, A.
Suchaktion in der Stollenanlage „Olga", Technisches Hilfswerk 4/92

Remdt, G./Wermusch, G.
Rätsel Jonastal, Ch. Links Verlag 1992

Rosanow, German
Das Ende des Dritten Reiches, Dietz-Verlag Berlin 1965

Schramm, P. E.
Kriegstagebuch des Oberkommandos des Wehrmachtsführungsstabes, 1. Januar 1944 bis 22. Mai 1945, Bd. IV, Frankfurt/Main 1961

Stein, Ferdinand
„Rückmarschstationen", Stand 8. 8. 1991, unveröffentlicht – Eigenarchiv

Stein, Ferdinand
Meine letzten Kriegstage im Thüringer Wald, Erlebnisbericht, Südthüringer Zeitung, Nr. 94 vom 23. 4. 1991

von Boldt, Gerhard
Die letzten Tage der Reichskanzlei., Rowohlt-Verlag, Hamburg-Stuttgart 1947

Kapitel: S III – Lager des Schreckens

1 Eidesstattliche Erklärung des ehemaligen SS-Hauptsturmführers Albert Schwartz. Er war Einsatzführer in Buchenwald und für die „Zuteilung und Auffüllung" der Außenkommandos verantwortlich.
In: Buchenwald – Mahnung und Verpflichtung, Berlin 1960, S. 248.

2 Gerhard Maurer war Leiter des Amtes DII im SS-WVHA und für den Arbeitseinsatz der Häftlinge verantwortlich.

3 Buchenwald – Mahnung und Verpflichtung, Berlin 1960, S. 247.

4 Alle Bemühungen, das Bernsteinzimmer im Jonastal zu suchen, hätten sich die Verantwortlichen nach Einsichtnahme der Unterlagen im Buchenwaldarchiv sparen können. Die Zeichnungen über die Aufmessungen der Stollen vom Oktober/November 1945 von Baumeister Ernst Kott, Arnstadt, besagen eindeutig, daß die Sprengarbeiten nicht von der SS, sondern erst nach Kotts Aufmessungsarbeiten von der Roten Armee vorgenommen wurden. Und diese wird wohl kaum vor der Sprengung Kunstschätze in den Stollen gelassen haben!

5 Buchenwaldarchiv Film 6, Akte Nr. 12 – 390, Bd. 1, T. 8, S. 3570–3580.

6 Buchenwald – Mahnung und Verpflichtung, Berlin 1960, S. 304

7 Museum für Regionalgeschichte Gotha: Helga Raschke, Protokoll der Aussprache mit Karl Dietz, Ohrdruf, August 1967.

8 Hier irrt vermutlich Baumann, denn er sagt selbst weiter unten in seinem Bericht, daß er fünf Monate in Ohrdruf war. Da er den Evakuierungs-

marsch Anfang April 1945 miterlebt hatte, war er wohl erst im November nach Ohrdruf gekommen.

9 Bericht Rolf Baumann. In: Buchenwald – Mahnung und Verpflichtung, Berlin 1960, S. 281–282.

10 Bericht Mayer Klein, 1945, Országos Zsido Vallási és Történeti Gyüjtemény, Budapest, Protokolle aus dem Jüdischen Museum Budapest unter Angabe der Nummer 1782 (im folgenden nur OZVTG und die Nummer.)

11 Buchenwaldarchiv 31/1053.

12 Buchenwald – Mahnung und Verpflichtung, Berlin 1960, S. 304.

13 Vgl. die widersprüchlichen Zahlen. In: Buchenwald – Mahnung und Verpflichtung, Berlin 1960, S. 304 und S. 80: Hier heißt es: Die Zählung vom 24. 12. 1944 ergab einen Stand von 7648 Häftlingen, davon waren rund 2000 im Nordlager und rund 5500 im Südlager untergebracht.

14 Die mit + bezeichneten Daten sind entnommen aus: Buchenwald – Mahnung und Verpflichtung, Berlin 1960, S. 80, 81, 249, 281. Die mit * bezeichneten Daten aus: Konzentrationslager Buchenwald, Bd. I, Bericht des internationalen Lagerkomitees, Weimar 1949, S. 126.

15 Bei einem Stand von 7648 Häftlingen (vgl. Anm. 13) ergäbe das eine Differenz von 5001 Männern.

16 Eidesstattliche Erklärung des ehemaligen SS-Hauptsturmführers Albert Schwartz. In: Buchenwald – Mahnung und Verpflichtung, Berlin 1960 S. 247.

17 Ebenda, S. 248.

18 Aus dem Bericht des Friseurs des Lagerkommandanten von Buchenwald. Ebenda, S. 249.

19 Hauptstaatsarchiv Weimar, NS 4, Bu, 229, B. 40.

20 Eidesstattliche Erklärung Heinrich Barnewald, Buchenwaldarchiv 82-15-1.

21 Buchenwald – Mahnung und Verpflichtung, Berlin 1960, S. 80, 248.

22 Eugen Kogon: Der SS-Staat, das System der deutschen Konzentrationslager, Frankfurt-Oberursel, 2. Auflage 1947, S. 203.

23 Konzentrationslager Buchenwald, Bd. I, Bericht des internationalen Lagerkomitees, Weimar 1949, S. 51

24 Vgl. die Protokolle im Jüdischen Museum Budapest.

25 OZVTG 675.

26 Museum für Regionalgeschichte und Volkskunde Gotha, Akte S III, Bl. 192–193, Brief J. Z. Lesny an Helga Raschke vom 20. 8. 1969.

27 OZVTG 196.

28 OZVTG 3253.

29 Bericht Ursula Jahr. In: Gothaer Heimatzeitung vom 7. 6. 1962.

30 Bericht Helmut Dehm. In: Gothaer Heimatzeitung vom 24. 5. 1962.

31 Liquidationskommando S III. In: Buchenwald – Mahnung und Verpflichtung, Berlin 1960, S. 282.

32 OZVTG 1141.

33 OZVTG 2137.

34 OZVTG 3510.

35 Bericht Gilbert Clerget, Buchenwaldarchiv 31/584.

36 Die SS mordete bis zum Ende. In: Arnstädter Echo vom 24. 3. 1965.

37 Mit Kriegsbeginn waren 300 bis 400 Arbeiter aus Ohrdruf, Crawinkel, Wölfis und anderen umliegenden Ortschaften nach hier dienstverpflichtet worden. In der Muna wurden den Geschossen Zünder eingebaut. Gleichzeitig war die Muna auch Lagerstätte im Bereich des Luftfahrtministeriums. Seit 1943 arbeiteten hier zwangsverschleppte Fremdarbeiter, besonders junge Mädchen aus der Sowjetunion.

38 Museum für Regionalgeschichte Gotha: Helga Raschke, Protokoll der Aussprache mit Hermann Albrecht vom 12. 4. 1965.

39 OZVTG 1782.

40 OZVTG , ohne Nummer.

41 Bericht Rolf Baumann. In: Buchenwald – Mahnung und Verpflichtung, Berlin 1960, S. 281.

42 Es gibt widerspüchliche Ausagen über das Zeltlager. War es bei Crawinkel oder Espenfeld? Für den Buchenwald-Prozeß entstand eine Lageskizze mit dem Zeltlager bei Espenfeld. – Buchenwaldarchiv: verfilmte Akte Nr. 12-390, Bd. 1, D-1-48. Miksa Katz, OZVTG 2241 sprach auch vom Zeltlager bei Espenfeld.

43 Làszlò Fischer sprach von „kleinen Holzhäusern“ OZVTG, ohne Nr.

44 Buchenwald – Mahnung und Verpflichtung, Berlin 1960, S. 295; vgl. auch: Mahnmal Arnstadt-Jonastal, Kilometerstein 7, maschinenschriftlich, 1958, Buchenwaldarchiv 62-79-3.

45 OZVTG 387, vgl. auch 323.

46 OZVTG 326.

47 OZVTG 623.

48 OZVTG 675.

49 OZVTG Protokoll Làslò Fischer.

50 Henryk Rowinski: Aus der Tätigkeit der PAP in Buchenwald, hrsg. Ministerium für Nationalverteidigung Warschau. Übersetzung im Buchenwaldarchiv 62-79-9.

51 OZVTG 1232.

52 OZVTG 2657, vgl. auch Sàndor Braunstein, OZVTG 1616.

53 OZVTG 858.

54 Liquidationskommando S III. In: Buchenwald – Mahnung und Verpflichtung, Berlin 1960, S. 282–283.

55 Vgl. Pläne und Erläuterungsbericht von Baumeister Ernst Kott, Arnstadt, vom Oktober/November 1945, Buchenwaldarchiv 62-79-13.

56 OZVTG 675.

57 OZVTG 2060, sowie I. Eisenberger.

58 Die Stärke der Bewachungsmannschaften betrug 1241 Mann am 31. 1. 1945. Vgl. Buchenwald – Mahnung und Verpflichtung, Berlin 1960, S. 253.

59 Bericht Leon Kolenda, Buchenwaldarchiv 31/1053.

60 Bericht Làszlò Fischer, Jahrgang 1907, OZVTG, ohne Nr.

61 OZVTG 1436. – Vgl. Leon Kolenda, Buchenwaldarchiv 31/1053.

62 OZVTG 675.

63 Ernst Kott: Erläuterungsbericht Baustelle Jonastal, Buchenwaldarchiv 62-79-13.

64 Bericht Bernát Pasternak, OZVTG 1232.

65 Benannt nach Fritz Todt (1891–1942). Die OT war verantwortlich für den Bau von militärischen Objekten (Straßenbau, Atlantikwall).

66 Bericht Làszlò Fischer, Jahrgang 1907, OZVTG, ohne Nr.

67 OZVTG, ohne Nr., April 1968. Zeugenaussage auf den Artikel von Helga Raschke „AZ Ohrdrufi Koncentrácios tabor“ in: Zeitschrift Uj +let vom vom 1. 4. 1968.

68 OZVTG 3237.

69 OZVTG 2469.

70 Hauptstaatsarchiv Weimar, NS 4 Bu, 71a, Bl. 4.

71 Ebenda, Bl. 2.

72 Protokoll Làszlò Fischer, OZVTG, ohne Nr.

73 OZVTG 1616.

74 Eidesstattliche Erklärung Heinrich Barnewald, Buchenwaldarchiv 82-15-1, 2.

75 OZVTG 192, 3068, 3469.

76 OZVTG 731.

77 OZVTG 3048.

78 Bericht Rolf Baumann. In: Buchenwald – Mahnung und Verpflichtung, Berlin 1960, S. 81.

79 Bericht Endre Kun, OZVTG 327.

80 Berichte György Kunstädter und Bernát Pasternak, OZVTG 2357 und 1232.

81 OZVTG 857.

82 Bericht Leon Kolenda, Buchenwaldarchiv 31/1053.

83 Bericht Endre Kun, Jg. 1905, OZVTG 327.

84 OZVTG 858.

85 Buchenwald – Mahnung und Verpflichtung, Berlin 1960, S. 80.

86 OZVTG 3048.

87 Greunuß, Jg. 1908, erhielt im Buchenwaldprozeß erst lebenslängliche Freiheitsstrafe, weil er den Tod vieler Häftlinge verursacht hatte. Später wurde die Strafe auf 20 Jahre herabgesetzt, die er jedoch nicht voll abgesessen hatte. Er ist seit Mitte der 50er Jahre verschollen.

88 Werner Scherf: Die Verbrechen der SS-Ärzte im KZ Buchenwald – der antifaschistische Widerstand im Häftlingskrankenbau. 2. Beitrag: Juristische Probleme, Diss. A, Berlin 1987, S. 232.

89 Buchenwald – Mahnung und Verpflichtung, Berlin 1960, S. 280.

90 Bericht Eisenberger, OZVTG, ohne Nr., April 1968. Zeugenaussage als Antwort auf den Artikel von Helga Raschke in der Zeitschrift Uj +let vom 1. 4. 1968.

91 Dr. Ferenc Barinkai, ein ungarischer Journalist, war in Bergen-Belsen umgekommen. Sein Bruder schrieb über seinen Aufenthalt in Ohrdruf: „Mein Bruder war dort vom 2. 12. 1944 bis 10. 1. 1945 (in der Invalidenbaracke) und hat sich auf Verlockung, daß man ihn... in ein besseres Lager... führen wird, gemeldet." Er kam nach Buchenwald und gehörte wahrscheinlich zu dem Transport vom 12. 1. 1945.
Vom Britischen Suchdienst hatte Johann Barinkai erfahren, daß sein Bruder am 30. 1. 1945 in das Konzentrationslager Bergen-Belsen transportiert worden war. (Schriftwechsel Johann Barinkai – Helga Raschke, besonders vom 23. 4. und 20. 6. 1966).

92 Buchenwald – Mahnung und Verpflichtung, Berlin 1960, S. 281.

93 Ebenda, S. 253.

94 OZVTG 623.

95 Vgl. Protokoll Làszlò Fischer, ohne Nr. – Imre Eisenberger (wie Anm. 90) erwähnt einen Dr. Weiß aus der Slowakei, der mit seinen eigenen Landsleuten „grausam" umging.

96 OZVTG 1686.

97 OZVTG 2241.

98 OZVTG 326.

99 OZVTG 3269.

100 OZVTG 2357.

101 OZVTG 3251, 326.

102 Bericht Leon Kolenda, Buchenwaldarchiv 31/1053.

103 OZVTG 2241.

104 OZVTG 3139.

105 Henryk Rowinski: Aus der Tätigkeit der PAP in Buchenwald, hrsg. Ministerium für Nationalverteidigung Warschau. Übersetzung im Buchenwaldarchiv 62-79-9.

106 Protokoll Làszlò Fischer, ohne Nr.

107 OZVTG 2241.

108 OZVTG 3048.

109 OZVTG 2760.

110 Scherf (wie Anm. 88), S. 234.

111 Buchenwald – Mahnung und Verpflichtung, Berlin 1960, S. 281.

112 Ebenda, S. 257.

113 Ebenda, S. 282.

114 Ebenda, S. 281.

115 OZVTG 323.

116 OZVTG 565.

117 OZVTG 3237.

118 OZVTG 623.

119 OZVTG 327.

120 OZVTG 855.

121 OZVTG 1141.

122 OZVTG 1694.

123 Buchenwald – Mahnung und Verpflichtung, Berlin 1960, S. 253.

124 Scherf (wie Anm. 88), S. 233; Bericht Leon Kolenda, Buchenwaldarchiv 31/1053.

125 Mensch sein war verboten, – In: Gothaer Heimatzeitung vom 24. 5. 1962.

126 Eugen Kogon: Der SS-Staat, das System der deutschen Konzentrationslager, Frankfurt-Oberursel, 2. Auflage 1947, S. 249.

127 Buchenwald – Mahnung und Verpflichtung, Berlin 1960, S. 81.

128 Ebenda, S. 81.

129 Konzentrationslager Buchenwald, Bd. I, Bericht des internationalen Lagerkomitees, Weimar 1949, S. 126. Hier heißt es: „Alle nach Bergen-Belsen; 1000 vom 1. bis 4. Februar, 3884 vom 14. bis 19. März." Die Tabelle auf S. 67 gibt allerdings die anderen Zahlen an.

130 Buchenwald – Mahnung und Verpflichtung, Berlin 1960, S. 257.

131 Hessische Post, hrsg. von der Amerikanischen Armee, Nr. 1 vom 28. 4. 1945.

132 Helga Raschke, Gotha – Die Stadt und ihre Bürger
Horb a. N., 2. Auflage 1996, S. 242.

133 George S. Patton: Krieg, wie ich ihn erlebte, Bern 1950, S. 213–214.

134 Konzentrationslager Buchenwald, Bd. I, Bericht des internationalen Lagerkomitees, Weimar 1949, S. 65.

135 Buchenwald – Mahnung und Verpflichtung, Berlin 1960, S. 282.

136 Buchenwaldarchiv 79.

137 Eugen Kogon: Der SS-Staat, das System der deutschen Konzentrationslager, Frankfurt-Oberursel, 2. Auflage 1947, S. 306.
Stammen die 74 Toten nur von einer Marschkolonne? Es waren ja mehrere von Ohrdruf unterwegs. Sie kamen an verschiedenen Tagen an.

138 Buchenwald – Mahnung und Verpflichtung, Berlin 1960, S. 80.

139 Patton (wie Anm.133), S. 205.
Vgl.: Volker Wahl, Mitteldeutschland im Frühjahr 1945, Das Ende des Dritten Reiches und die amerikanische Besetzung Thüringens
in: Das neue Heimatbuch 1995/96, Heinrich-Jung-Verlagsgesellschaft Zella-Mehlis/Meiningen, l. Auflage 1996, S. 74–85.

140 Patton, S. 206.

141 Ebd., S. 211-212.

142 George F. Hofmann, The Super Sixth, Sixth Armored Division, Association, Louisville/Kentucky 1975, Kapitel: The Last Exploitation.

143 Vgl.: Four 9the AIB Doughs Find Buchenwald
in: ARMORED ATTACKER (6the ARMORED DIVISION)
Nr. 4 vom 5. Mai 1945, S.1 und 3.

144 Vgl. Udo Wohlfeld, „... und unweigerlich führt der Weg nach Buchenwald“, Haase Druck, Daasdorf 1999, S.141 f.

145 Buchenwald - Mahnung und Verpflichtung, Berlin 1960, S. 564.

Kapitel: Hitlers Schatztresor/ Das Bernsteinzimmer in Thüringen

Besymenski, Lew
Auf den Spuren von Martin Bormann, Dietz-Verlag, Berlin 1962

Brunzel, Ulrich
Protokolle zur Zeitzeugenbefragung

Iwanow, Juri
Von Kaliningrad nach Königsberg, Verlag Gerhard Rautenberg, Leer 1991

Goldmann, Klaus
Unternehmen „Sonnenuntergang", Operation „sunrise", Berliner Museen zwischen 1937 und 1987, Berlin 1987

Friemuth, Cay
Die geraubte Kunst, Georg Westermann Verlag, Braunschweig 1989

Enke, Paul
Bernsteinzimmer Report, Verlag Die Wirtschaft, Berlin 1986

Wermusch, Günter
Tatumstände (un)bekannt, Westermann-Verlag, Braunschweig 1991

Der internationale Militärgerichtshof –
Anklageschrift gegen 24 deutsche Hauptkriegsverbrecher, Herausgegeben vom Verlag „Tägliche Rundschau", Berlin 1945

Mader, Julius
Der Banditenschatz, Militärverlag, Berlin 1965

Nothnagel, Hans
„Die fluchbeladene Banditenbeute", in: Das neue Heimatbuch 1992, S. 97–112, Heinrich-Jung-Verlag, Zella-Mehlis 1992

Rosanow, G. L.
Hitlers letzte Tage, Dietz-Verlag, Berlin 1963

Süssmann, Gustav
Wohin mit zwei LKW-Ladungen Gold, in: Nugget, Nr. 48/50, S. 100–102, Vettermann-Verlag, Niedernhausen 1993

Kapitel: Atomreaktor Stadtilm

Bagge, Erich/Diebner, Kurt/Jay Kenneth
Von der Uranspaltung bis Calder Hall, Hamburg 1957

Brunzel, Ulrich
Atomreaktor Stadtilm, In: Hitlers Geheimobjekte in Thüringen, S. 54–59, Heinrich-Jung-Verlag, Zella-Mehlis 1993

Joliot, Frédéric
war der führende Kernphysiker Frankreichs. Da er mit deutschen Physikern zusammengearbeitet hat und gegen Kriegsende Mitglied der Kommunistischen Partei Frankreichs wurde, begegnete ihm das Alsos-Kommando mit größter Vorsicht.

Gerlach, Walter
Physikprofessor in München, war im Januar 1944 im Reichsforschungsrat für das deutsche Uranprojekt verantwortlich. Er hatte seinen Sitz 1944 nach Stadtilm verlegt.

Hoffmann, Dieter
Operation Epsilon – die Geheimprotokolle von Farm Hall,
Frankfurter Allgemeine Zeitung, Nr. 10 vom 13. Januar 1993

Groves, Leslie R.
Now it can be told. The Story of the Manhattan Project, New York 1962

Die Alsos-Mission wurde im September 1943 als militärische Feldeinheit der amerikanischen Abwehr gebildet. War ihr Zielgebiet ursprünglich Italien, ging es später vorrangig darum, den Einsatz geheimer deutscher Waffensysteme zu verhindern und sich selbst in den Besitz der Unterlagen und Materialien zu bringen. Die daran beteiligten Personen sollten ausgeschaltet oder in Gefangenschaft genommen und Produktionsstätten zerstört werden.

Die Forschungsgruppe um Kurt Diebner experimentierte mit in Paraffin eingebetteten Uranwürfeln, während die Kernphysiker um Werner Heisenberg im Gegensatz dazu den Bau einer Uranmaschine unter Verwendung von Uran und schwerem Wasser vorantrieben.

Unabhängig von Diebner und Heisenberg experimentierte bis 1945 unter dem Berliner Privatforscher Manfred von Ardenne eine weitere Gruppe, die sich mit Kernenergie befaßte und die Möglichkeit der Herstellung von Atombomben für realisierbar hielt.

Powers, Thomas
Heisenbergs Krieg, Die Geheimgeschichte der deutschen Atombombe
Hamburg 1993.

Remdt, Gerhard/Wendel, Erich
TNN – Dokumentation über deutsche Atomforschung in der Nazizeit,
Thüringer Neueste Nachrichten 1966

Lawatsch, Hans-Helmut
Wernher von Braun und Ernst Stuhlinger in Thüringen, (mit einem Erlebnisbericht Dr. Stuhlingers), in: Rudolstädter Heimathefte, Juli/August 1992

Nagel, Günter
Atomversuche in Deutschland, Geheime Uranarbeiten in Gottow, Oranienburg und Stadtilm
Heinrich-Jung-Verlagsgesellschaft mbH, Zella-Mehlis 2002

Bestandteil des deutschen Uranprojektes (1939–45) war die Tätigkeit einer kleinen Forschungsgruppe des Heereswaffenamtes auf einem gesonderten Gelände der Heeresversuchsstelle Kummersdorf, nämlich der Versuchsstelle Gottow, südlich von Berlin. Hier sollte ein funktionierender Atommeiler entstehen, genannt „Uranmaschine". Nach 3 Großversuchen wurde die Diebner-Gruppe 1944 nach Stadtilm verlagert, von wo sie sich in den letzten Kriegstagen nach Bad Tölz absetzte.

Der politische Soldat, Politischer und kultureller Informationsdienst für die Einheitsführer, Folge 19, Dezember 1944

Kapitel: Das Mittelwerk

Archivalien und Fotos der Dokumentationsstelle der KZ-Gedenkstätte Mittelbau-Dora, Nordhausen

Fiedermann/Heß/Jaeger
Das Konzentrationslager Mittelbau Dora., Ein historischer Abriß, Westkreuz-Verlag 1993

Neander, J.
Die Letzten von Dora im Gebiet von Osterode, Westkreuz-Verlag 1994

Bornemann, Manfred
Aktiver und passiver Widerstand im KZ Dora und im Mittelwerk
Westkreuz-Verlag 1994

Füllberg-Stolberg/Freund/Fauser/Halkin
Zwangsarbeit und die unterirdische Verlagerung von Rüstungsindustrie (Vorträge), J. F. Lehmanns Verlag Westkreuz-Verlag, 1994

Bornemann, Manfred
Geheimprojekt Mittelbau, Bernhardt & Graefe Verlag 1994

Eisfeld, Rainer
Die unmenschliche Fabrik, V 2-Produktion und KZ „Mittelbau-Dora", Kulturamt des Landkreises Nordhausen/KZ-Gedenkstätte Mittelbau-Dora 1993

Bornemann, Manfred
Chronik des Lagers Ellrich 1944/45, Kulturamt des Landkreises Nordhausen/KZ-Gedenkstätte Mittelbau-Dora 1992

Breger, Udo
Der Raketenberg (englisch, französisch, hebräisch), Verlag P. Engstler Ostheim/Rhön 1992

Kapitel: Unternehmen Lachs

1 Die vom Reichsministerium für Rüstung und Kriegsproduktion gewählten Decknamen für geheime Kriegsobjekte staffelten sich je nach Einstufung der Projekte folgendermaßen:

natürliche Höhlen	–	Münznamen
Bergwerke	–	Tiernamen
alte Stollenanlagen	–	Fischnamen
neue Stollenanlagen	–	Mineralnamen
Festungsanlagen	–	Blumennamen
tiefe Keller	–	Mädchennamen
Bunkerbauten	–	Jungennamen
Verkehrstunnel	–	Vogelnamen.

Diese Einteilung wurde aber nicht konsequent angewandt. Insbesondere die unter der Leitung oder Kontrolle der SS stehenden Unternehmungen erhielten taktische, aus Buchstaben und Ziffern bestehende Zeichen. Auch die Bezeichnung REIchsMArschall Hermann Göring wurde, neben der damit verbundenen Referenz an Göring selbst, als Tarnbezeichnung zur ursprünglichen Benennung der Porzellansandgrube bei Großeutersdorf eingeführt. Weiter gab es in den Planungen, die von der REIMAHG ausgingen, die Decknamen A(dolf) oder Ziffer 0 für das Werk Kahla/Großeutersdorf, E(rich) für das Werk Großkamsdorf und F für Krölpa.

2 Vgl. Olaf Groehler, Geschichte des Luftkrieges 1910 bis 1980, Berlin 1981, S. 415 ff.

3 Vgl. Olaf Groehler, Geschichte des Luftkrieges, a. a. O, S. 415 ff.

4 Ebenda, S. 440.

5 Vgl. Reinhard Jonscher, Kleine thüringische Geschichte. Vom Thüringer Reich bis 1945, Jena 1993, S. 235–239.
Ausführlicher bei Willy Schilling, Thüringens Weg in den Faschismus (Skizze zur Entstehung und Tätigkeit der faschistischen Landesregierung in Thüringen 1932/33). In: Rudolstädter Heimathefte 32 (1986) 1/2 S. 25–30.

6 Neben allgemeinen Darstellungen wurde die vielgestaltige Interessenlage der thüringischen NS-Führung und ihrem Herrschaftsverständnis erstmals ausführlich in einer Studie von Willy Schilling untersucht. Siehe dazu Willy Schilling, Die Entwicklung des faschistischen Herrschaftssystems in Thüringen 1933–1939, Diss. an der FSU Jena 1990/91.

7 Ebenda, S. 152 ff und S. 216.

8 Ebenda, S. 163.

9 Otto Eberhardt gehörte zu den engsten Vertrauten von Fritz Sauckel seit 1933. Er wurde im Mai 1936 zum Thüringer Staatsrat ernannt und führte zugleich das Gauwirtschaftsamt, dessen Bedeutung in Verbindung mit der Gauwirtschaftskammer ab 1938 die des Wirtschaftministeriums deutlich überstieg. Eberhardt verunglückte 1939 bei einem Autounfall. Er wirkte intensiv bei den Arisierungen mit.

10 Dr. Walter Schieber wirkte als Vorsitzender und Betriebsführer der Thüringer Zellwolle AG in Schwarza bei Rudolstadt, bevor er in die Funktionen Eberhardts eintrat. Er übernahm 1942 das Rüstungslieferamt im Ministerium Speer und gab, gedrängt von der Gauleitung, seine Funktionen in Thüringen 1943 auf.

11 Otto Demme, eigentlich Strafverteidiger, wurde von Fritze Sauckel 1933 zum Präsidenten der Thüringer Staatsbank in Weimar und 1939 zum Staatsrat zusammen mit Dr. Schieber ernannt. Demme gehörte ebenfalls zur Sauckel-Gruppe, dem engsten regionalen Machtzirkel um den Gauleiter.

12 Horst Lange, Reimahg. Unternehmen des Todes, Jena 1983, S. 32–38. Lange führt nichts über den besonderen Status der NS-Stiftung aus. Siehe dazu Willy Schilling, Das faschistische Herrschaftssystem…, a. a. O.

13 Zur Person Sauckel vgl. Robert Wistrich, Wer war wer im Dritten Reich? Ein biographisches Lexikon, Frankfurt/Main 1987, S. 303 f. Mit der Funktion als Generalbevollmächtigter war Sauckel nicht nur für die Werbung von ausländischen Fremdarbeitern, die letzlich durch Zwangsmaßnahmen nach Deutschland deportiert wurden, verantwortlich, sondern auch für die Ausrottung jüdischer Arbeiter in Polen. Sauckel wurde deshalb vom IMT 1946 in Nürnberg zum Tode verurteilt und hingerichtet.

14 Die „Gustloff-Werke" wurden als neues Modell der Betriebsführung gesehen. Durch ihre besondere Systemnähe bildeten sie eine exponierte Form der Betriebsgemeinschaft, die durch ein Statut geregelt wurde und soziale Sicherungen beinhaltete. Sauckel und andere Führer sahen in diesem Modell der Betriebsführung die Zukunft.

15 Vgl. Deutschland im zweiten Weltkrieg, hg. von Wolfgang Schumann u. a., Berlin 1982, Bd. 3, S. 152–168.

16 Vgl. Olaf Groehler, Geschichte des Luftkrieges, a. a. O., S. 397 ff.

17 Vgl. dazu Heinz J. Nowarra, Die deutsche Luftrüstung 1933–1945, Bd. 3., Koblenz 1993, S. 186 ff.

18 Ebenda, Bd. 2, S. 227.

19 Ebenda, Bd. 3, S. 186 ff. – Alle Angaben zur Entwicklung, Erprobung sowie technische Angaben über die Me 262 entstammen der vorgenannten Quelle. Ergänzungen dazu, insbesondere zur Herstellung der Einsatzbereitschaft der Me 262 und ersten Einsätzen, fanden sich in: Mano Ziegler, Turbinenjäger Me 262, 4. Aufl., Stuttgart 1990. In beiden Werken wird die Reimahg als Produktionsstätte nicht aufgeführt.

20. Vgl. Mano Ziegler, Turbinenjäger Me 262, a. a. O., S. 43–56.

21 Die vorgenannten Fakten sind etwa gleichlautend bei Groehler, Ziegler und Nowarra aufgeführt.

22 Vgl. dazu Olaf Groehler, Geschichte des Luftkrieges, a. a. O., S. 397–454.

23 Horst Lange, Reimahg. Unternehmen des Todes, Jena 1984, S. 39.

24 Vgl. Klaus W. Müller, Der Walpersberg im Rahmen der Kriegsrüstung 1944/45 (REIMAHG), unveröffentlichtes MS im Stadtarchiv Kahla, S. 5.

25 Horst Lange, Reimahg. Unternehmen des Todes, a. a. O., S. 40/41.

26 Ebenda, S. 48/49.

27 Vgl. Heinz J. Nowarra, Die deutsche Luftrüstung 1933–1945, Bd. 2 a. a.O., S. 225–227.

28 Siehe Horst Lange, Reimahg. Unternehmen des Todes, a. a. O., S. 43.

29 Albert Meyer, Kahla und das Reimahg-Werk 1944/45, MS im Stadtarchiv Kahla, S. 2.

30 Klaus W. Müller, Der Walpersberg im Rahmen der Kriegsrüstung 1944/45, a. a. O., S. 13.

31 Ebenda, S. 1–14. – Alle bergbautechnischen Angaben zum Stollensystem sind der vorgenannten Arbeit entnommen. Nicht alle Angaben stimmen mit denen bei A. Meyer und H. Lange angeführten überein. Lange baute vornehmlich auf Meyer und Stemler auf – beide zitieren Erinnerungen und Schätzungen. Müller lagen Stollenaufrisse und andere Dokumentationen vor, so daß diese Angaben bis auf die Hochrechnungen als verbindlich anzusehen sind.

32 Albert Meyer, Kahla und das Reimag-Werke, a. a. O., S. 13.

33 Ebenda.

34 Die Planungen zur Überführung einer Reihe von Fertigungsbereichen des AGO-Werkes waren bereits abgeschlossen. Vgl. dazu Horst Lange, Reimag. Unternehmen des Todes, a. a. O., S. 107/108.

35 Vgl. Albert Meyer, Kahla und das Reimag-Werk 1944/45, a. a. O., S. 11.

36 Siehe Horst Lange, Reimag. Unternehmen des Todes, a. a. O., S. 71/72.

37 Vgl. Albert Meyer, Kahla und das Reimahg-Werk 1944/45, a. a. O., S. 4. Ausführliche Angaben über den Krankenstand und die sozialen Verhältnisse finden sich bei Horst Lange, Reimahg, Unternehmen des Todes, a. a. O., S. 57 ff. – Auch Klaus W. Müller berichtet über die „Latrinenverhältnisse“ im Bereich des Startbahnbaus. Die Notdurft wurde im Freien vorgenommen, wo Gruben ausgehoben waren. Ein einfaches Toilettenhäuschen bildete die Ausnahme. Wo keine Gruben bestanden, wurde die Notdurft am Rande der Arbeitsfläche erledigt. Bei dem hohen Aufkommen an Menschen war bald eine größere Fläche belastet, von der ein übler Geruch ausging.

38 Zitiert nach Klaus W. Müller, Der Walpersberg im Rahmen der Kriegsrüstung 1944/45, a. a. O., S. 6.

39 Alle erhaltenen Quellen belegen die hier genannte Zahl unter Berücksichtigung der Toten. Nach einer Meldung vom 4. August 1945 über die Beschäftigung von Kriegsgefangenen und ausländischen Zivilarbeitern in und um Kahla (REIMAHG), Stand März 1945, wird folgender Überblick gegeben:

Kriegsgefangene	ca.	240	Mann (davon 70 Franzosen)
Ausländ. Zivilarbeiter	ca.	11250	Personen (Frauen und Männer)
davon:		1 500	Polen
		710	Belgier
		1 200	Slovenen
		2 510	Italiener
		5 020	Ostarbeiter
		300	Holländer

Vgl. dazu Stadtarchiv Kahla, Nr. A 654. – Am 1. März 1945 betrug die Zahl der Fremdarbeiter 8847 (siehe Lange, S. 57). Anzumerken bleibt weiter, daß alle Zwangsarbeiter, ob Fremdarbeiter Ost oder West, ordnungsgemäß registriert und sozialversichert waren. Die darauf aufbauenden Beschäftigungszahlen der verschiedenen Übersichten sind also recht zuverlässig. Von der Registratur der Beschäftigten, alle REIMAHG-Arbeiter unabhängig von ihrer Nationalität wurden fortlaufend in einer Liste erfaßt, blieben die sogenannten Adrema-Platten mit ca. 2500 Einträgen erhalten. Diese Kartei befindet sich im Archiv der Gedenkstätte Buchenwald bei Weimar.

40 Dr. Klaus W. Müller nahm als Jugendlicher an einem solchen Arbeitseinsatz teil. Dieser fand vom 02. 11. bis 15. 11. 1944 statt, wurde jedoch bereits nach vier Tagen abgebrochen. Ein weiterer Arbeitseinsatz wurde vom 06. 03. bis 09. 03. 1945 durchgeführt. Die Unterbringung der Jugendlichen erfolgte dabei zum Teil in den Stollen, zum Teil in Baracken des Schindlertals. Die Jugendlichen arbeiteten mit Ausländern zusammen auf dem Flugplatz. Wahrnehmungen über Grausamkeiten oder schlechtere Versorgung wurden dabei von ihnen nicht gemacht.

41 Horst Lange, Reimag. Unternehmen des Todes, a. a. O., S. 64. – Die Arbeitsverhältnisse insgesamt müssen gegenüber der Darstellung bei Lange differenziert werden. Die unmenschliche Arbeitstreiberei herrschte nicht überall vor, wie Zeitzeugen berichten. Auch die Fälle von Grausamkeit und Brutalität dürfen nicht verallgemeinert werden. Die Arbeits- und Lebensverhältnisse waren zweifellos außerordenlich belastet durch die schlechte Ernährung, Kleidung, den Arbeitsdruck – aber nicht in einer solch extremen Weise, wie dies vom Bau der Mittelwerk GmbH im Kohnstein bei Nordhausen oder von verschiedenen SS-Unternehmen bekannt ist.

42 Zitiert bei Horst Lange, Reimahg. Unternehmen des Todes, a. a. O., S. 82.

43 Vgl. weiter Deutsche Chronik, 2. überarb. Aufl., Dortmund 1988, S. 912.

44 Deutschland im Zweiten Weltkrieg, Bd. 3, a. a. O., S. 223.

45 Vgl. Albert Meyer, Kahla und das Reimahg-Werk 1944/45, a. a. O., S. 8/9. Außerdem Horst Lange, Reimag. Unternehmen des Todes, a. a. O., S. 84.

46 Ebenda.

47 Vgl. ebenda, S. 15. Die Produktionszahlen finden sich bei O. Groehler und M. Ziegler wieder.

48 Vgl. Horst Lange, Reimahg. Unternehmen des Todes, a. a. O., S. 114.

49 Vgl. Horst Lange, Reimahg. Unternehmen des Todes, a. a. O., S. 90. – Der Plan zur Vergiftung wird nur durch diese Aussage belegt. Es gab freilich mehrfach Äußerungen über Tötungsabsichten. Die Verwischung von Spuren und die Beseitigung von Zeugen bildeten zwei Ursachen; andererseits verlangt ein solches Vorgehen als Konsequenz von den Verantwortli-

chen die Selbsttötung. In diesem Zusammenhang ist der bei H. Lange im Anhang enthaltene Brief Georg Potzlers und sein Zusammenwirken mit dem SS-Führer Pflomm zu beachten.

50 Ebenda, S. 90 f.

51 Zur Tätigkeit von CIOS siehe Clarence G. Lasby, Project Paperclip. German Scientists and the Cold War, New York 1971. – Die Aufnahme und Dokumentation der REIMAHG erfolgte durch das CIOS-Team 163. Der Bericht erschien 1948 in London.

52 Vgl. Albert Meyer, Kahla und das Reimahg-Werk 1944/45, a. a. O., S. 16.

Kapitel: Der verbotene Wald

Bössel, Ronny
Rüstungsaltlasten-Verdachtsflächen im Landkreis Ilmenau. Internes Material 1993

Brunzel, Ulrich
Protokolle der Zeitzeugenbefragung, Archiv

Ford, Brian
Die deutschen Geheimwaffen, Verlagsunion Erich Pabel
Rastatt 1981

Buchner, Alex
Deutsche und alliierte Heereswaffen 1939–1945, Verlag Podzun-Pallas, Friedberg H. 1992

Groehler, Olaf
Geschichte des Luftkrieges 1910 bis 1980, Militärverlag der DDR, Berlin 1981

Brunzel, Ulrich
Schriftverkehr zur Sprengung in der Muna zwischen Gehren und dem Landrat von Arnstadt 1945

Fortsetzungsbeitrag „Der Tod lauert im Esbach“, Neue Ilmenauer Zeitung Ilmenau 1965

Seeber, Hans
„Dabei war alles ganz anders!“, In: Allgemeiner Anzeiger Arnstadt vom 11. 3. 1993

Soldat verhinderte vor 47 Jahren deutsches Hiroshima.
In: Freies Wort vom 22. Mai 1993
Seeber, Hans
Gegendarstellung zur Veröffentlichung, im: „Freies Wort“ vom 22. Mai 1993, mit Schreiben vom 29. 5. 1993

Bericht über Bombenausgrabung in Gehren vom 13. 10. 1957, zusammengefaßte Wiedergabe.

„Bei der Beräumung von Sprengtrichtern im Waldgelände Esbach wurden 3 Bomben von etwa 1000 kg gefunden. Die Freilegung ergab, daß es sich um Sprengbomben deutscher Herkunft handelt. Sie sind mit 3 Zündern bestückt, wovon 2 seitlich und ein Zünder hinten angebracht sind. Der Abtransport erfolgte auf LKW's. Durch Sondierung wurden weitere Bomben dieser Art im Boden festgestellt. Die Sprengung erfolgte auf dem Sprengplatz Muna Oberndorf."

Seeber, Hans
Schreiben an den Autor vom November 1993.

Kapitel: Fischzüge der Sieger

1 Weber, Wolfgang: Die Geschichte des Sonderkommandos der Division z. b. V. Aufzeichnungen. Historisch-technisches Informationszentrum Peenemünde. Archiv. (weiterhin:HTIZPeA)

2 Berlin Document Center (weiterhin: BDC) Personalunterlagen des Siemens-Ingenieurs Dieter Huzel. Sh.weiterhin:Huzel, Dieter: Von Peenemünde bis Canaveral. Berlin 1964.

3 BDC. Personalunterlagen des SS-Hauptsturmführers H. von Zborowski. U. a. 1940 bis 1944 im Stab des SS-Wirtschafts-und Verwaltungs-Hauptamtes; ab 1944 im Technischen Amt des SS-Führungs-Hauptamtes.

4 BDC. Personalunterlagen Eugen Sängers.

5 Briefwechsel Stalins mit Churchill, Attlee, Roosevelt und Truman. 1941–1945.Berlin 1961. S.294ff

6 Tschertok, Boris, dessen unveröffentlichte Lebenserinnerungen vorliegen, in: „U sowjetskich raketnych triumfow bylo nemezkoje natschalo"/ Die sowjetischen Raketentriumphe hatten deutsche Wurzeln. In: „Iswestija", Moskau, 04. – 10. März 1992.

7 Erich Apel (1917–1965) kommt nach einem Studium an der Ingenieurschule Ilmenau 1939 als Soldat zum Peenemünder Versuchskommando Nord (VKN); nach Kriegsende Mitglied der SPD und Lehrer im Thüringer Wald; Mitarbeiter des „Zentralwerks"; ab Oktober 1946 interniert und Fortführung der Arbeit am sowjetischen Raketenprogramm, u.a.auf der Insel Gorodomlija; nach Rückkehr in die DDR Stellvertretender Minister, Stellvertretender Ministerpräsident, Chef der Plankommission, Kandidat des Politbüros des ZK der SED; scheidet im Dezember 1965 durch Selbstmord aus dem Leben, weil das von ihm getragene wirtschaftspolitische Konzept an sowjetischen Positionen scheitert

8 Präsidialarchiv der Russischen Föderation. Sh: „Vojenno-istoritscheskij shurnal". Moskau. Heft 1/2 1995. S.53ff.

9 Berija, Sergo: Moj otjez – Lavrentij Berija. Mein Vater – Lavrentij Berija. Moskau 1994. S.401 ff

10 Die Krim(Jalta)konferenz der höchsten Repräsentanten der drei alliierten Mächte – UdSSR, USA und Großbritannien. Dokumentensammlung. Moskau – Berlin. 1986. S. 65f und S. 96

11 Präsidialarchiv der Russischen Föderation. Sh: „Vojenno-istoritscheskij shurnal. Moskau. Heft 5 1995. S.46ff

12 HTIZPeA. Persönliche Aufzeichungen Hartmut Küchens

13 In Besitz des Verf. Dem Bericht beigefügt sind 11 Fotos technischer Details bzw. von Produktionslinien im Mittelwerk.

14 BDC. Personalunterlagen Wernher von Braun: Mitglied der NSDAP seit 01.Dezember 1938; der SS, seit 01.Mai 1940, SS-Nummer 185 068; Sturmbannführer im Stab SS-Ober-Abschnitt Ostsee.
Sh. weiterhin: Volker Bode, Gerhard Kaiser: Raketenspuren. Peenemünde 1936–1996, 2. aktualisierte Auflage, Berlin 1996; Ich diente nur der Technik. Sieben Karrieren zwischen 1940 und 1950, Berlin 1995, S.139ff.
Die Erinnerungen einer Mitarbeiterin des NKWD in Berlin, in denen sie ein Gespräch Wernher von Brauns mit sowjetischen Offizieren in Berlin beschreibt und bei dem es um eine „Zusammenarbeit“ mit von Braun zum Nutzen der UdSSR ging, erscheinen wenig glaubhaft.
Sh: A. Boiko: Berlin 1945. In: „Studia“, Berlin – Moskau 1995, S.23ff.

Kapitel: Der Großraum Jonastal - Hitlers geheimes Hightech-Zentrum?

Mehner, Thomas
Geheimnisse in Thüringens Untergrund. Die ungehobenen „Altlasten" des Dritten Reiches, Heinrich-Jung-Verlagsgesellschaft mbH, Zella-Mehlis/Meiningen 2004

Nagel, Günter
Atomversuche in Deutschland. Geheime Uranarbeiten in Gottow, Oranienburg und Stadtilm, Heinrich-Jung-Verlagsgesellschaft mbH, Zella-Mehlis/Meiningen 2003

Georg, Friedrich
Hitlers Siegeswaffen, Band 2b, Von der Amerikarakete zur Orbitalstation - Deutschlands. Streben nach Interkontinentalwaffen und das erste Weltraumprogramm, Amun-Verlag Schleusingen & Heinrich-Jung-Verlagsgesellschaft mbH, Zella-Mehlis/ Meiningen 2004

Georg, Friedrich / Mehner, Thomas
Atomziel New York. Geheime Großraketen- und Raumfahrtprojekte des Dritten Reiches, Jochen Kopp Verlag, Rottenburg 2004

Mayer, Edgar / Mehner, Thomas
Geheime Reichssache: Thüringen und die deutsche Atombombe, Jochen Kopp Verlag, Rottenburg 2004

Zeigert, Dieter
Hitlers letztes Refugium, Utz-Verlag, München 2003.

Ortsregister

– A –

Altenburg 12, 14, 20, 25, 95
Altenfeld 202
Altenwalde 215, 216, 218, 219, 220, 223, 224, 231
Antwerpen 129, 215, 232
Arnstadt 7, 8, 18, 26, 29, 35, 42, 48, 50, 62, 70, 71, 72, 95, 101, 116, 204
Augsburg 168, 169
Auschwitz 59, 60, 61, 62, 63, 152

– B –

Bad Kissingen 219, 220
Bad Salzungen 8, 9, 10, 26, 95, 99, 124
Bad Sulza 24
Baikonur 230
Behringen 105
Benshausen 29, 31
Bergen-Belsen 60, 74, 76, 80, 82, 88, 144
Berlin 8, 12, 13, 29, 31, 32, 35, 52, 101, 102, 111, 124, 126, 129, 131, 133, 134, 163, 166, 215, 216, 220, 223
Bernterode 104
Bibra 189
Birkenau 60
Bittstädt 36
Bleicherode 148, 154, 229
Bonn 6, 106, 113, 114
Bor 60, 87
Brandenburg 176
Breslau 13
Brüssel 129, 215
Buchenwald 7, 9, 15, 16, 20, 24, 25, 26, 27, 28, 48, 56, 57, 58, 59, 60, 62, 63, 76, 77, 80, 81, 85, 86, 88, 90, 91, 93, 95, 115, 116, 139, 148, 150, 188, 233
Budapest 61, 62, 91

– C –

Cambridge 133
Celle 134
Compiégne 35, 37
Crawinkel 7, 8, 12, 26, 34, 35, 36, 37, 42, 48, 52, 53, 54, 55, 62, 63, 64, 68, 71, 72, 81, 86, 95, 116, 200, 201, 202, 205, 208
Cuxhaven 215, 219

– D –

Dachau 25, 59, 60
Dessau 143, 196
Dietlas 104
Dippach 104
Dorndorf 26
Dörnten 217, 218
Dortmund 63
Dresden 6, 194
Düsseldorf 6, 201

– E –

Eichenberg 193
Eisenach 12, 13, 15, 16, 17, 18, 25, 100
Eisenberg 13
Eisfeld 18, 176
Elgersburg 34
Ellrich 148, 150
Erfurt 6, 12, 13, 16, 17, 18, 29, 42, 201
Esbach 48, 201, 202, 204, 206, 207, 209
Espenfeld 65

– F –

Flossenbürg 59, 60, 61, 63
Fort Bliss/Texas 132, 232
Frankfurt/Main 6, 13, 96
Freiburg 134, 219
Friedrichroda 10, 30, 34, 118, 120, 121
Friedrichshafen 138
Friedrichswerth 105

– G –

Gehlberg 32
Gehren 9, 35, 48, 50, 123, 200, 201, 202, 203, 204, 205, 206, 207, 208, 209
Gera 12, 16, 17, 20, 27, 70, 95
Geschwenda 105
Gispersleben 70
Gleiwitz 62
Godmanchester 133
Goslar 217, 218
Gotha 10, 12, 15, 16, 17, 18, 35, 90, 95, 120, 122, 201
Gräfinau-Angstedt 200
Großeutersdorf 164, 172, 174, 176, 178, 184, 185, 191, 193
Großheringen 184
Großkamsdorf 176

- H -
Hadmersleben 172, 174
Haigerloch 124, 125, 127, 129, 134
Hamburg 6, 10, 31, 166
Hannover 6, 60
Harzungen 148, 150
Hechingen 124, 127, 220
Heiligenroda 15, 104
Heldburg 105
Hermsdorf 13, 64
Hildburghausen 16, 18, 35, 95
Hiroshima 129, 133, 205
Hummelshain 189, 193
Huntsville/Alabama 132, 215, 232

- I -
Ilmenau 12, 21, 34, 48, 95, 101, 122, 123, 124, 131, 202, 204
Immelborn 12
Insterburg 169

- J -
Jena 12, 13, 16, 17, 20, 95, 176, 186, 190, 194, 196
Jesuborn 207

- K -
Kahla 9, 14, 18, 54, 95, 164, 172, 174, 176, 178, 182, 184, 185, 186, 187, 189, 192, 193, 194, 196, 232
Kaiseroda 8, 26, 99, 101, 103, 124
Kapustin Jar 215, 227, 228
Kassel 18, 131
Kattowitz 60
Kiel 110, 218
Kleindembach 186, 189
Knau 193
Königsberg 101, 109, 110, 111, 118
Krölpa 176
Kursk 165, 169, 171

- L -
Landshut 132, 224
Langendembach 193
Langensalza 18
Langewiesen 207
Lechfeld 168, 169
Lehesten 176, 223, 227
Leningrad 98, 108, 113, 119, 229
Linz 94
London 126, 127, 147, 152, 215, 219
Lublin 144
Luisenthal 34, 36
Lützkendorf 12, 17

- M -
Manebach 204
Meerane 13
Meiningen 18, 25, 31, 35, 95, 104
Memel 107
Merkers 99, 101, 103, 104
Merseburg 95, 137, 154, 196
Möhrenbach 207
Molsdorf 105
Mühlberg 18, 36, 39
Mühlhausen 18, 35, 95
München 4, 6, 13, 25, 219
Munkàcs 63

- N -
Natzweiler 59, 60
Neuhaus 35, 95
Niedersachswerfen 15, 26, 95, 137, 215
Nohra 24
Nordhausen 12, 15, 17, 26, 32, 54, 143, 148, 150, 154, 155, 194, 224, 231

- O -
Oak Ridge/Tennessee 129
Oberhof 32, 33, 34, 95
Oberndorf b. Gera 27
Oberndorf b. Hermsdorf 64
Oertelsbruch 26, 227
Ohrdruf 7, 12, 17, 18, 26, 28, 29, 31, 32, 33, 35, 36, 39, 40, 41, 52, 53, 54, 55, 56, 57, 58, 60, 61, 62, 63, 64, 72, 74, 78, 80, 81, 82, 86, 87, 88, 90, 91, 92, 93, 95, 114, 116, 121, 210, 213
Oolen 129
Oranienburg 25, 60
Orlamünde 184, 186
Oschersleben 164, 172, 174

- P -
Paris 128, 129, 215, 221
Peenemünde 126, 138, 139, 142, 146, 148, 152, 215, 216, 217, 218, 221, 222, 223, 224, 227, 230, 232, 233
Petersburg 107, 119
Pillau 110, 111
Plaszow 59
Plaue 101
Poltawa 107

Pößneck 95, 176, 190
Puschkin 108, 109

– Q –
Quedlinburg 105
Querfurt 12

– R –
Reinhardsberg 34
Reinhardsbrunn 34, 118, 121
Rjukan 134
Röhrensee 36
Rositz 12
Rotterdam 201
Rudolstadt 34, 95
Ruhla 12

– S –
Saaldorf 105
Saalfeld 12, 16, 17, 20, 26, 34, 184, 232
Sachsenhausen 25, 58, 59, 60, 62
Schleiz 13, 17, 95
Schleusingen 9, 18, 122
Schneeberg 122
Schwabhausen 36
Schwarza 13
Schwarzburg 34, 35, 105
Siegelbach 70
Sitzendorf 33, 176
Sömmerda 12
Sondershausen 17, 95
Sonneberg 35, 95, 224
Springen 104
Stadtilm 5, 32, 34, 95, 124, 125, 126, 128, 129, 130, 131, 132, 134
Stadtroda 32, 95
Stalingrad 165, 169, 171
Staßfurt 15, 127
Stettin 110, 148
Strasbourg 97, 125
Stuttgart 6, 124, 132
Stützerbach 101, 105, 204
Suhl 7, 10, 12, 13, 14, 16, 18, 25, 46, 95, 98, 163, 205

– T –
Tiefenort 103
Töpfleben 120
Toulouse 129
Traßdorf 200
Treblinka 60
Tübingen 132

– V –
Versailles 21, 35

– W –
Wandersleben 39
Warnemünde 167
Wasungen 18
Weidmannheil 105
Weimar 12, 13, 14, 15, 16, 17, 18, 21, 24, 25, 26, 28, 29, 81, 86, 91, 95, 105, 114, 115, 116, 123, 178
Weißenfels 13, 95
Weißensee 105
Weißwasser 64
White Sands 215, 231, 232
Wiener Neustadt 138
Woffleben 148
Wölfis 36
Wüstegiersdorf 61

– X –
Xanten 202

– Z –
Zarskoje Selo 107, 108
Zeitz 12, 20
Zella-Mehlis 9, 10, 12, 16, 31
Zerbst 184

Namensregister

Adler, Oszkàr 80, 86
Apel, Erich 224, 253
Bagge, Erich 133
Barnewald, Heinrich 77
Baumann, Rolf 57, 82, 87, 90
Beckurts, Karl 164
Beretvàs, György 87
Berg, Axel 225
Berger, Oskar 60
Berija, Lawrenti 223
Berija, Sergo 223, 226
Bernstein 102
Bormann, Martin 32, 55, 94
Bradley, Omar 102
Braun, Wernher von 131, 154, 216, 218, 219, 230, 233
Bräuning 57
Braunstein, Sàndor 77
Bulganin, Nikolai 226, 227
Churchill, Winston 126, 136, 221, 222, 223, 227
Clerget, Gilbert 64
Csermák, Gyula 65, 84
Dautry, Raoue 128
Darré, Walther 34
Debus, Kurt 234
Demme, Otto 164, 178, 248
Diebner, Kurt 32, 126, 128, 130, 246
Dinter, Artur 162
Dornberger, Walter 154, 215, 219, 230
Duchac, Josef 155
Eber, Bèlà 87
Eberhardt, Otto 164, 248
Eichmann, Màrkus 61
Eisenberger, Imre 74, 82, 83
Eisenhower, Dwigt David 53, 89, 92, 102, 127
Elisabeth 108
Enke, Paul 122
Fischer, Làslò 64, 77, 85
Flemming, Ernst 178
Foch, Ferdinand 35
Földes, Jacob 79
Fonö, Josef 65, 83, 87
Frick, Wilhelm 163
Friedmann, Lipòt 62
Friedmann, Ödön 78
Friedrich II. 104, 107, 108
Fritzsche, Hans 34
Funk, Walter 124
Gaby, Jaques 85
Galinski, Heinz 155
Galland, Adolf 169
Gerlach, Walter 129, 245
Göckel, von 36
Goebbels, Joseph 34, 94
Goldberger, Izidor 83, 85
Göring, Hermann 14, 34, 94, 112, 161, 170, 172, 173
Goudsmit, Samuel 125, 127, 128, 129
Greunuß, Werner 81, 86, 241
Griggs, David 129
Großkopf 103
Grosz, Làszlò 62
Gröttrup, Helmut 224, 227
Groves, Leslie R. 125, 127
Guttmann, Sàndor 87
Hahn, Otto 133
Harteck, Paul 125, 133
Haxel, Otto 131
Heisenberg, Werner 126, 127, 129, 133, 246
Herskovics, Mendel 74, 87
Hertel, Heinrich 220
Heubach, Hilmar 202
Himmler, Heinrich 24, 25, 32, 36, 94, 115, 118, 210, 220
Hindenburg, Paul von 104, 110
Hitler, Adolf 9, 11, 12, 14, 19, 21, 29, 32, 33, 35, 37, 42, 52, 54, 55, 56, 57, 65, 72, 78, 90, 94, 96, 97, 110, 111, 114, 116, 124, 162, 163, 164, 165, 168, 169, 170, 173, 188, 210, 214
Hoffmann, Sàmuel 63
Huzel, Dieter 216, 217, 219
Jahn, Erich 205
Jelzin, Boris 113, 114
Joliot-Curie, Frederic 128, 245
Kahan, Jenö 87
Kammler, Hans 115, 118, 210
Kärsten, Joachim 195
Katharina II. 98, 109
Katz, Bernàt 80
Keitel, Wilhelm 35
Keppler, Wilhelm 164
Kesselring, Albert 34, 201, 204
Klein, Béla 63

Klein, Lajos 63
Klein, Mayer 57, 64
Koch, Erich 98, 109, 110, 115
Kogon, Eugen 88, 91
Kolenda, Leon 57, 79, 84
Koroljow, Sergej 224, 226
Korsching, Horst 133
Kunstädter, György 79, 84, 86
Lammers, Hans-Heinrich 31
Laue, Max von 133
Lebovits, Sándor 63
Leclerc, Jacques-Philippe 128
Leimert, Erika 131
Lengyel, László 83
Leutenberg 205
Löwi, Imre 66
Malenkow, Georgi 225
Markovics, Izidor 74
Marshall, George 127, 128
Marton, Jòsef 86
Mayer, Deszö 63
Messerschmitt, Willy 162, 166, 167, 168, 169, 174
Meyer, Albert 178
Milch, Erhard 168, 172, 188, 220
Molnàr, Pàl 62, 84
Mutschmann, Martin 163
Nedelin, Mitrofan 230
Nosowski, Naum 226
Oldeboershuis, Gerrit 56
Pash, Boris T. 127, 128, 129
Pasternak, Bernát 66
Patton, George 17, 18, 20, 28, 29, 53, 102
Pétain, Henri-Pilippe 35
Peter I. 98, 107
Petrow, Nikolai 222
Pohl, Oswald 210
Potzler, Georg 196
Reinhardt, Fritz 34, 105
Rethel, W. 167
Ribbentrop, Joachim von 32, 37, 94
Riedel, Walter 218
Rohde, Alfred 109
Roloff 174
Roosevelt, Franklin Delano 126, 136, 223, 227
Rosenberg, Alfred 94, 96
Rudolph, Arthur 215, 233
Ruhemann, Wolfgang 91
Sänger, Eugen 220, 221
Sauckel, Fritz 13, 14, 21, 22, 36, 162, 163, 170, 172, 177, 178
Schachurin, Alexej 222
Schardin, Hubert 220
Scheidig, Walter 115
Schieber, Walter 164, 248
Schréger, Kàroly 79
Schumann, Erich 128
Schützmeister, Luise 131
Schwartz, Albert 56
Seeber, Hans 9, 35, 50, 201, 202, 203, 204, 205, 206, 207
Serow, Iwan 225
Sokolowski, Wassili 229
Sommer, Karl 210
Speer, Albert 14, 36, 146, 172
Stalin, Josef W. 221, 222, 223, 225, 226, 227
Staver, Robert 233
Stever, Gy 127
Stiewitz 79
Strassmann 133
Streve, Gustav 34, 118
Stuhlinger, Ernst 131, 132, 134
Todt, Fritz 74, 162, 173, 188
Toftoy, Holger 233
Udet, Ernst 168
Ustinow, Dmitri 224, 225
Volz, Helmut 131
Walter, Helmuth 218
Weizsäcker, Carl-Friedrich von 133
Wendel, Fritz 168
Werner, Cläre 50
Wirtz, Karl 133
Zborowski, H. von 220

Bild- und Dokumentenanhang

Natter auf einem beweglichen Abschußgestell. Vorbereitung zum Abschuß.

V E R E I N F Ü R R A U M S C H I F F A H R T E. V.

B E R L I N .

Geschäftsstelle : R A K E T E N F L U G P L A T Z B E R L I N
Berlin - Reinickendorf - W est . Tegeler Weg.

Abt: Ausland : BERLIN NW 40. Scharnhorststr. 24.

M I T T E I L U N G S B L A T T

1. Februar 1931 ,
herausgegeben von :
Dipl.-Ing. Rudolf N e b e l und Willy L e y

+++++

K l e i n e U m s c h a u .

I.

Die Weltraumrakete ist durchaus nicht so tot, wie gewisse Mitmenschen gern wollen, im Gegenteil, sie lebt mit dem heranwachsenden Frühling sichtlich auf. Wir werden sehen, ob in diesem Jahre nun der Schmetterling - oder vielmehr die fertige Rakete - ausschlüpfen und auffliegen wird. Unsere eigenen Arbeiten machen das sehr wahrscheinlich und auch Prof. Dr. Darwin O. Lyon in Wien bejaht es. Durch die Presse ging die Notiz, daß er am 10. Januar von einem Berge der italienischen Alpen eine in Gemeinschaft mit seinem Assistenten Dr. Adler erbaute Rakete steigen lassen werde. Wie wir brieflich von ihm selbst erfahren, stimmt diese Notiz, nur das Datum ist falsch. Es besagt nämlich den Tag der Abreise der beiden Gelehrten aus Wien, nicht den Starttermin. Prof. Dr. Darwin O. Lyon ist bereits vom vorigen Jahre durch seine Raketenversuche bekannt, damals wurde ihm durch eine kleine Explosion der rechte Arm gebrochen. . Das kann aber auf die Dauer nicht hindern,daß er seine Ziele doch weiterverfolgt;wir wünschen ihm dazu allen Erfolg.

II.

Ueberhaupt scheint Wien mobil zu machen in Sachen der Weltraumrakete. Am W iener Rundfunksender hielt Dr. Robert Klumak, dem man ein kleines nettes Büchlein über das Leben auf anderen Planeten verdankt, einen Vortrag mit dem Thema "Die Möglichkeit der W eltraumfahrt". Er bekannte sich zur Weltraumrakete, ging dann auf einige kleinere theoretische Fragen über, sprach (vielleicht etwas allzu optimistisch wie uns scheint) über die Beschaffenheit der Oberflächen unserer Nachbarplaneten und schlieélich von den bisherigen Raketenarbeiten. "Berlin hat sogar einen Raketenflugplatz!"
Das Thema des Lebens auf anderen Planeten ist gleichzeitig von einem anderen W iener, dem Schriftleiter des "Neuen Wiener Journals",Dr.Desiderius Papp in einem Buche"Was lebt auf den Sternen?" großzügig bearbeitet worden. W ir werden auf das Buch noch zurückkommen; - - jedenfalls ist der Boden für die Arbeit unserer entstehenden W iener Ortsgruppe gut vorbereitet.

III.

Unsere Mitglieder, die in Oesterreich wohnen, sind sich nicht immer klar, ob sie sich an die Geschäftsstelle auf dem Raketenflugplatz, oder an die Abt. Ausland wenden sollen. Einerseits fühlen alle, die deutscher Zunge sind, so, daß sie die staatlichen Grenzen nicht kennen wollen, andererseits sind z.B. Zahlkarten von W ien nach Berlin nicht zulässig und man muß zur Beitragsleistung für 1931 eine internationale Postanweisung benutzen.
Trotzdemsoll die Nachricht von den neuesten Arbeiten Ing. Franz Abdon Ulinskis als Inlandsneuigkeit gelten.

Der Reichsminister
für
Rüstung und Kriegsproduktion

Der Beauftragte für das Munitionsprogramm
Dipl. Ing. Groth

TAB III 9013 -

Obiges Akt.Zeichen bei Antwortschreiben stets angeben

Wünsdorf, Krs. Teltow, den ....
ehem. Panzertruppenschule M. H. 1
Fernamt: Wünsdorf 115, 200, 217, 233, 247
Schnellamt: Zossen 684, 685
Fernschreiber: 01 19 97
Speernetz: Speervermittlung Wünsdorf

6 mm = 1 min.
100 = 1 sek
1 km = 1/100 sek

$$v_E = \frac{\text{Tiefe}}{\text{Zeit}} = \frac{0{,}025\ \text{cm}}{0{,}01} = 2{,}5\ \text{m/sek}$$

Diese verhältnismäßig niedrige Endgeschwindigkeit kann leicht erreicht werden, indem der Einfallhebel im ausgeschwenkten Zustand ~~unter~~ durch eine Federspannung ~~gesetzt~~ wird, die bestrebt ist den Hebel einzuschwenken. ~~Diese~~ Er wird aber zunächst ~~durch~~ eine Haltenklinke daran gehindert. Die Haltenklinke wird durch den Bedienungsmann im gewünschten Augenblick ausgelöst.

Die Anwendung der Schneidseil-Schleuder kann sehr vielseitig sein:

1.) Stationär: Um ein zu schützendes Objekt (Brücke, Stadt, Industrieanlagen) herum werden diese Seil-Schleudern in bestimmten Abständen in Motorständen fest eingebaut. Sie benötigen dann allerdings einen besonderen Antriebsmotor (Elektro- oder Benzin). Die Winde wird auf Drehzahl gebracht, wenn Tiefflieger oder Flieger in mittlerer Höhe gemeldet sind. Das Seil wird ausgelöst, wenn der Angriff erfolgt und zwar im Moment wo der angreifende Flieger die oben be-

Verlagsprogramm (Auszug)

Ulrich Brunzel

Beutezüge in Thüringen

Kunstschätzen, Wunderwaffen und Raubgold auf der Spur

200 S., gb., 65 Abb., Euro 19,90
ISBN 3-930588-49-8

Thüringen galt noch bis kurz vor Kriegsende als strategisch relativ „sichere" Region. Aus diesem Grunde wurden in Thüringen in der Endphase des Dritten Reiches sowohl zahlreiche Waffenprojekte (Raketen, neuartige Energieträger, panzerbrechende und chemische Waffen) entwickelt und Kunstschätze und Wertsachen am Kriegsende versteckt. Das Inhaltsverzeichnis macht neugierig: Geheime Waffensysteme; Das geheimnisvolle Dreieck; Wunderwaffen aus Gotha, Friedrichroda und Gräfenroda; Jäger und Gejagte; Die Spur des Raubgoldes; Der größte Schatz der Weltgeschichte; Das System der Plünderer. Anhand neuester Forschungsergebnisse werden bisher ungekannte Tatsachen aufgedeckt und alte Gerüchte widerlegt.

Gerhard Remdt / Günter Wermusch

Rätsel Jonastal

Die Geschichte des letzten „Führerhauptquartiers"

224 S., 26 Fotos, gb., Euro 17,80, ISBN 3-930588-38-2

Das Buch informiert über Geschehnisse im Jonastal 1944/45 und spannt den Bogen bis zur Gegenwart. Sollte damals im „Schutz- und Trutzgau Sauckels" ein Führerhauptquartier entstehen oder mehr? Betreffs Jonastal und TÜP Ohrdruf häufen sich nach wie vor eine Vielzahl ungeklärter Fragen. Warum wurde der Raum Crawinkel und Arnstadt so erbittert von der SS verteidigt? Was geschah Anfang April 1945 im Jonastal? Die Autoren, die seit vielen Jahren den Geheimnissen dieser lange Zeit verschlossenen Stollen auf der Spur waren, legen in diesem Standardbuch die Geschichte der Entstehung und der teilweisen Enträtselung dieses Bauwerkes dar.
Einige Autoren gingen auf solche brisanten Themen ein – wie „Wunder- und Geheimwaffen im Dritten Reich und ihr Bezug zu Thüringen" und „Geheimsache Jonastal – War das Dritte Reich der Atombombe doch viel näher als vermutet? Spurensuche in einer Stadt unter der Erde". Während über die deutschen Wunderwaffen V1 und V2 bereits viel geschrieben wurden, gab es auch eine Reihe weiterer Entwicklungen, die allerdings auf Grund höchster Geheimhaltung kaum in der Öffentlichkeit zur Kenntnis genommen wurden, wie z.B. die Flugkreisel („Flugscheiben"), die Zweistufenrakete A9/A10, das Nurflügel-Flugzeug Horten IX V3, die Erprobung erster Laserwaffensysteme und die Foo-Fighter (Geister-Jäger).
Je mehr sich der historisch interessierte Bürger mit den Geschehnissen der letzten Kriegstage in Thüringen beschäftigt, desto mehr unbeantwortete Fragen türmen sich auf. Warum zum Beispiel landeten am 7. April 1945 hochrangige Experten der Atomforschung der USA im Raum Jonastal ? Wer kann und bzw. will darauf heute noch eine Antwort geben (dürfen)?

Tim Engelhart

Zu den Waffen !

Deutsche Emigranten in den New Yorker Unionsregimentern während des Amerikanischen Bürgerkrieges 1861-65

192 S., 73 Abb., 3 Karten, Pb, Euro 17,80
ISBN 3-930588-56-0

Im Jahre 2001 jährte sich zum 140. Male der Tag des Beginns des Amerikanischen Bürgerkrieges. Aus diesem Grunde stellte der Verlag auf der Leipziger Buchmesse im März 2001 dieses Buch der Öffentlichkeit vor.
Der Bürgerkrieg spaltete das Land damals in zwei Lager. Bis 1865 kämpften über 200.000 Deutsche in den Einheiten des Nordens gegen die sklavereibefürwortenden Südstaaten und leisteten somit einen entscheidenden Beitrag während des Amerikanischen Bürgerkrieges in ihrer neuen Heimat. Mit dieser deutschsprachigen militärhistorischen Studie, der ersten seit 90 Jahren, werden die Leistungen der deutschen Einwanderer im Bundesstaat New York gewürdigt.
Autor Engelhart hat mit großem Fleiß ein Quellenwerk zur Geschichte der Deutschen im Amerikanischen Bürgerkrieg geschaffen, das sowohl für den geschichtlichen Laien als auch den Wissenschaftler von Bedeutung ist. Seltene Dokumente, nie zuvor veröffentlichte Fotos und ein kenntnisreicher Text machen dieses Buch zu einem Lesevergnügen.

Thomas Mehner

Geheimnisse in Thüringens Untergrund

Die ungehobenen „Altlasten" des Dritten Reiches

256 S., 55 Abb., gb., Euro 20,90
ISBN 3-930588-75-7

Thüringen ist, was seine Rolle gegen Ende des Zweiten Weltkrieges anbetrifft, bisher in geschichtlichen Darstellungen nicht exakt bzw. umfassend genug bewertet worden. Hier wollten die Nationalsozialisten ihr „Schutz- und Trutzgau" sowie eine uneinnehmbare Festung errichten Aus diesem Grund wurden bereits frühzeitig Maßnahmen getroffen, um für den Eventualfall ein Rückzugsgebiet zu schaffen, aus dem heraus operiert werden konnte. Diese Maßnahmen betrafen sowohl militärische Pläne als auch Operationen zur Verlagerung von Wirtschafts-, Kunst- und Edelmetallgütern in unterirdische Bereiche. Die Zahl der „zweckentfremdeten" Bergwerke und Stollen sowie der künstlich geschaffenen Bunkersysteme ist Legion. Vieles von dem, was eingelagert wurde, ist bis heute nicht gefunden worden, so dass sich bestimmte Teile Thüringens langsam aber sicher zum Eldorado für Schatzsucher entwickeln. Im Boden liegen jedoch nicht nur ungehobene Schätze aller Art, sondern auch ein brisantes Gemisch aus dereinst eingelagerten Akten, Waffen und bestimmten Technologien. Vieles von dem, so scheint es jedenfalls, wird bis zum heutigen Tag von „Wissenden" behütet.

Günter Nagel

Atomversuche in Deutschland

Geheime Uranarbeiten in Gottow, Oranienburg und Stadtilm

336 S., ca. 100 Abb., gb., Euro 24,80
ISBN 3-930588-59-5

Bestandteil des deutschen Uranprojektes (1939-1945) war die Tätigkeit einer kleinen Forschungsgruppe des Heereswaffenamtes auf einem gesonderten Gelände der Heeresversuchsstelle Kummersdorf, südlich von Berlin. Hier sollte ein funktionierender Atommeiler entstehen, genannt „Uranmaschine". Nach drei Großversuchen wurde die Diebner-Gruppe 1944 nach Stadtilm verlagert, von wo sie sich in den letzten Kriegstagen nach Bad Tölz absetzte. Zu diesen, bisher in der Öffentlichkeit kaum bekannten Geschehnissen hat der Autor Dr. Nagel jahrelang in Archiven geforscht, Gespräche mit Zeitzeugen und Familienangehörigen der „Gottower" geführt sowie die Literatur gründlich ausgewertet. Mit einbezogen wurde auch die Uranherstellung in Oranienburg, mit der das gesamte deutsche Atomprojekt stand und fiel. Anhand vieler, größtenteils noch nie veröffentlichter Dokumente, aus denen z. T. längere Auszüge wiedergegeben sind, wird ausführlich über die Akteure, über Hintergründe von Entscheidungen, über die Arbeiten in der Versuchsstelle Gottow, in Oranienburg und Stadtilm berichtet. Das Buch geht in einem eigenen Kapitel auch auf die Jagd der Geheimdienste auf die deutschen Atomgeheimnisse, die Zwangsverpflichtungen in die Sowjetunion sowie die Rückkehr der Spezialisten 1955 in die DDR ein.

Klaus W. Müller/Willy Schilling

Deckname LACHS

Die Geschichte der unterirdischen Fertigung der Me 262 im Walpersberg bei Kahla 1944/45

112 S., 55 Abb., gb., Euro 13,80
ISBN 3-930588-30-7

Deckname LACHS vereinigte in sich hohes ingenieurtechnisches Können, außerordentliche organisatorische und fachliche Leistungen sowie großes menschliches Leid durch die Beschäftigung von Zwangsarbeitern. Von der Planung, den Gegebenheiten und Interessen der beteiligten Gruppen und Personen ausgehend, wird die Ausführung der REIMAHG als unterirdische Flugzeugfabrik bis hin zum Start des ersten einsatzfähigen Düsenjägers der Welt, Me 262, dargestellt.
Mit bemerkenswerten Fotos und aufschlußreichen Skizzen, wird die außergewöhnliche Anlage in Entstehung und Aufbau geschildert Dokumente, Tabellen und Organigramme vervollständigen das bemerkenswerte, gut recherchierte Buch über ein bisher geheimnisumwittertes Projekt im Herzen Deutschlands!